I Sorrisi del Leone
59.

Carlo Nordio

Appunti di storia e di costume

PE
Piazza Editore

Gli scritti presenti sono stati pubblicati sui giornali del Gruppo Editoriale Caltagirone, che ringraziamo per la disponibilità alla pubblicazione.

In copertina: La ghigliottina.
Esecuzione di Luigi XVI di Georg Heinrich Sieveking

via Chiesa, 6 - 31057 Silea (TV)
Tel. 0422.1781409
www.piazzaeditore.it - info@piazzaeditore.it

ISBN 978-88-6341-255-0

A Giorgio Lago.

Prefazione

Questo libro contiene una parziale raccolta degli articoli di "terza pagina" pubblicati dal Messaggero e dal Gazzettino ogni sabato da quattro anni in qua. Apparentemente non hanno un filo conduttore che li leghi insieme, perché la loro stesura è stata ispirata ora da un anniversario, ora da un suggerimento della redazione, ora da un'intuizione occasionale. E l'amico lettore si domanderà perché in questo "*mélange de tout*" si trovino episodi della seconda guerra mondiale e punizioni di criminali nazisti, stragi terroristiche e omicidi a sfondo sessuale, ritratti di statisti e recensioni, l'eresia di Ario e persino il processo a Gesù.

In effetti una logica sistematica non c'è. L'unica, a volerla cercare, è costituita dalla curiosità di esplorare, da dilettante, alcuni importanti aspetti della Storia e della vita. La parte più consistente riguarda la Giustizia, non in senso giuridico ma culturale perché, a ben vedere, buona parte della nostra civiltà è fondata su processi sostanzialmente iniqui. Gesù, Socrate e Galileo, cioè i padri della nostra religione, della scienza e della filosofia sono stati tutti vittime di una sentenza formalmente legale ma eticamente riprovevole. E questo conflitto tra norme legali e morali si ripete anche oggi, magari a criteri invertiti. Il verdetto di Norimberga, ad esempio, era eticamente giusto, perché i condannati meritavano abbondantemente quella pena. Ma era giuridicamente discutibile, perché applicava retroattivamente una legge costruita apposta per un tribunale straordinario: l'immagine della ghigliottina - che oggi funziona anche in modo mediatico - è il simbolo di queste esperienze crudeli.

Tuttavia - e per fortuna - la vita non è fatta soltanto di guerre, di attentati e di Corti criminali. La nostra immaginazione vagabonda trova spesso distrazione in fatti e protagonisti che, interpretati con una partecipazione vigilata, escono dalla loro occasionalità episodica, e ci insegnano qualcosa di universale. La storia del teatro, come la figura di Marco Aurelio o l'avventura di Cassius Clay possono stimolarci riflessioni più profonde di un intero trattato di filosofia teoretica.

E in fondo è questo il mio modesto obiettivo. Sollecitare la curiosità del lettore, inducendolo a considerare le cose sotto una prospettiva più vasta di quanto non suggeriscano le apparenze. E magari a conciliare, sia pure con notevole sforzo, la tristezza per le brutture del mondo con la serenità della riflessione indulgente e benevola.

I miei ringraziamenti vanno innanzitutto al gruppo Caltagirone, che ha autorizzato questa pubblicazione, e ai direttori Virman Cusenza, Massimo Martinelli e Roberto Papetti che ne hanno stimolato i contenuti. E naturalmente a Silvano Piazza che ha creduto in questa avventura. Il libro è dedicato alla memoria dell'amico Giorgio Lago, storico direttore del Gazzettino, che trent'anni fa mi introdusse, come editorialista, nell'affascinante mondo del giornalismo.

Gesù di Nazareth

Per il credente, Gesù è il Cristo Salvatore, figlio di Dio. Per lo storico, è un profeta apocalittico che predicò in Palestina nella prima metà del I secolo, e morì sulla croce.

Da quando, nel diciottesimo secolo, Hermann Reimarus iniziò uno studio non confessionale sulla vita di Gesù, sono state sostenute su di Lui le tesi più diverse, talora ardite e persino stravaganti. Bauer, Couchoud, Drews e altri sostennero addirittura che non fosse mai esistito. Questa conclusione è stata ridicolizzata dalla quasi totalità della critica, e Bultmann disse che non valeva nemmeno la pena di parlarne. Tuttavia, sempre dal punto di vista rigorosamente storico, su Gesù si hanno poche certezze oltre a quelle della predicazione e della fine. È su quest'ultimo punto che le discussioni sono state più accese: chi fu responsabile della sua morte? Purtroppo la prima risposta fu falsa e crudele: furono gli ebrei. Una buona parte dell'antisemitismo nacque proprio da questo pregiudizio infondato; e ancora oggi, persino nella civilissima Francia, ne esistono sintomi allarmanti.

Prima di tutto una considerazione. La critica neotestamentaria è nata in Germania, che detiene ancora il primato delle pubblicazioni, e non dà segno di rallentarle. Da lì passò in Francia, con Renan, Loisy, Goguel e Guignebert. E poi in Gran Bretagna e infine negli Stati Uniti, dove oggi la discussione è vivacissima. Anche gli ebrei vi parteciparono, con Klausner e Montefiore. Ma nel vasto panorama gli italiani sono quasi assenti. Colpa del dogmatismo della Chiesa? Forse. Ma credo sia più colpa nostra. Da noi questo argomento non è un tabù: è indifferenza.

Torniamo alla domanda di prima. Le tesi principali sono tre. La prima, come si è detto, che i veri colpevoli furono i Giudei. La seconda, che furono i Romani. La terza che fu colpa di entrambi: il Sinedrio come denunciante e accusatore, Ponzio Pilato quale giudice ed esecutore. Vediamole.

I Vangeli non sono, e la Chiesa da un po' di tempo lo ammette, né libri di storia né verbali giudiziari. Pertanto è inutile chiedere loro un resoconto esatto del processo a Gesù. In effetti i sinottici si contraddicono su vari punti: i due ladroni che insultano il crocifisso, il sogno della moglie di Pilato, l'intervento di Erode ecc. sono raccontati diversamente da Matteo, Marco e Luca, che concordano però su un punto: Gesù fu arrestato, di notte, dalla turba ebraica, che lo condusse subito davanti al Sinedrio (Luca tuttavia dice: a casa del sommo sacerdote). Giovanni aggiunge che, assieme alle guardie del Tempio, vi era una coorte romana. Se fosse così, bisognerebbe ammettere che anche i Romani parteciparono alla cattura, e che quindi Gesù era già sospettato di sedizione, l'unico reato che agli agnostici occupanti della Giudea potesse interessare. Del resto, se Gesù fu portato quella stessa mattina davanti al Pilato per il giudizio, vuol dire che quest'ultimo era già stato avvertito, ed era pronto a processarlo.

Questa, e altre circostanze, hanno indotto la maggioranza della critica a concludere che la denuncia fosse partita dalle autorità ebraiche, allarmate dall'attività del predicatore, già fattosi notare per la cacciata dei cambiavalute dal Tempio, e timorose di una violenta reazione romana. L'accusa di blasfemia, motivata dall'autoproclamazione messianica di Gesù, si sarebbe così trasformata in delitto di lesa maestà: mentre la prima era indifferente per i romani, la seconda comportava automaticamente la crocifissione. E benché i Vangeli tendano a enfatizzare la colpa del sacerdozio (e addirittura del popolo) ebraico, e a sminuire il ruolo di Pilato, la sentenza finale fu comunque sua.

Questa tesi intermedia, effettivamente la più plausibile, fa comunque giustizia delle calunnie che per secoli furono riversate sugli ebrei come responsabili nientemeno che di deicidio. Il concilio Vaticano II - peraltro dopo lunga discussione - ha finalmente eliminato questa infamia, che purtroppo è costata tanto a Israele. La stessa frase sciagurata "il suo sangue ricada su di noi e sui nostri figli" probabilmente non fu nemmeno mai pronunciata. Oggi solo Blinzler e pochi altri sostengono la (quasi) esclusiva responsabilità degli ebrei.

Nondimeno, come spesso accade, a una tesi estrema se ne sono opposte altre anche più ardite. La più appassionata fu sostenuta anni fa da un eminente giurista di Gerusalemme, Chaim Cohn, in un libro tradotto e commentato dal professor Zagrebelsky, dove si sostiene che il Sinedrio si riunì quella notte fatale non per condannare Gesù, ma per difenderlo e comunque per dissuaderlo dal provocare i Romani, cercando così di salvargli la vita. Inutile dire che la tesi è rimasta isolata: ma essa dimostra quanto l'argomento scateni le fantasie.

Come si è detto, il mondo anglosassone si sta affiancando a quello tedesco su questa interminabile ricerca. Purtroppo in Italia se ne parla poco: i lavori di Winter e di Weaver credo non siano nemmeno mai stati tradotti. Tuttavia qualcosa si muove. Le benemerite case editrici Paideia e Queriniana, i cui testi si trovano presso le librerie Paoline, danno spazio a quasi tutte queste tesi, anche a quelle che alcuni decenni fa sarebbero state considerate eretiche. In effetti, per il devoto cattolico penso importi poco sapere se Gesù fu ucciso dagli ebrei, dai romani o da entrambi. L'essenziale è che il Suo sacrificio satisfattorio abbia adempiuto il disegno salvifico della redenzione sulla Croce, indipendentemente dall'individuazione dei responsabili. Una tesi saggia e conciliativa, già sostanzialmente enunciata anni fa dall'allora monsignor Ravasi proprio in risposta al libro di Cohn.

Resta tuttavia il giudizio dello storico. Ed è un giudizio molto prudente, perché la "Ricerca di Gesù storico", come scrisse un secolo fa Albert Schweitzer, si risolve in un nulla di fatto. Il grande medico teologo si consolò andando a Lambarené a curare i poveri tra i poveri, come madre Teresa.

Ma il problema rimase e rimane, perché le certezze che abbiamo su Gesù sono assai poche. E per quanto sappiamo della sua morte, si può solo concludere con Guignebert che fu sottoposto a un processo romano, per un'incriminazione romana; che fu condannato da un giudice romano, a una pena esclusivamente romana, con un "titulus" di condanna (*Iesus Nazarenus Rex Iudeorum*) romano. E che quindi, sotto un profilo esclusivamente storico, la colpa della sua esecuzione fu prevalentemente, se non totalmente, romana.

Atanasio e la disputa sulla Sostanza di Gesù

Quando, dopo il Concilio Vaticano II, la Chiesa quasi abolì la Messa in latino, la spiegazione di una scelta così rivoluzionaria fu semplice: render comprensibile al fedele il testo della liturgia. Alcuni tuttavia obiettarono che le preghiere quotidiane erano ben conosciute anche da chi le recitava in un latino storpiato, mentre altre, una volta tradotte in italiano, sarebbero comunque rimaste indecifrabili, proprio perché esprimevano il mistero della fede. L'esempio più evidente era il "*consubstantialem Patri*" del Credo. Il devoto praticante, davanti al nuovo testo ("della stessa sostanza del Padre") ne avrebbe capito quanto prima. E se glielo chiedessimo oggi resterebbe addirittura sbalordito, tanto la materia gli è ignota. Mentre quell'espressione, che costituisce un pilastro della nostra religione, fu il frutto di una lotta lunga e sanguinosa di cui fu protagonista Atanasio di Alessandria, di cui il 2 maggio si celebra la festa.

A parte il profondo significato per l'intera civiltà cristiana, quella disputa - e quelle cui diede seguito - fu emblematica di una nostra prerogativa universale: quella di impegnarci in riflessioni profondissime, che a distanza di tempo sembrano inutili e quasi surreali.

Il problema riguardava il rapporto tra Dio e Gesù. Atanasio sosteneva che fossero della stessa Natura: il termine greco "*homousìa*", significava, detto in termini accessibili, che Padre e Figlio erano la stessa cosa. Questa identità era vista come una bestemmia da Ario, illustre teologo antiocheno, che ne sosteneva la "*homoiusìa*" cioè la mera "somiglianza". Così la differenza di una "iota" rappresentò il simbolo di un conflitto che non si limitò a dibattiti dottrinali, ma provocò proteste violente e persino stragi tra le parti opposte. Gli imperatori romani intervennero più volte, cercando un compromesso che riportasse la pace. Niente da fare. Atanasio, dapprima vittorioso, fu poi sconfessato e dovette scappare. Riemerse, convocò concili e sinodi, fu appoggiato e rinnegato da papi e antipapi, incitò e subì persecuzioni, e morì ad Alessandria nel 373. La sua dottrina, già accettata dal Concilio di Nicea del 325, fu riconfermata e integrata nella versione che oggi recitiamo.

La disputa sulla Sostanza di Gesù, che vide la vittoria di Atanasio, diede poi luogo ad una controversia anche maggiore: quella sulla sua Natura. Alcuni sostenevano che avesse solo quella divina; altri solo quella umana; altri entrambe. Anche qui i fermenti diventarono tumulti, e i tumulti massacri, con profanazioni di Chiese, di altari e atti sacrileghi, finché un altro Concilio non definì la duplice Natura di Gesù, "vero Dio e vero Uomo", come oggi sappiamo.

Ma la questione non finì lì. Risolti i rapporti tra Padre e Figlio, restava lo Spirito Santo, che non si sapeva da quale dei Due procedesse. La Chiesa romana decise che procedesse da entrambi ("*Qui ex Patre Filioque procedit*"), ma le differenze con la Chiesa d'Oriente erano così incolmabili che le due si separarono, e neanche oggi hanno trovato un accordo. Questo fu invece trovato dai deisti inglesi del Seicento, che ritennero tali dispute il frutto di un'immaginazione vagabonda e di banalità enfatiche, da accettare solo come prudente e formale adesione all'ordine della monarchia anglicana. Voltaire, con il suo corrosivo scetticismo, scrisse un Dialogo di elegante irriverenza tra chi sosteneva che il Padreterno avesse una Natura, due Persone e due Sostanze, ovvero una Sostanza tre Persone e una Natura, oppure una Persona e tre Sostanze, ecc. ecc.

La Chiesa non si allarmò più di tanto. Nella sua immensa saggezza capiva che questo devastante arsenale, come oggi quello nucleare, sarebbe rimasto circoscritto tra le invalicabili mura dei filosofi, e non avrebbe mai raggiunto e vulnerato i comuni fedeli.

L'esausto lettore si domanderà il perché di questa prolissa "tirade" in ricordo di Atanasio, nell'attuale momento di generale secolarizzazione della cultura e della stessa Chiesa. In effetti ci sembra impossibile che i più robusti ed eruditi intelletti di allora si siano dedicati, per centinaia di anni, a queste dispute per noi oziose, spesso rimettendoci la carica, la salute e talvolta la vita. Il motivo è che vorremmo ricordare la precaria fragilità della nostra ragione, che ama inoltrarsi in sentieri misteriosi nei quali si perde.

Quando, nel secolo scorso, apparve un'altra fede, che sembrava dovesse sostituirsi a quella tradizionale, la storia infatti si ripetè. Il marxismo fu una caricatura materialistica e grottesca del cristianesimo, promettendo il paradiso in terra della dittatura del proletariato.

Eppure per decenni impegnò filosofi, economisti, psicologi e teatranti nelle variazioni più sottili della sua visione apocalittica. Dai caffè di Saint Germain alle università più prestigiose, le tesi dei trotzkisti, leninisti, maoisti, strutturalisti, marcusiani, lukacsiani ecc. riempirono migliaia di pagine prolisse in pubblicazioni oggi dimenticate come le logomachie di Cirillo e di Nestorio. E quando Raymond Aron contestò queste divagazioni stravaganti, gli intellettuali di sinistra risposero che comunque era meglio aver torto con Sartre che aver ragione con lui. I confini tra razionalismo, fanatismo e credulità, sono, come si vede, assai sfumati.

Queste inconcludenti metafisiche si ripresentano oggi sotto due forme, apparentemente opposte. L'una è quella dei tecnici che, esplorando un settore di loro competenza, pretendono di spiegare tutto: astronomi che con un occhio al telescopio e un altro a un algoritmo dimostrano che Dio non esiste; neurofisiologi che guardando una Tac illustrano i componenti chimici dei sentimenti; psicanalisti che, da un sogno indigesto, spiegano che sei, senza saperlo, innamorato di tua madre. E l'altra è quella dei creduloni, che diffidando dell'intelligenza o dell'onestà dei ricercatori si affidano alle fumisterie degli imbonitori e alle ciarlatanerie degli stregoni.

Queste due esaltazioni sono le stesse di Ario e Atanasio, perché esprimono la medesima arroganza del nostro intelletto a pontificare sull'Assoluto, che è prerogativa della Fede ma è inaccessibile alla ragione. Quest'ultima dovrebbe limitarsi a decifrare le leggi della Natura con umiltà e rigore, consapevole dei limiti dei propri mezzi e della provvisorietà dei propri risultati. Dovrebbe farlo soprattutto ora, nell'emergenza dell'epidemia, senza affidarsi a dilettanti televisivi ma senza pretendere dalla scienza risposte immediate, certe e rassicuranti. E senza disperdere le proprie energie in dibattiti sterili, come quelle di un tempo tra nestoriani e monofisiti, ma semplicemente cercando i mezzi per vivere meglio, e possibilmente in buona salute.

Marco Aurelio

Per i romani, Marco Aurelio evoca essenzialmente l'immagine dell'imponente statua equestre che domina il Campidoglio: uno dei tanti grandi imperatori che edificarono l'istituzione più vasta e duratura della Storia, di cui giustamente andare orgogliosi. Tuttavia quel maestoso cavaliere fu molto di più di un capace reggitore di uno Stato immenso, che andava dalla Britannia alla Persia e dal Danubio all'Egitto. Fu un guerriero valoroso come Cesare, statista lungimirante come Augusto, e infine filosofo come Seneca. Ed è sotto quest'ultimo aspetto che la sua memoria resterà duratura.

Era nato a Roma proprio 1900 anni fa, il 21 aprile del 121 d.C. da famiglia di origini illustri: lo zio, Antonino Pio, nel 138 sarebbe succeduto ad Adriano alla guida dell'Impero. A dodici anni aveva abbracciato la filosofia stoica, e a diciassette aveva già dimostrato le doti di intelligenza, risoluzione e coraggio che contraddistinguono il grande politico. Adriano lo aveva adocchiato, e quando nominò suo successore il mite Antonino pose come condizione che Marco ne fosse l'erede adottivo. Un matrimonio tra Faustina, figlia di Antonino, e il giovane designato, favorì questo accordo successorio. Fu una scelta infelice nell'unione, perché la donna si rivelò capricciosa e infedele; ma fu propizia per lo Stato, perché gli assicurò un transito di poteri ordinato e pacifico. Alla morte dello zio, nel marzo del 161, Marco assunse con riluttanza la carica di princeps, e quindi di imperatore.

Roma era allora all'apice della potenza e della prosperità: la sua politica era tollerante e illuminata, l'ubbidienza dei popoli vinti era uniforme, volontaria e costante, incoraggiata dal rispetto che l'ordinamento assicurava alle tradizioni culturali e religiose delle popolazioni. L'impero era ornato da opere spesso finanziate da privati destinate alla pubblica utilità e allo svago gratuito. E nonostante le sciagurate parentesi di eccentrici sanguinari come Caligola e Domiziano, i progressi del commercio, dell'agricoltura e dell'educazione assicuravano ai cittadini, e anche ai sudditi, una vita pacifica assistita da una legislazione saggia e da una giustizia efficiente. Antonino Pio aveva avuto il merito, ci dice Gibbon, di non fornire materiali alla storia, e quindi di aver evitato i delitti, le follie, le sventure e le guerre che ne costituiscono il registro puntuale. Questo fu, conclude il grande storico inglese, il periodo nella storia universale nel quale la condizione umana fu più prospera e felice. Naturalmente si riferiva soltanto alla parte del mondo allora conosciuta.

Marco Aurelio si trovò quindi ad affrontare soltanto nemici esterni, principalmente le tribù barbare che premevano lungo gli sterminati confini dell'Impero. Delegò il comando a capaci generali, e riuscì persino a controllare quei Parsi che da sempre avevano dato filo da torcere ai romani. Nel frattempo scoppiò una furiosa epidemia, vagamente chiamata pestilenza, che oggi si ritiene una forma di vaiolo, o chissà, un Covid ante litteram. Nella sola capitale morivano duemila persone al giorno, e le vittime totali superarono i cinque milioni. La famiglia di Marco fu falcidiata, come pure i suoi migliori condottieri.

Quando nell'area danubiana i Quadi e i Marcomanni ripresero le armi, Marco Aurelio dovette limitare la sua attività di legislatore, giurista e filosofo e affrontare una lunga e dura campagna. Si rivelò, come Churchill, tanto bravo nella spada quanto nella penna, e condusse le truppe di vittoria in vittoria. Ma la rigida vita del soldato, la sua fragile costituzione, e probabilmente un'ennesima epidemia lo fiaccarono irrimediabilmente. Il 17 marzo del 180, sentendo la morte vicina, rifiutò il cibo, e rassegnandosi docilmente alla nostra inevitabile mortalità salutò gli amici, pronunciò beneaugurante auspici per il figlio e per Roma, e raggiunse la pace. Fu subito, come di consueto, divinizzato. Lui per primo avrebbe accettato questo tributo come riverente ossequio alla tradizione e alla continuità istituzionale. Ma sotto sotto ne avrebbe sorriso, con la benevole indulgenza dello stoico disincantato.

Da sempre aveva infatti uniformato la propria vita ai suoi precetti filosofici: quel rigido sistema gli aveva insegnato a sottomettere il corpo allo spirito e le passioni alla ragione; considerava la virtù come l'unico bene, il vizio come l'unico male, e tutte le altre cose esterne come indifferenti. Era rigido con sé stesso, ma generoso e comprensivo con gli altri. Si rammaricò che Avidio Caso, che aveva congiurato contro di lui, gli avesse tolto, suicidandosi, il piacere di perdonarlo. Come molti valenti militari, fino a Mac Arthur ed Eisenhower, considerava la guerra un flagello dell'umanità, ma come Platone sapeva che soltanto i morti ne avevano visto la fine, e che all'occorrenza l'uso delle armi era necessario per ristabilire la sicurezza, la giustizia e la pace. La neutralità disarmata è una vaga utopia di menti viziate dall'astrazione speculativa: chi ha responsabilità di governo sa che accanto a una ricca biblioteca di saggi deve avere un adeguato arsenale di difesa. Per Marco Aurelio era un dolore abbandonare i libri e imbracciare la spada. Ma quando vi era costretto lo faceva con la scrupolosa pianificazione, la brillante strategia e la fulminea risolutezza che si sarebbero riviste, secoli dopo, soltanto in Napoleone.

Tuttavia, come s'è detto, la sua gloria maggiore risiede nella sua produzione letteraria. Non fu un sistematico elaboratore di sistemi metafisici. Come tutti i pensatori romani, da Seneca a Cicerone, intese la filosofia non come descrizione teorica dell'infinito, ma come scuola di virtù e metodo di vita, orientato al raggiungimento della serenità interiore al fine di tradursi in comportamenti virtuosi. La sua conclusione era tuttavia quella dell'Ecclesiaste: una persona di quarant'anni e di media intelligenza, che viva normalmente, ha visto tutto ciò che è stato, che è e che sarà. Nulla di nuovo sotto il sole. E dopo la morte ritorniamo dove eravamo prima. La virtù non deve attendersi nulla, né in questo mondo né nell'altro; deve accontentarsi di sé, trovando in sé stessa la sua giustificazione e la sua gioia.

È una visione di nobile distacco, purtroppo inadatta alla nostra imperfetta e oscillante natura. E infatti non fu seguita dal figlio Commodo, che si rivelò il più crudele, dissoluto e pervertito degli imperatori. Per fortuna il rimedio a tanto sconsolato pessimismo non fu trovato in questo illusorio analgesico di vizio e di corruzione, ma nella religione cristiana, che se da una parte minava la struttura politica dell'Impero, dall'altra si predisponeva a raccoglierne, e in futuro ad arricchirne, l'eredità.

La strage di San Bartolomeo

Fu probabilmente la strage più odiosa della storia Europea. Non per il numero delle vittime, ben inferiore a quello attribuibile, nel secolo scorso, alle brutalità dei nazisti, dei comunisti e degli anarchici. Né per la sua durata, limitata a un paio di giorni. Fu la più odiosa perché consumata in nome della religione; e per di più di una religione che avrebbe dovuto predicare la fratellanza e l'amore. La strage di San Bartolomeo costituì infatti l'apogeo di un'interminabile lotta tra cattolici e protestanti che sconvolse la Francia del sedicesimo secolo.

A metà di agosto del 1572, Parigi festeggiava le nozze tra Enrico, erede al trono di Navarra, e Margherita di Valois, "la reine Margot", figlia del defunto sovrano Enrico II e di Caterina de' Medici. I due sposi non potevano esser più diversi di carattere e di educazione: ma soprattutto erano divisi dalla fede. Lui, benché agnostico, era un ugonotto. Lei, quantunque di costumi discutibili, era una fervente cattolica. Per marcare la differenza, le nozze furono celebrate a Notre Dame, il 18 agosto, in settori separati: lei all'altare, lui fuori sul sagrato. Ma il pubblico applaudì lo stesso. Quel matrimonio infatti sembrava por fine alle continue provocazioni e rappresaglie che le due fazioni si erano equamente inflitte con reciproca e fantasiosa ferocia: roghi, squartamenti, e altre amenità. Le stampe dell'epoca mostrano fino a che punto la perversione umana possa arrivare nel distribuire morte e dolore.

Purtroppo quel matrimonio sortì l'effetto contrario. Enrico era arrivato con un numeroso seguito di nobili protestanti, tra i quali l'ammiraglio Coligny, un vegliardo di costumi rigidi e di altrettanto intransigente intolleranza. Parigi, dal canto suo, rigurgitava di cattolici fanatici, guidati dalla famiglia dei Guisa ed eccitati da centinaia di sermoni incendiari. Era un esplosivo, mancava solo un detonatore.

Questo brillò la notte del 22 agosto, quando un sicario sparò due archibugiate a Coligny, mentre stava rientrando a casa. L'ammiraglio fu curato dal medico reale, il famoso Ambrogio Paré, e non riportò gravi conseguenze. Ma l'evento infiammò i protestanti, che pretesero giustizia e forse vendetta. I Guisa approfittarono del pericolo, e premettero sul giovane re Carlo IX, debole e malaticcio di corpo e di spirito, affinchè anticipasse la reazione ugonotta con un'azione preventiva.

Il ventenne sovrano esitò: amava Coligny tanto quanto temeva la madre. Caterina consigliò di eliminare solo gli esponenti del partito avverso. Guisa interpretò in modo estensivo l'autorizzazione: i suoi sgherri entrarono in casa di Coligny, trafissero l'ammiraglio e ne gettarono il corpo dalla finestra. La folla, sempre benevola, decapitò ed evirò il cadavere, che fu gettato nella Senna. Alcuni, con un supplemento di umanità, lo raccolsero e lo appesero per i piedi. Un gesto che altri avrebbero in seguito coscienziosamente ripetuto.

Poi iniziò il massacro dei nobili ugonotti e del loro seguito. Guisa, e la famiglia reale, agirono con indiscriminata ferocia, violando persino il tabù della regale ospitalità. All'interno del Louvre, duchi e marchesi che fino al giorno prima avevano giocato a carte con il re furono sommariamente trucidati. Carlo IX, esaltato dalla follia e dal furore, si divertì a tirare dalla finestra su quelli che fuggivano. Solo Enrico di Navarra si salvò: era il cognato del re, e si era prudentemente convertito. Quando tutti i gerarchi protestanti, alcune centinaia, furono eliminati, Carlo e Caterina ritennero conclusa la faccenda, e proclamarono la cessazione delle ostilità.

Ma la superstizione, la cattiveria e l'avidità umana ebbero il sopravvento. La mattina del 25 fiorì, nel cimitero degli Innocenti, un biancospino. Questo evento fuori stagione fu interpretato come un'approvazione divina del massacro, e un incoraggiamento a riprenderlo. La "*populace*" si scatenò, e rinnovò la carneficina aggiungendo ai numeri le crudeltà. Il racconto che ne fa Michelet nella sua *Histoire de France* è impressionante: mogli denunciarono i mariti, figli strozzarono i padri, bottegai sgozzarono i creditori: il tutto in un'atmosfera di furore che Parigi non aveva mai visto. Donne incinte furono sventrate, e le creaturine estratte con le picche. I monelli dei quartieri giocarono a palla con le teste dei decapitati. Le fogne, a cielo aperto, ruscellarono di sangue per varie ore.

Quando tutto fu finito, una salmodiante processione ringraziò Dio per la quiete ritrovata. Il Papa Gregorio XIII, a Roma, fece suonare le campane a festa e celebrò solennemente una messa di riconoscenza per il Re. La preghiera non fu evidentemente accolta. Carlo IX morì, tra le pustole e le cancrene, due anni dopo, maledicendo la madre e temendo, a ragione, la punizione del Padre Eterno.

La strage di San Bartolomeo avrebbe dovuto allarmare gli individui e gli Stati sui pericoli del fanatismo religioso, alimentato in egual misura da superstizioni grottesche e da interessi dinastici. Essa invece convertì questa limitata lotta di fedi - e di feudi - in un più vasto scontro continentale: i

Paesi Bassi si ribellarono, la Spagna schiacciò (temporaneamente) la rivolta nel sangue, l'Impero si smembrò e l'Europa fu annichilita dalla Guerra dei trent'anni, che per la quantità e la qualità dei massacri può esser paragonata solo al secondo conflitto mondiale. Quando, nel 1648, i trattati di Westfalia chiusero questo periodo maledetto, i sopravvissuti cominciarono a dubitare di un Cristianesimo che aveva sostituito la solare teologia tomistica, la soccorrevole carità francescana e l'indulgente magnificenza rinascimentale con le incitazioni all'odio e le benedizioni dei massacri.

Il popolino ringraziò Dio per il ritorno della pace, ma gli intelletti liberi iniziarono a elaborare un'etica svincolata dai settarismi teologici, e più ispirata ai criteri universali di un bene comune fondato sulla coscienza e sulla ragione. I deisti inglesi, da Bolingbroke a Chesterfield aprirono la strada agli illuministi dell'Enciclopedia, e per un po' la tolleranza predicata da Locke e da Voltaire sembrò invertire questa sciagurata tendenza alle carneficine. Ma fu un'illusione effimera.

Due secoli dopo San Bartolomeo, la stessa Parigi avrebbe assistito ai raccapriccianti massacri di Settembre, quando i rivoluzionari, atei e mangiapreti, trucidarono migliaia di sacerdoti, frati e suore colpevoli solo di professare una fede millenaria. Il Cattolicesimo fu sostituito da altre confessioni ben più intolleranti e crudeli, che culminarono negli eccidi recenti di Stalin e di Hitler.

La lezione da trarre da questo catalogo nero di nefandezze è che la pace è un occasionale momento di tregua che la cattiveria e la stupidità umana si concedono periodicamente solo per riprendere energia. E il peggior insulto che possiamo fare a questi nostri anni relativamente tranquilli, è quello di rimpiangere un idilliaco passato di buoni sentimenti e di solidi valori, che esiste soltanto nella nostra colpevole ignoranza e nella nostra limitata fantasia.

Roma capitale d'Italia

Il 20 settembre 1870 gli artiglieri del Regio Esercito, al comando del generale Raffaele Cadorna, aprirono a cannonate la famosa breccia di Porta Pia, entrando così, "manu militari", nella capitale della cristianità e dello Stato Pontificio. Il Papa Pio IX, per dimostrare la sua opposizione al sopruso, ordinò di sparare. Ci furono alcuni morti, poi il fuoco cessò. I nostri soldati avevano ricevuto l'ordine di rispettare la cinta delle mura leonine, lasciando così al Papa un residuo di sovranità. Ma il Vaticano non accettò questa indulgenza, e il Pontefice si ritirò, con la sua Curia, nei palazzi apostolici. Il potere temporale della Chiesa era finito.

Gibbon aveva definito questo potere come fondato sulla frode e conservato con la violenza. Non era proprio così. Quanto alla frode è vero che la Chiesa aveva sostenuto la legittimità dei suoi possedimenti sulla pretesa donazione di Costantino, tanto vituperata da Dante e poi dimostrata falsa dall'erudito Lorenzo Valla. Ma è altrettanto vero che molti territori le erano stati conferiti, in piena sovranità, da varie cessioni longobarde e carolingie. Quanto alla violenza, lo Stato pontificio non era stato né meglio né peggio delle altre nazioni. Perseguiva, come insegnava Tucidide, la politica dell'utile e della forza, e quando quest'ultima era militarmente insufficiente, si affidava alle sanzioni spirituali, che anche i re più devoti ignoravano con noncuranza spavalda. Carlo V, il bigotto imperatore spagnolo, aveva fatto saccheggiare Roma dai lanzichenecchi costringendo Clemente VII a rifugiarsi a Castel Sant'Angelo. I Papi non erano da meno. Giulio II, patrono di Michelangelo, dirigeva l'assedio della Mirandola bardato come un guerriero omerico. Insomma Pio IX fece quello che avrebbe fatto qualsiasi altro politico.

La conquista di Roma, e la sua proclamazione a capitale, era diventata una comprensibile ossessione dei nostri governi dopo l'Unità d'Italia, ma tutte le soluzioni offerte al Papa, compresa quella di una minuscola sovranità territoriale, erano state sdegnosamente respinte. Vittorio Emanuele II, che già come re di Sardegna aveva promulgato le "leggi eversive" che privavano la Chiesa di numerosi privilegi, continuò con i suoi ministri un'opera di laicizzazione: regolò il matrimonio civile e soppresse vari enti ecclesiastici incamerandone le sedi e i beni. Il Papa rispose con il Sillabo, una condanna senza appello del liberalismo sotto tutte le sue forme, e infine con la proclamazione, nel Concilio Vaticano I, della sua infallibilità.

Se la guerra ideologica era ormai dichiarata, quella armata era tuttavia impedita dalla presenza a Roma di una divisione francese, che aveva strapazzato a Mentana persino il valoroso Garibaldi. Per far capire che faceva sul serio, Pio IX fece ghigliottinare qualche contestatore come Giuseppe Monti e Gaetano Tognetti, che avevano maldestramente organizzato un'insurrezione. La pena di morte è stata abrogata dagli statuti Vaticani solo in tempi recenti.

La protezione francese cessò quando nel 1870 Napoleone III fu sconfitto da Bismarck a Sedan, e dovette abdicare. Il nostro governo si ritenne sciolto dalla "convenzione di settembre" stipulata sei anni prima, che lo impegnava a non attaccare lo Stato pontifico e a garantirne l'integrità. La giustificazione formale fu l'applicazione del principio "rebus sic stantibus", che legittima la modifica dell'accordo internazionale quando ne vengono meno le condizioni che lo avevano ispirato: cioè finché queste fanno comodo ai contraenti. In ogni caso il trasferimento della capitale a Roma era imposto dalla Storia e anche dalla geografia: i parlamentari meridionali avrebbe trovato assurdo doversi trasferire a Firenze piuttosto che a Napoli o a Palermo. Roma, naturalmente, era un'altra cosa.

Fu con queste premesse che la mattina del 20 settembre i nostri bersaglieri intimarono la resa ai difensori di Porta Pia. La Chiesa avrà anche costruito ponti, intesi come benevola accoglienza a chi ne chieda il consolatorio soccorso spirituale, ma anche solide mura. Quelle che si paravano davanti a Cadorna non erano delle più fragili, e si dovette ricorrere al cannone. Ma la resistenza, come s'è detto, fu puramente simbolica, e poco dopo l'esercito dilagò nella città eterna.

Questa invasione, che indusse il Papa a una sorta di volontaria prigionia, divise i cattolici. Quelli liberali ne accettarono (e ne plaudirono) l'inevitabilità, quelli integralisti ne denunziarono la violenza sacrilega. Dal canto suo, Pio IX si rifiutò di riconoscere l'annessione a quello che chiamava "il Regno Sardo" dei territori pontifici, e fulminò di scomunica i governanti che l'avevano decisa e i militari che l'avevano attuata. Oggi, nella nostra civiltà secolarizzata, ci sembra impensabile riconoscere a un'istituzione diversa dallo Stato i poteri sovrani che spettano a quest'ultimo in virtù dell'investitura popolare. E quando gli interventi del Pontefice riguardano - come spesso accade - materie temporali come l'ambiente, il fisco, l'alimentazione, lo smaltimento dei rifiuti o la contrattazione sindacale, esse sono ascoltate con interessata attenzione ancor più dagli agnostici che non dai devoti credenti, i quali si inchinano con riverenza al magistero spirituale del Vicario di Cristo ma non ne seguono le indicazioni quando confliggono con la loro visione politica o i loro interessi economici. Ma nel 1870 l'autorità del Papa era molto più intensa ed estesa, e per molti cittadini il potere temporale della Chiesa coincideva con la sua stessa investitura divina, vilipesa dalla prevaricazione di uno Stato illegittimo e di un Re miscredente. Un unanime plebiscito confermò l'annessione, ma i cattolici non parteciparono alla votazione. Il loro allontanamento dalla politica sarebbe durato decenni.

I più accorti dei nostri governanti, ispirati da un cristiano spirito conciliativo e da una prudente valutazione di opportunità, intesero gettare verso la Santa Sede quei ponti che Essa aveva sdegnosamente respinto. Il principio cavouriano della "Libera Chiesa in libero Stato" fu consolidato da quello, altrettanto liberale, che "lo Stato non è né ateo né laico, ma è incompetente in materia religiosa". Ogni forma di giurisdizionalismo, intesa come interferenza italiana nell'organizzazione ecclesiastica fu accuratamente evitata, malgrado le istanze degli anticlericali più accesi.

Tuttavia neppure la Legge delle guarentigie, che riconobbe al Papa alcune prerogative di un sovrano, e che Benedetto Croce definì "un monumento di sapienza giuridica", valsero a schiodare Pio IX dal suo sdegnoso isolamento. Questa dolorosa "questione romana" sarebbe finita solo nel 1929 con i Patti Leteranensi firmati da Mussolini.

La questione romana

Il 21 gennaio 1871 fu approvata la legge che trasferiva la capitale del Regno d'Italia da Firenze a Roma. Il successivo 3 febbraio il provvedimento fu pubblicato sulla Gazzetta Ufficiale. Centocinquant'anni possono sembrare tanti in un momento in cui ogni giorno, e anzi ogni ora, riservano a questo Paese strabilianti novità, ma sono pochi nella storia di una Nazione e nel suo codice genetico. Ancora oggi, infatti, alcuni irriducibili secessionisti affibbiano alla città eterna gli epiteti più irriverenti. Si tratta, ovviamente, di una sineddoche politica, dove la parte rappresenta il tutto e Roma è intesa come governo nazionale. Ma alcuni pregiudizi sulla nostra amata capitale rimangono anche tra i nazionalisti più accesi. Oltre mille anni di governo papalino hanno evidentemente lasciato il segno.

Roma era stata governata dalla Chiesa dal tramonto dell'Impero. Gibbon aveva scritto che era stata acquistata con la violenza e mantenuta con la frode, alludendo alla mistificazione della donazione di Costantino che Lorenzo Valla aveva smascherato nel 1517. Ma non era proprio così. Lo Stato Pontificio era stato costituito e conservato come tutti gli altri stati, con la diplomazia, i trattati e all'occorrenza con le armi. La Civitas hominis di Agostino non distingueva gli stati laici dai confessionali: entrambi erano soggetti alle stesse leggi dell'utile e della forza.

Durante il Risorgimento le dimensioni di questo potere temporale si ridussero, e con l'Unità d'Italia la capitale fu trasferita da Torino a Firenze. Era un transito provvisorio. Quando, il 20 settembre del 1870, le nostre truppe entrarono in Campidoglio, tutti capirono che era solo questione di tempo. E infatti, quattro mesi dopo, l'art 1 della Legge citata suonò così: "La città di Roma è la capitale del Regno". Il mondo accettò il fatto compiuto. Il Papa lanciò l'ennesimo anatema. Ma il governo era impegnato con ben altri problemi.

L'urgenza più pressante era ovviamente la sistemazione urbanistica. Non avendo mai avuto una borghesia consistente, Roma si divideva tra gli estremi dei palazzi patrizi, delle chiese sontuose, dei conventi affollati e delle baracche plebee. Il governo calcolava che fossero necessari più di 40 mila locali per alloggiare il personale aggregato ai vari ministeri e agli altri uffici centrali, e il Municipio aveva risposto che ce n'erano appena 500.

Bisognava quindi programmare, demolire e ricostruire. L'alternativa poteva essere una nuova città satellite, come a modo sua era stata Washington: ma questo sembrava quasi blasfemo a un popolo che identificava il mito di Roma con la sua storia e i suoi monumenti. Così sorsero cantieri a villa Ludovisi, a villa Mattei, a villa Massimo, a villa Torlonia, e nella vasta distesa di vigne tra Castel Sant'Angelo e san Pietro. Molti intellettuali stranieri arricciarono il naso davanti a quello che consideravano uno scempio sacrificato alla speculazione edilizia, e tuttavia, come scrisse Sergio Romano, questi sentimenti non erano condivisi dagli italiani, che vedevano quei luoghi con un misto di disprezzo e di venerazione. In effetti, al di là del doveroso rispetto per le vestigia di indiscusso valore artistico e storico, una città che si affidi solo ai ricordi è moribonda.

All'apice della sua gloria la stessa Chiesa demolì delle basiliche protocristiane per edificarne di più grandi e fastose. La vista di un'amena prateria tra le rovine di un luminoso passato poteva ispirare sentimenti filosofici, come a Volney, artistici, come a Hubert Robert, letterari, come a Goethe, o vagamente emotivi come accade anche oggi a molti intellettuali di raffinata e utopistica sensibilità. Ma un Paese in crescita deve saper sacrificare una parte del passato per vivere il presente, e magari lasciarne traccia alle generazioni future, altrimenti non avremmo la Cupola di Michelangelo né il ponte di Rialto.

Naturalmente vi furono i soliti inconvenienti dell'avidità umana e delle fantasie più bizzarre: corruzioni, scandali e progetti al limite della demenza, come quello di una ferrovia a cinque metri dal suolo destinata a collegare Piazza di Spagna al Colosseo passando sopra la Fontana di Trevi. Per fortuna prevalse il buon senso, e oggi il centro storico della Roma umbertina non ha nulla da invidiare alla Parigi di Haussmann, più imponente ma anche più uniforme.

Con la proclamazione della capitale, il glorioso periodo del Risorgimento poteva davvero dirsi concluso. L'Italia, come scrisse Croce, da un lato si "cingeva di rimpianto e di malinconia", perché era finita l'età eroica di "un ideale nuovo, alto e remoto, del trepidare di speranze e di rinunzie ai propri concetti particolari per raccogliersi in un fine comune". Insomma si passava dalla poesia alla prosa.

E tuttavia, come saggiamente aggiungeva il filosofo, si prospettava un compito non meno difficile e nobile, di consentire agli italiani una vita libera e decente, nell'unità e nella pace. In questo l'Italia era favorita dalla sua posizione nel concerto europeo, non aveva nemici e stava acquistando rispetto e prestigio. Restava solo la "questione romana", creata con la breccia di Porta Pia e resa irreversibile proprio dalla proclamazione della capitale. Pio IX si era segregato in quella che definiva una prigionia, e proibiva ai cattolici di partecipare alla vita politica. Il governo, che riconosceva alla Santa Sede lo status di soggetto sovrano, avrebbe voluto regolare i rapporti secondo il diritto internazionale, ma il Pontefice rifiutava ogni accordo considerandolo una tacita e rassegnata accettazione dell'accaduto.

L'Italia rispose il 13 maggio 1871 con un atto unilaterale, la legge delle guarentigie, che concedeva al Papa - persona sacra e inviolabile - prerogative regie con le relative immunità, godimenti esclusivi dei palazzi vaticani e congrue rendite finanziarie. Nemmeno questo "monumento di sapienza giuridica" fu accettato da Pio IX, che lo bollò come una legge di guerra, imposta da un vincitore brutale e insidioso. In realtà questa "enclave" romana gli consentì una libertà di ministero che non aveva mai avuto, affrancandolo da quelle interferenze straniere che per secoli lo avevano spesso condizionato e talvolta perseguitato.

Quando Bismarck, nel pieno della sua Kulturkampf anticattolica, minacciò di spedire a Civitavecchia una cannoniera, capì che il suo era un reato impossibile, perché non c'era più nulla da bombardare, salvo entrare in guerra con l'Italia e il mondo. Così il Papa continuò, com'era suo diritto, a protestare contro i soprusi del ferreo cancelliere prussiano. Un atteggiamento che decenni dopo si ripetè, in modo più affievolito, davanti alla barbarie nazista. La quale umiliò Roma con la presenza di Kappler, ma almeno rispettò le prerogative del Vaticano, dove si erano rifugiati molti politici atei e mangiapreti. Una tardiva e generosa vendetta dell'irritato Pio IX.

Einstein e la teoria della relatività

Il 20 marzo è una data storica per la scienza e per l'Umanità. Quel giorno, nel 1916, Albert Einstein pubblicò la sua teoria sulla relatività generale. Da allora l'immagine dell'universo cambiò profondamente, com'era avvenuto con Copernico, Newton e Galileo. Spazio e tempo assunsero dimensioni diverse, non più come elementi oggettivi di una Natura statica, ma come variabili interconnesse di una realtà ordinata, ma mutevole. Per un attimo sembrò che Eraclito avesse vinto su Parmenide. Le successive riflessioni del grande scienziato chiarirono che i cambiamenti erano solo apparenze di un sistema circolare che girava su sé stesso, restando sempre uguale. La filosofia eleatica stava recuperando.

Oggi, dopo tante conferme, fisici e astrofisici manifestano i primi dubbi. Più impariamo, e più sappiamo di non sapere.

Einstein era nato a Ulm, il 14 marzo 1879, da una benestante famiglia ebraica. Come Churchill, non fu uno studente brillante ma recuperò rapidamente. Mentre lavorava a Berna, elaborò nel 1905 la teoria della relatività ristretta. Undici anni dopo, la integrò con quella della relatività generale. Una "Perì Fùseos", come la chiamavano i greci, che mirava a spiegare la fisica del mondo in complesse formule matematiche. L'universo galattico restò indifferente, ma quello accademico capì la novità della teoria. Il nome di Einstein divenne simbolo di genialità, piovvero onori, riconoscimenti e un premio Nobel: nel frattempo il mite scienziato si era trasferito a Princeton, mollando un'Europa che rischiava di finire sotto il tallone nazista. Scoppiata la guerra, il maturo pacifista ammiratore di Gandhi, si convinse che una bomba atomica in mano a Hitler sarebbe stata una catastrofe, e scrisse a Roosevelt una lettera invitandolo, tra le righe, a iniziare la costruzione dell'ordigno.

Nel 1945 ne sconsigliò l'utilizzo, ma Truman, seguendo l'avviso di Fermi e Oppenheimer preferì chiudere la partita con il Giappone senza sacrificare altre vite americane, inaugurando l'era nucleare. Non sappiamo se Einstein, tornato pacifista, ne abbia sofferto. Certo sarebbe stato ingenuo a non prevedere che sarebbe finita così. Ma anche i geni peccano di infantilismi, e anche la Verità, come è noto, è stata nascosta ai sapienti e rivelata ai fanciulli: Einstein confermò questo assunto con la fotografia di una boccaccia sbarazzina che fece il giro del mondo.

Quando morì, nel 1955, il suo cervello fu sottratto alla cremazione, sezionato e analizzato accuratamente. A parte la massa un po' più grande del solito - cosa peraltro usuale anche in molti criminali - non emerse nulla di rilevante. L'idea che si possa capire l'anima di un individuo esaminandone il cervello è tanto stravagante quanto quella dell'astronauta Titov, che annunciò trionfante, agli atei del Cremlino, che in orbita non aveva visto Dio.

Per i non addetti ai lavori le conclusioni di Einstein non sono facili da capire. Ma la sua rivoluzione è stata così importante che sono stati pubblicati centinaia di libelli che mirano a spiegare la relatività in termini accessibili, almeno nei due concetti fondamentali: l'equivalenza tra massa ed energia e l'interconnessione tra spazio e tempo. Non sono concetti nuovi.

Il principio che all'origine del mondo vi fosse un soffio vitale costituisce il cardine dell'Antico e del Nuovo Testamento. Nel primo, lo spirito (Pnèuma) Dio si afferma nelle prime righe della Genesi. Nel secondo il Lògos, ovvero il Verbo Giovanneo, era consustanziale al Padre dall'inizio dei tempi, per incarnarsi successivamente e abitare tra noi. Lo scettico potrà dubitare della consistenza scientifica di questa costruzione, ma non ne negherà la potenza intuitiva nel descrivere l'estrinsecazione di un'energia originaria ed eterna. Dante vi aggiunse, di suo, il principio della Somma Luce, e della sua abbagliante ineffabilità nel XXXIII canto del Paradiso. Hegel completò l'evoluzione speculativa teorizzando, all'origine e alla fine di tutto, l'Idea e lo Spirito Assoluto.

Quanto alla relatività del tempo, tutti conoscono la definizione di Agostino. "*Tempus est distensio animi*", cioè una mera dimensione psicologica, un'impressione soggettiva della nostra percezione ingannevole. Se il passato e il futuro non esistono, il primo perché è trascorso e il secondo perché è da venire, nemmeno il presente è definibile, perché quando credi di afferrarlo l'attimo è già fuggito. Siamo noi che gli diamo una misura, secondo la nostra momentanea attitudine. Einstein, in uno dei suoi momenti burloni, lo spiegò così: "Cinque minuti con l'innamorata non sono cinque minuti col sedere su una stufa rovente".

Questa complessiva teoria è stata, almeno per ora, verificata. Che la materia equivalga ad energia è ormai dimostrato dalla fissione e dalla fusione nucleare, il cui risultato è una sottrazione di massa che diventa, a seconda dei casi, la bomba di Hiroshima o l'illuminazione di una città. Non risulta che si sia arrivati al procedimento inverso, trasformando l'energia in materia. Se questo accadesse, potrebbe realizzarsi quella macchina progettata da Archimede Pitagorico che trasmette a distanza i corpi, mentre oggi dobbiamo accontentarci delle immagini. Quanto al tempo, superando la velocità della luce potremmo raggiungere, e osservare, gli eventi passati, come farebbero nei nostri confronti gli abitanti di altri sistemi. Ricordiamo che la luce che noi vediamo del Sole è vecchia di otto minuti, che quella delle stelle più vicine è vecchia di parecchi secoli, e che se un qualsiasi Micromegas lontano da noi duemila anni luce ci guardasse ora con potente telescopio non vedrebbe noi, ma Gesù Cristo o l'Imperatore Tiberio. La nostra mente si stancherà di immaginare, prima che la Natura si stanchi di darle esca.

E questo è il bello della teoria di Einstein. Dimostrando, con le formule matematiche, quello che l'ispirazione aveva già fatto intuire ai santi, agli artisti e ai filosofi, ha confermato l'equivalenza non solo tra la materia e l'energia, ma anche quella tra "*l'esprit de geometrie*" e "*l'esprit de finesse*" che unisce cuore e ragione, e sintetizza l'animo umano, anche nei suoi limiti. Alla fine della sua lunga vita, Einstein riconobbe l'estensione della nostra ignoranza, davanti a una realtà che è forse inaccessibile al nostro insufficiente intelletto. Suffragando anche qui la conclusione di Shakespeare, che esistono in cielo e in terra più cose di quante ne sogni la nostra filosofia e, possiamo aggiungere, anche la nostra scienza.

L’impresa di Fiume

Il 12 settembre 1919 Gabriele D’Annunzio, alla testa di un gruppo di patrioti pomposamente chiamati “legionari”, partiva da Ronchi, una cittadina prossima a Trieste, per la più spavalda e incredibile avventura dell’irrequieto Poeta: la conquista e l’occupazione di Fiume, con la creazione di uno stato autonomo e una Costituzione rivoluzionaria. L’impresa, malgrado il suo fallimento, incoronò la fama del Vate come energico uomo d’azione, dotato di un formidabile intuito politico. La sua fu una rivincita contro quella che, non del tutto a torto, veniva chiamata una vittoria tradita.

In cambio dell’entrata in guerra, l’Italia aveva infatti stipulato con gli Alleati nell’aprile del 1915, il patto d Londra, che le avrebbe assicurato, dopo la vittoria, il Trentino Alto Adige, la Venezia Giulia, l’Istria e la Dalmazia. Fiume, per quattro quinti italiana, non faceva parte di questo accordo, e il presidente americano Wilson fu irremovibile nel rifiutarne l’annessione all’Italia.

I nostri rappresentati alla conferenza di pace di Versailles, Orlando e Sonnino, protestarono, piansero e alla fine abbandonarono il tavolo, salvo ritornarvi poco dopo, umiliati e offesi, per evitare guai peggiori. Fiume fu dichiarata città libera sotto un controllo militare multiforze. In Italia il governo cadde e l'intero Paese si sentì ingannato.

Nel frattempo a Fiume erano scoppiati disordini: alcuni soldati francesi erano stati uccisi nei tumulti provocati da estremisti facinorosi, e il rude Clemenceau minacciava rappresaglie. Il nostro governo reagì in modo impacciato e questo aumentava la tensione e le aspirazioni degli irredentisti. Agitatori interni ed esterni, a cominciare dall'irrequieto Mussolini, invocavano soluzioni cruente, dalla guerra civile all'abolizione della Monarchia. Fu in questo clima incandescente che D'Annunzio, alla testa dei suoi trecento opliti, iniziò la sua marcia da Ronchi. E l'esordio fu promettente, perché le schiere si ingrossarono di sostenitori e di soldati. Il generale Pittaluga, spedito dal Governo per fermarlo e magari arrestarlo, fece come Ney davanti a Napoleone fuggito dall'Elba e diretto a Parigi: consegnò la spada all'usurpatore e gli aprì la via del potere.

Ma prendere non è saper trattenere, e una volta insediatosi al governo di Fiume D'Annunzio impiegò invano tutte le sue risorse fisiche e intellettuali per impedire la dissoluzione di un organismo precario. Spedì dei marinai, che pomposamente chiamò "Uscocchi", a dirottar navigli ed impossessarsi dei carichi; chiamò all'appello giovani esaltati e veterani irriducibili per ampliare le sue schiere troppo esigue; inviò intermediari diplomatici all'estero, muniti di "lettere patenti", tra la derisione e l'indifferenza dei destinatari; invitò scienziati, artisti e scrittori per una legittimazione culturale della sua stravagante città del sole, ed alcuni incredibilmente lo appoggiarono: persino Toscanini si recò per dirigervi un concerto.

Infine fece redigere dal socialista De Ambris una Costituzione che chiamò "Carta del Carnaro" e che ornò delle sue barocche sovrabbondanze lessicali con effetti contraddittori:

essa infatti mescolava un sindacalismo rivoluzionario con un corporativismo prefascista, anticipava concetti e principi libertari con vaghe aspirazioni utopistiche, e da ultimo prevedeva, in caso di necessità, la devoluzione dei pieni poteri a un "Comandante". Un redivivo Fabio Massimo nel quale tutti riconobbero il Poeta.

Per più di un anno la "Reggenza" di Fiume vivacchiò tra alti e bassi. Alla mancanza di viveri si rimediava con atti di pirateria da parte degli "Uscocchi", mentre crescevano i conflitti interni tra chi aspirava all'annessione alla Patria e chi sognava una Repubblica indipendente mezza proletaria e mezza futurista. La popolazione italiana, all'inizio entusiasta dell'iniziativa, cominciò a soffrire delle inadeguatezze e delle stravaganze di un regime così strampalato. I mugugni aumentarono e i soldati cominciarono a disertare.

Nel frattempo a Roma, dopo varie vicissitudini parlamentari al cui confronto la nostra terza repubblica sembra un esempio di stabile e coerente continuità, l'ultimo governo Nitti cadde e subentrò Giovanni Giolitti. Un politico così esperto e autorevole non poteva permettere, alle soglie di casa, una simile e pasticciata improvvisazione, e decise di porvi fine limitando tuttavia al minimo l'impiego della forza. Spedì il generale Caviglia ad imporre un ultimatum, offrendo condizioni onorevoli ma minacciando il patibolo in caso di resistenza dei militari. Un breve cannoneggiamento navale all'indirizzo del palazzo del governo dimostrò che stavolta si faceva sul serio. D'Annunzio evocò tutta la sua collezione di fumisterie eroiche e sacrificali per incitare i suoi alla resistenza e al martirio, ma alla fine dovette arrendersi all'evidenza dei rapporti di forza.

Dopo qualche scaramuccia, le truppe italiane entrarono a Fiume e il 18 gennaio 1921 il poeta prese il volo. In un paese normale sarebbe stato impiccato, avendo commesso tutti i reati contemplati dal codice penale, compreso quello militare: da noi fu osannato e venerato più di prima.

Vista in prospettiva, l'impresa di Fiume fu un'incredibile miscela di dilettantismo organizzativo, nazionalismo ingenuo e avventurismo estetizzante. Accanto a fervidi patrioti, delusi dalla "vittoria tradita" ed illusi dalle profezie apocalittiche del geniale imbonitore, marciarono decorati eroi di guerra e disertori ribaldi, sindacalisti marxisti e barattieri profittatori, patrioti virtuosi e debosciati cocainomani, tutti soggiogati dal fascino insieme solare e sulfureo del pittoresco poeta. L'obiettivo primario, cioè la creazione di un principato indipendente, era comunque irrealistico, perché contrario alle leggi della storia, della geografia e soprattutto della sopravvivenza economica. Soltanto la sua incontenibile esaltazione coribantica poteva illudere il camaleontico Vate di potersi confrontare con uno Stato militarmente potente, per quanto indebolito dai conflitti interni e dalle umiliazioni internazionali.

Saggiamente i governi italiani, e in particolare Giolitti, lasciarono che la preda cadesse come un frutto maturo, evitando una repressione cruenta. E tuttavia, senza questa iniziativa metà piratesca e metà patriottica il destino di Fiume sarebbe stato diverso, e quella splendida città non avrebbe mai gustato la riunione con la madrepatria. Una gioia che comunque durò poco, perché la sciagurata avventura di Mussolini, conclusasi nella tragedia della seconda guerra mondiale, privò Fiume della sua identità, della sua popolazione e persino del suo nome.

La Repubblica di Weimar

Per gli studiosi, e più in generale per le anime sensibili, il nome di Weimar evoca la straordinaria fioritura della letteratura tedesca: a cavallo tra il diciottesimo e il diciannovesimo secolo, questa cittadina della Turingia, retta da un principe mecenate, patrocinò le estasi ribelli di Schiller, le sagge lezioni di Wieland, le ispirate prediche di Herder e l'olimpica pedagogia di Johann Wolfgang Goethe, con tutto il corteo di artisti, scrittori, governanti e intellettuali che venivano ad omaggiare il più grande genio vivente. Ma per gli storici, e soprattutto per i politici, Weimar rappresenta la sfortunata esperienza della repubblica tedesca e l'ascesa al potere di Hitler. Ancora oggi, quando un regime democratico entra in crisi, Weimar è evocata come un assillante monito contro il pericolo di una dittatura. Cosicchè anche da noi, in questi tempi inquieti, il ritornello si ripete: i barbari sono alle porte, la libertà è in pericolo, ricordatevi di Weimar!

Un recentissimo libro di Rudiger Barth e Hauke Friederichs, "I becchini" (Bompiani), ricostruisce fedelmente gli ultimi giorni di quella agitata repubblica. Gli autori hanno adottato un metodo nuovo, e per certi aspetti assai intrigante, di raccontare "l'ultimo inverno della Repubblica di Weimar" con un resoconto cronachistico giornaliero: dal 17 novembre 1932 al 30 gennaio 1933, quando l'anziano presidente Hindenburg nominò Hitler cancelliere del Reich. Il libro non mira alla sintesi - per quella esiste già un'ampia letteratura, da Shirer a Trevor Roper a Joachim Fest - e tantomeno a un complessivo giudizio critico, ma è importante proprio per la sua asettica struttura diaristica, che riferisce le quotidiane vicende della moribonda repubblica attraverso i comportamenti e i pensieri dei suoi protagonisti. Come scrivono gli autori, "ci siamo riproposti di costruire il libro con la tecnica del montaggio documentario, e cedere il più possibile la parola ai protagonisti astenendoci da ogni commento sulla base del senno di poi".

È una sfida stimolante per noi lettori, che possiamo così immedesimarci in questi personaggi: quanti di loro volevano, speravano, temevano o comunque immaginavano che ogni decisione adottata in quei settantacinque giorni avrebbe costituito un mattone del mostruoso edificio nazista? Probabilmente nessuno, perché nemmeno Hitler aveva ben chiaro lo sviluppo che avrebbero preso gli eventi. Ognuno di noi può dunque farsi l'idea che crede. L'importante è aver presente i caratteri e le ambizioni degli attori del dramma: venerabili generali, spregiudicati avventurieri, consumati politici, violenti demagoghi, disinvolti finanzieri, insomma una variopinta fauna umana che tra imposture, battaglie, voltafaccia e intrighi stavano tessendo, spesso senza saperlo, la ragnatela di cui molti sarebbero state le prime vittime. Hitler, come un ragno, si limitava ad aspettare? Non è detto. Anche lui aveva le sue esitazioni e le sue crisi. Per un soffio non mollò tutto, e meditò persino il suicidio. Insomma, una confusione in cui ogni esito sembrava possibile.

Quella situazione fluida, di incertezza assoluta, presenta qualche analogia tra la nostra instabilità politica, dove ogni giorno i capipartito sembrano cambiare idea, ripudiare alleanze, tesserne di nuove e ricostituire quelle abbandonate. Tuttavia i protagonisti di allora non erano minimamente assimilabili a quelli contemporanei.

Hitler, innanzitutto. Nelle elezioni federali del giugno 1932 aveva ottenuto quasi quattordici milioni di voti e 230 seggi al Reichstag: molti, per un neofita della politica, ma pochi per una maggioranza governativa. Nei mesi successivi aveva poi commesso una serie di errori che ne avevano diminuito la forza elettorale; il suo partito era senza soldi e i grandi industriali gli avevano ritirato i finanziamenti. Insomma era, politicamente, una tigre di carta.

Poi il cancelliere Franz von Papen, vecchia volpe del sistema bancario, un "caprone intestardito" vanesio e vendicativo, senza appoggi parlamentari ma con illusorie ambizioni di dominio; quindi Kurt von Schleicher, ministro della difesa e avversario di Papen, di cui voleva prendere il posto; infine Paul von Hindenburg, rispettato e decrepito presidente, conservatore ma diffidente di Hitler, che definiva sprezzantemente "un caporale boemo". E poi ancora un codazzo di sicofanti opportunisti, pronti a cambiar bandiera e alleanze, a organizzar complotti e seminare allarmismi, cosicché, per dirla con Shirer "nessuno di questi tessitori di intrighi sapeva più chi tradiva e chi veniva tradito".

Quanto alla Germania, essa era prossima alla rovina. Cinque milioni di disoccupati, con i salari degli operai decurtati dalla crisi e sviliti dall'inflazione; la mendicità dilagante; i fallimenti e i suicidi in continuo aumento; l'ordine pubblico ormai compromesso, con disordini quotidiani, decine di morti e centinaia di feriti; scioperi, serrate, tumulti e continue proclamazioni di legge marziale; da ultimo, l'identico progetto di nazisti e comunisti di impedire qualsiasi soluzione moderata, circostanza che li portò spesso a votare insieme contro il debole governo democratico. Su tutto questo incombevano le formazioni paramilitari dei nazisti che sfilavano arroganti e impunite sotto l'occhio, talvolta benevolo, della polizia e dell'esercito. E mentre il centro cristiano osservava esitante questo sfacelo, la sinistra democratica, secondo la sua consueta e più funesta tradizione, litigava con tutti e soprattutto con sé stessa.

Nel congedarsi dai lettori, Barth e Friederichs concludono che i protagonisti di quei mesi sono stati "sottili, egoisti e privi di scrupoli", ma che tutte le forze sul campo "portano una parte della responsabilità per il tracollo della prima democrazia tedesca". È vero, e del resto i grandi fenomeni storici non dipendono mai esclusivamente da eventi episodici o da singole personalità.

Per conto nostro, possiamo trarne motivi di consolazione, perché la nostra democrazia è ben più solida di quella di Weimar: l'economia è più ricca, le alleanze internazionali più stabili, le ideologie meno aggressive, e i protagonisti meno agitati. Con tutta la più fertile fantasia non riusciamo a immaginarci qui ed ora un Hindenburg malaticcio e rassegnato, un Hitler violento e fanatico, e nemmeno un von Papen ambiguo e complottaro.

I nostri politici sono oggi meno determinati di quelli di allora, ed anche i loro intrighi sono così pasticciati da trovare in sé stessi le ragioni dei loro fallimenti. Anche se purtroppo questo libro narra una storia vera, possiamo leggerlo come il resoconto di eventi passati e per fortuna irripetibili.

I processi dei Soviet alle “attività controrivoluzionarie”

Tra il 1936 e il 1938 si svolsero a Mosca tre processi quasi uguali. Stesso tribunale militare rivoluzionario, stesso accusatore, il noto Andrej Wisinskji, e stesso ispiratore, Giuseppe Stalin. L’incolpazione era quella del famigerato articolo 58 della Costituzione Russa: “Attività controrivoluzionarie”. Gli imputati erano tutti alti esponenti del partito comunista, civili e militari. Molti erano stati protagonisti della Rivoluzione di Ottobre, compagni e amici di Stalin. Ma il dittatore non voleva concorrenti.

Sotto il pretesto del deviazionismo ideologico mirava essenzialmente a sbarazzarsi di chiunque potesse insidiarne la carica o semplicemente appannarne l’immagine. Così mandò alla sbarra, e poi al patibolo, prima Lev Kamenev e Grigorji Zinoviev, già suoi colleghi nella troika regnante; poi Karl Radek, che aveva contribuito ad eliminare i primi due, e infine Nicolaj Bucharin, che li aveva accusati tutti e tre. Bucharin avrebbe potuto rivolgere a Stalin le stesse tremende parole del fantasma di Buckingham a Riccardo III: “Sono stato l’ultimo a sbarazzarti dei tuoi nemici, e l’ultimo a subire la tua tirannide”. Stalin si comportò come lo sciancato re Shakespeariano: sorrise e rincarò la dose. I condannati durante questo "Grande terrore" furono migliaia, molti finirono sulla forca, altri furono ammazzati in cella, altri semplicemente sparirono.

L'aspetto più curioso di questi processi risiede nelle confessioni rese dagli imputati. Erano tutti uomini di ferma fede e di inflessibile coraggio, capaci di uccidere e di morire per l'Idea. Avevano spavaldamente rischiato la vita e la Siberia durante la loro attività rivoluzionaria. I loro compagni (i pochi sopravissuti) avrebbero più tardi dimostrato di non temere le sevizie e gli stermini della Gestapo. Eppure cedettero. Peggio: chiesero di essere puniti per il loro deviazionismo traditore.

Sentite Kamenev, le sue parole valgono per tutti gli altri: "Questa è la terza volta che mi trovo davanti a una corte proletaria. Due volte la mia vita fu risparmiata, ma vi è un limite alla magnanimità del proletariato. Questo limite è stato raggiunto". Raramente la vittima ha leccato con tanta umiltà la mano che la percuoteva.

Come questo sia potuto accadere è un mistero. O meglio è un mistero per la nostra cultura secolarizzata, che ha perduto la nozione della fede e della sua potente energia. Perché il comunismo fu una fede. Forse l'ultima fede viva e vitale di un Occidente che, scristianizzandosi, mirava a nuove certezze, garantite da una chiesa magari spietata, ma certamente consolatoria nella sua rassicurante promessa di un radioso avvenire.

Questi rocciosi rivoluzionari, impavidi davanti al nemico, tremavano come fanciulli davanti al vecchio compagno che li accusava di eresia. Ci furono, naturalmente, pressioni insopportabili e torture inumane. Agli imputati si prospettò la deportazione e la morte della moglie e dei figli. Con Bucharin queste minacce furono probabilmente decisive, e la vedova ne ha reso fedele testimonianza. Tuttavia nemmeno questo spiega l'atteggiamento complessivo degli imputati, o quantomeno non spiega la loro condiscendenza quasi voluttuosa verso l'espiazione del patibolo.

L'unica risposta può trovarsi, ripetiamo, nella potenza della nuova religione, nel tormento di un indirizzo politico tradito che, nella patologica visione del fanatico, diventa persino dramma morale. Così, quel coraggio che consentiva di affrontare con un sorriso il plotone di esecuzione zarista, si dissolveva davanti alla scomunica del sommo sacerdote. E Stalin era insieme Papa e Imperatore, reggitore assoluto in nome di una Verità rivelata.

Per chi non credesse alla divinizzazione di questo miserabile tiranno, sarebbe utile una rilettura delle esaltazioni celebrative in suo onore: "O grande Stalin - scrisse poeticamente la Pravda - tu che creasti l'uomo, tu che fecondasti la terra, tu che fai vibrare le corde musicali...". E il grande Prokoviev: "Stalin io dico all'Universo, e non ho bisogno di aggiungere altro. Tutto è racchiuso in quel nome meraviglioso, il partito, l'amore, l'immortalità, tutto". Fino alla sua scomparsa: "Gloria eterna - sviolinò l'Unità - all'uomo che più di tutti ha fatto per la liberazione e il progresso dell'umanità". C'è da rabbrividire davanti a tanto stupido fanatismo che contaminò metà degli intellettuali europei.

Ma torniamo ai processi. Alla fine degli anni Trenta, avevano eliminato praticamente tutta la vecchia guardia bolscevica, comprese le alte gerarchie militari. Peggio di un crimine, fu un errore, che costò all'URSS una disastrosa impreparazione nell'estate del '41, davanti alle truppe di Hitler. La guerra portò una tregua, perché l'unità nazionale era più importante della stretta osservanza ideologica. Ma i processi ripresero con la pace, soprattutto nei paesi dell'Europa dell'Est, schiavizzati dall'occupazione comunista.

Finalmente, con l'avvento di Krushev, che rivelò al mondo

i crimini del predecessore, finirono quasi del tutto. Quella che, con Stalin era stata pura lotta di potere, si trasformò in disputa ideologica, che vide contrapposte le varie anime del marxismo. Anche qui, vigorosi intelletti dispersero le loro energie in futili pedanterie, assimilabili a quelli che, quasi duemila anni prima, avevano diviso nestoriani, eutichiani, monofisiti, ariani e marcioniani. Quando le religioni sono forti, e solo allora, suscitano aspri dibattiti e violente eresie.

Con il crollo del comunismo iniziò la lenta e difficile opera di revisione. Alla fine del '900, oltre 25.000 vittime delle purghe staliniane erano state riabilitate. Un'opera postuma che per noi non significa nulla, ma che per alcuni dei loro eredi spirituali costituì l'unico motivo di conforto prima di morire.

La vedova di Bucharin può anche sembrare commovente nella sua ultima rievocazione del poveretto cui era stato restituito l'onore del partito. Ma noi non dobbiamo dimenticare che anche queste vittime erano state, a loro tempo, spietate esecutrici di omicidi e di soprusi, e che in nome di un'ideologia perversa avevano contribuito allo sterminio di milioni di cosiddetti nemici del popolo, soprattutto preti e contadini.

Per Koniev, Kamenev e compari vale la cinica ma geniale battuta di Montanelli, che teneva sulla scrivania un busto di Stalin. A che gliene chiedeva la ragione rispondeva: "Un uomo ammirevole. Ha ucciso più comunisti lui di chiunque altro".

La “Notte dei cristalli”

La data del 9 novembre 1938 dovrebbe ricordare a tutti gli spiriti liberi un episodio doloroso, che costituì le premesse di altri eventi analoghi ancora più tragici. Quel giorno, infatti, si consumarono in tutta la Germania le prove generali di quello che sarebbe stato l’Olocausto: fu la cosiddetta “Notte dei cristalli”, quando Hitler e Himmler attuarono la prima vera carneficina programmata contro gli ebrei. Il bilancio fu infatti impressionante, tenuto conto che fu compiuto in tempo di pace, in una nazione di grande tradizione civile, e sotto gli occhi del mondo intero: duecento persone assassinate o indotte al suicidio; trentamila arrestate, e altrettante internate a Buchenwald e a Dachau; 267 sinagoghe distrutte, e 7500 negozi devastati. È una macabra ironia che quel massacro venga ricordato per l’entità dei vetri rotti: in realtà i danni materiali furono poca cosa rispetto al ciclone di iniquità che stava per scatenarsi su quel popolo martirizzato.

L’antisemitismo in Germania aveva radici antiche, ed era stato esasperato dalla riforma di Lutero che, ancor più della controriforma cattolica, aveva eccitato l’odio contro “questi velenosi vermi avvelenati” di cui il fanatico monaco sassone auspicava “la distruzione col fuoco delle sinagoghe”. Benché radicalmente antireligioso, il nazismo aveva ereditato questa maligna concezione sostenendola con eccentriche teorie di superiorità razziale e con l'ignobile menzogna che gli ebrei avessero pugnalato alle spalle la Germania nel 1918, provocandone la disfatta.

Quando, nel 1933, Hitler andò al potere, iniziarono le discriminazioni, culminate con le famigerate leggi razziali del 1935, che privavano gli ebrei di tutta una serie di diritti civili. Tuttavia, sino a quella notte, gli episodi violenti, le depredazioni e gli assassinii erano stati frutto di sadismi e avidità individuali, sia pur aggravati dall'impunità concessa dal regime agli autori di simili soprusi. Ma da quel 9 novembre la persecuzione fisica divenne la regola, e procedette in estensione ed intensità secondo una strategia pianificata assistita da un'organizzazione efficiente. Come scrisse William Shirer, "Tra quei tumulti di incendi il Terzo Reich aveva imboccato una via tenebrosa e selvaggia, dalla quale non vi fu più ritorno".

L'occasione delle spedizioni punitive della "Notte dei cristalli" fu fornita da un attentato compiuto a Parigi da Herschel Grynszpan, un diciassettenne rifugiato il cui padre era stato deportato in Polonia dentro un vagone piombato. Il ragazzo, recatosi all'ambasciata tedesca con l'intenzione di vendicarsi ammazzando l'ambasciatore von Wlczeck, uccise invece il segretario Ernst von Rath che, ironia della sorte, era sorvegliato dalla polizia per le sue idee antinaziste. Due giorni dopo, Goering e Goebbels avevano già elaborato un piano per organizzare ed eseguire "dimostrazioni spontanee" dei militanti di partito. Reinhard Heydrich, il capo del SD e della Gestapo, trasmise gli ordini ai suoi ufficiali e garantì l'appoggio operativo.

Così da quella notte, e per alcuni giorni, queste squadre si scatenarono nel primo vero pogrom attuato dal regime hitleriano. Negozi, scuole, abitazioni e soprattutto sinagoghe furono incendiate, mentre decine di migliaia di ebrei terrorizzati si diedero alla fuga dopo aver assistito alle brutalità subite da parenti ed amici. Le SS non risparmiarono nemmeno i bambini degli orfanotrofi: 1.200 di questi furono spediti nel campo di Sachsenhausen.

In Germania nessuno protestò, salvo la compagnia di assicurazioni preoccupata di risarcire i danni di migliaia di vetrine frantumate. Goering, stizzito, la mise a tacere promettendo che gli indennizzi sarebbero stati confiscati dallo Stato e in parte restituiti.

La stampa, ormai completamente asservita, scrisse che si era trattato della "giusta e spontanea espressione della rabbia popolare". In realtà al processo di Norimberga fu fugato ogni dubbio sulla provenienza e sul contenuto di queste direttive omicide. Le stragi, le devastazioni, gli arresti, le ruberie, furono tutte disposte da Berlino, garantendo agli autori un'assoluta impunità. Gli unici a subire un processo furono gli autori di alcuni stupri: non per la gravità del reato, ma perché, con la violenza sessuale, avevano contaminato la loro razza ariana. Francia e Gran Bretagna, reduci dall'umiliazione di Monaco, non dissero niente. Hitler capì di aver le mani libere ovunque avesse colpito.

Da quel 9 novembre, come dicevamo, ogni precedente opzione elaborata dai nazisti sul trattamento degli ebrei, come l'emigrazione forzata o la deportazione in Madagascar fu di fatto abbandonata, mentre si prospettava la sinistra "soluzione finale" che sarebbe stata enunciata da Heydrich nella conferenza di Wannsee nel gennaio del 1942.

La "Notte dei cristalli" fu insomma la legittimazione formale di una progressiva eliminazione fisica che sarebbe iniziata subito dopo l'invasione della Polonia nel settembre del '39 con la fucilazione sommaria di interi gruppi di ebrei, sarebbe proseguita in Russia con il dispiegamento massiccio degli Einsatzcommando, corpi specificamente destinati alle esecuzioni di massa, e avrebbe trovato la sua definitiva organizzazione logistica nei campi di Chelmno, di Belzec, di Treblinka, di Maidanek, di Sobibor e di Auschwitz-Birkenau, vere e proprie catene di montaggio per la raccolta, la selezione, l'esecuzione e la cremazione di sei milioni di ebrei.

Oggi lo studio e la rievocazione di questo processo di sterminio, nelle sue origini culturali e nei suoi esperimenti iniziali ha subito e subisce un singolare altalenante andamento. Viene distrattamente e superficialmente ricordato nel "Giorno della Memoria", oppure viene riesumato - magari auspicando la creazione di una evanescente Commissione Parlamentare - in occasione di grossolani attacchi antisemiti portati da qualche miserabile nell'anonimato della rete.

Mentre invece dovrebbe costituire oggetto di insegnamento obbligatorio e di continua meditazione, con l'aiuto del copioso materiale documentale acquisito nel tempo, senza cedere alle emotività o alle polemiche contingenti che rischiano, paradossalmente, di attenuare l'immensa responsabilità morale che grava su quelli che hanno agito, e su quelli che hanno taciuto.

E servirebbe anche di ammonimento agli sciagurati che, durante le celebrazioni del 25 Aprile, impediscono lo spiegamento della bandiera di Israele, o intendono dedicare una piazza ai leader del terrorismo palestinese che vorrebbe distruggere "l'entità sionista" e ripetere, su scala allargata, la Notte dei cristalli e forse gli stermini dei lager.

1 settembre 1939.
Scoppio della Seconda Guerra mondiale

All'alba del primo settembre 1939, le truppe tedesche invasero la Polonia, dando così inizio alla Seconda guerra mondiale. In queste pagine ne abbiamo già rievocato gli antefatti: la caduta della Repubblica di Weimar, l'avvento al potere del nazismo, la condotta remissiva delle democrazie occidentali culminata con l'accordo di Monaco e infine il patto Ribbentrop Molotov che diede a Hitler il via libera per la conquista della Polonia. Qui concludiamo il ciclo narrando l'inizio e la fine di quella campagna, rispondendo prima a una domanda: Hitler voleva veramente la guerra?

Nell'opinione corrente la risposta è facile, ed è affermativa. Tuttavia alcuni storici, anche di campo avverso, come A.J.P. Taylor e Basil Liddel Hart sostengono che non fu affatto così.

La loro tesi è che il Führer - tra l'altro consapevole dell'impreparazione militare della Germania - non intendesse affatto provocare un conflitto con gli Alleati. Al contrario, sarebbe stato addirittura sorpreso dalla loro reazione bellicosa. Convintosi dell'arrendevole politica di *appeasement* di Francia e Gran Bretagna davanti alle sue precedenti conquiste, pensava che le due "decadenti democrazie" avrebbero fatto altrettanto con la Polonia, benché pochi mesi prima Chamberlain ne avesse garantito l'integrità territoriale.

Con tutto il rispetto per questi illustri studiosi, è una tesi ben singolare. È infatti vero che Hitler era convito che gli Alleati non avrebbero reagito, ma è altrettanto vero che la Polonia l'avrebbe invasa comunque, anche a rischio di un conflitto, tant'è che alla fine di agosto aveva schierato al suo confine ottanta divisioni, e aveva persino simulato un'aggressione polacca in realtà organizzata dai suoi servizi segreti. Se la guerra scoppiò, non è perché Hitler non la volesse: semplicemente sbagliò i calcoli, perché questa volta le democrazie occidentali reagirono. Ma la colpa di aver scatenato il conflitto fu sua, e soltanto sua.

Purtroppo per lui e per il mondo intero la vittoria fu rapida. Paradossalmente fu una disgrazia soprattutto per la Germania, perché la illuse di essere invincibile, e di potersi confrontare con nazioni, eserciti ed economie enormemente superiori. Ma in quell'autunno di più di ottanta anni fa la vittoria sbalordì il pianeta.

L'esercito polacco era animato da un patriottismo eroico e minato da un orgoglio illusorio: credeva di affrontare i carri armati con le tradizionali cariche di cavalleria. Inoltre confidava nell'intervento degli alleati, che avrebbero impegnato sul Reno il grosso delle forze nemiche. Entrambi i calcoli furono sbagliati.

La Gran Bretagna non aveva truppe sul Continente, e i francesi, protetti dalla linea Maginot, fecero solo qualche timida sortita. Nel frattempo le armate tedesche attaccarono dalla Prussia orientale, da ovest e da sud. Erano truppe modernamente equipaggiate, comandate da geniali condottieri come Rundstedt, Reichenau e soprattutto Guderian. Quest'ultimo aveva elaborato un impiego dei panzer autonomo, coordinato con l'aviazione d'attacco. Le nuove divisioni corazzate entrarono facilmente tra le linee polacche, chiusero le sacche di resistenza e ripartirono di nuovo. In tre settimane furono alle porte di Varsavia.

Nel frattempo i russi, entrati da Est, avevano occupato il territorio loro assegnato dal famigerato patto stipulato da Molotov pochi giorni prima. La resistenza dei polacchi fu tanto valorosa quanto inutile: l'unica consolazione fu il limitato numero di morti, perché, come in tutti i blitzkrieg, la questione si risolse in poco tempo. Il 6 ottobre Hitler dichiarò chiusa la campagna e la Polonia fu di fatto incorporata nel Reich.

La brillantissima strategia della Wehrmacht non insegnò nulla ai francesi, che continuarono a confidare nelle difese fisse della Maginot e nella robusta consistenza della loro fanteria. Cosicchè quando nel maggio del 1940 Hitler attaccò attraverso le Ardenne, la storia polacca si ripeté con una drammaticità anche maggiore. Guderian sfondò a Sedan e arrivò alla Manica in meno di due settimane, tagliando fuori l'intero corpo di spedizione britannico che si salvò solo con la miracolosa ritirata di Dunkerque. I tedeschi ripresero fiato, e puntarono su Parigi. La capitale cadde il 14 giugno. Anche qui, la campagna era durata poco più di un mese.

Nell'ebbrezza di queste vittorie, Hitler volle ripetere il colpaccio con la Russia, senza conoscere né la storia né la geografia. I nomi di Napoleone, di Kutuzov e del generale Inverno non lo intimidirono. Il 21 giugno 1941 invase l'Unione Sovietica con un esercito doppio rispetto a quello impiegato in Polonia, e con panzer ben più numerosi e più moderni. I comandanti erano sempre gli stessi, e per i primi tre mesi il copione polacco e francese si ripeté: sfondamenti rapidi, conversioni a tenaglia, masse enormi di prigionieri, ripresa dell'offensiva, altro sfondamento, altre sacche di resistenza aggirate e distrutte.

Ma quando, esausti, i tedeschi arrivarono a intravedere le cupole del Cremlino, la neve cominciava a cadere, l'equipaggiamento mancava, e Stalin faceva convergere in soccorso le divisioni siberiane. Lì cominciò, con un anno di anticipo rispetto a Stalingrado, la sconfitta della Wehrmacht.

Intanto la Polonia gemeva sotto il tallone dell'invasore e, soprattutto, gemevano i milioni di ebrei di cui subito cominciò la ghettizzazione e il massacro. Il mondo conosce Auschwitz, che in effetti fu il più grande dei campi di sterminio. Ma le prove generali di questa fabbrica mortale fu fatta, sempre e solo in Polonia, in località che oggi a molti dicono poco: Chelmno, Belzec, Maidanek, Treblinka e Sobibor, che nemmeno esistono come luoghi di memoria, perché gli stessi nazisti ne distrussero le tracce. Nella spaventosa storia della Shoah, la Polonia fu il primo e il più grande teatro di eccidio industrializzato.

La Polonia tuttavia non si arrese del tutto. Il governo si rifugiò a Londra, e molti militari, fuggiti dalla patria occupata, costituirono un corpo di combattenti che si distinse per abilità e coraggio in Normandia, in Italia e in Olanda. Ma fu tutto inutile. Alla fine del conflitto, in base agli accordi di Yalta, questa nobile nazione entrò sotto l'influenza russa, con una dittatura spietata quanto quella precedente. Molti si domandarono se fosse stato giusto, visti i risultati, morire per Danzica.

La risposta migliore la diede un sergente americano davanti agli orrori di Dachau: "Ecco - disse tra le lacrime - per cosa abbiamo combattuto: perché questo non accada più".

10 giugno 1940, l'Italia entra in guerra

È giusto che un Paese celebri le ricorrenze festose: la nascita della Repubblica, la Liberazione, e soprattutto la Vittoria del 4 Novembre. Ma sarebbe bene che rievocasse, quantomeno per trarne un monito salutare, anche le date disgraziate. Per questo, con il 10 giugno, è utile e doveroso ricordare la nostra entrata in guerra nel 1940. Tutti infatti sappiamo come sia finita, ma pochi sanno com'era cominciata.

Il 1° settembre 1939 Hitler aveva attaccato la Polonia e in trenta giorni l'aveva sconfitta e occupata. Francia e Gran Bretagna, che avevano assistito impotenti alla sconfitta dell'alleato, stavano ora aspettando la nuova mossa del Führer. Questa scattò il 10 maggio 1940, con l'offensiva attraverso le Ardenne.

Quella regione ondulata e boscosa, erroneamente considerata impenetrabile, era presidiata da truppe di seconda scelta, male equipaggiate e peggio comandate. Su di loro si scatenarono otto divisioni "panzer" appoggiate dall'aviazione e seguite dalla fanteria. Le difese furono frantumate, e i carri di Guderian galopparono veloci verso la Manica, tagliando fuori l'intero corpo di spedizione britannico e la parte migliore dell'armata francese. Alla fine del mese Churchill iniziò la spettacolare evacuazione di Dunkerque, che riportò a casa oltre trecentomila soldati sfilandoli dall'accerchiamento sotto gli occhi dei tedeschi. Dopo una settimana l'operazione era finita, ma la strada di Parigi era aperta. La Wehrmacht, ripresasi dalla sorpresa della sua stessa vittoria, il 5 giugno iniziò l'offensiva finale contro quanto restava dell'esercito nemico. Fu in questa débacle che Mussolini dichiarò guerra alla Francia e alla Gran Bretagna.

Il Duce, consapevole dell'impreparazione delle nostre truppe, aveva programmato il conflitto non prima del 1943. Ma l'imprevista evoluzione delle operazioni militari lo aveva innervosito ed esaltato. Non sopportando di essere estromesso dal trionfo dell'alleato tedesco, quando Badoglio osservò che i nostri soldati non avevano neanche le camicie rispose che il problema era politico, non militare, e che la guerra era già conclusa. Poi aggiunse cinicamente che "gli occorrevano alcune migliaia di morti" per sedersi al tavolo della pace.

Così, il 10 giugno 1940, apparve al balcone di palazzo Venezia annunciando, con la solita prosopopea rustica e arrogante, "l'ora delle decisioni irrevocabili". Rispolverò il suo linguaggio anarco-socialista esclamando che l'Italia, "proletaria e fascista", scendeva in campo "contro le democrazie plutocratiche e reazionarie" e "contro gli affamatori che detengono il monopolio di tutte le ricchezze della terra", per concludere perentoriamente che quella era "la lotta dei popoli fecondi e giovani contro i popoli isteriliti e volgenti al tramonto". Era - come si vede - un misto di ignoranza storica, di incoscienza politica, di stravaganti menzogne e di dissennatezza militare. Ma era soprattutto un gesto di vergognoso sciacallaggio, perché colpiva un Paese già sconfitto e praticamente indifeso.

L'opinione pubblica mondiale si indignò. Con giusto disprezzo, Roosevelt la definì "una pugnalata alla schiena".

Solo Stalin non protestò affatto, ed anzi si rallegrò. Aveva stipulato l'anno prima con il suo compare nazista il patto per spartirsi la Polonia, e vedeva di buon occhio l'indebolimento delle democrazie capitaliste. I comunisti, anche quelli perseguitati da nazifascisti, si allinearono con il loro capo spirituale. Cambiarono idea solo l'anno successivo, quando Hitler invase l'Unione Sovietica.

L'esercito italiano attaccò quel che restava delle truppe francesi sulle Alpi, e subì il primo avvertimento della sua impreparazione. Benché demoralizzati e inferiori di numero (il rapporto era di uno a cinque), i francesi resistettero e quasi ci ricacciarono. Uno smacco umiliante che si sarebbe ripetuto poco dopo, con conseguenze ben più tragiche, in Grecia e in Africa, dove le nostre offensive si arenarono subito e la situazione fu risolta dall'intervento dell'ingombrante ma efficiente alleato teutonico.

Il 14 giugno i nazisti entrarono a Parigi, e la Francia chiese l'armistizio. Hitler pretese che fosse firmato nello stesso vagone ferroviario dove, vent'anni prima, la Germania si era arresa agli Alleati occidentali. Tutto il mondo ha visto il dittatore tedesco simulare alcuni passi di giga prima della cerimonia, ed ha ascoltato le arroganti intimazioni di Keitel alla delegazione degli sconfitti. Ma gli italiani non parteciparono all'evento. Su un punto infatti i francesi furono intransigenti: si arrendevano ai vincitori sul campo, non alle *fanfaronnades* di Mussolini.

Quest'ultimo ne uscì ancora una volta malconcio. In un primo tempo aveva preteso l'occupazione dell'intera valle del Rodano (comprese Tolone e Marsiglia), il disarmo della Corsica, della Tunisia e di Gibuti. Hitler che non aveva alcuna intenzione di farsi scippare la vittoria cui l'Italia non aveva contribuito, lo riportò al suo più realistico ruolo di scodinzolante gregario. Non gli concesse quasi nulla, e l'Italia firmò il 24 giugno quello che William Shirer definì “un innocuo armistizio con la Francia”. Fu il primo dei bocconi amari che il Duce dovette inghiottire: quelli successivi sarebbero stati molto più indigesti.

Il resto è noto. Le nostre forze armate furono sconfitte dappertutto, non per mancanza di valore ma per carenza di mezzi, di carburante, di strategia e soprattutto di motivazione. I soldati, che si erano battuti eroicamente sul Piave per difendere le proprie terre, non capivano perché dovessero impantanarsi nel fango dei Balcani, morir di caldo nel deserto africano o di freddo nell’inverno russo, con armi obsolete e le scarpe di cartone. L’incompetenza dei comandi fece il resto.

Ma su tutto, incombeva la stupidità e l’arroganza di Mussolini: due difetti che spesso si accompagnano alla viltà, di cui il Duce diede prova quando, circondato dai partigiani, tentò la fuga travestito da soldato tedesco. Le democrazie occidentali, che incautamente aveva definito “deboli, decadenti ed imbelli”, gli avevano impartito una dura lezione. Purtroppo il conto più salato l’aveva pagato il popolo italiano, che l’aveva così calorosamente applaudito quel maledetto 10 di giugno.

Operazione Barbarossa

Il 22 giugno 1941 Winston Churchill fu svegliato da una notizia che gli restituì dieci anni di vita. Alle prime luci dell'alba, Hitler aveva scatenato l'"Operazione Barbarossa" attaccando l'Unione Sovietica: la Gran Bretagna non era più sola. Poco importava che il nuovo alleato fosse un sanguinario tiranno. "Se Hitler invadesse l'inferno - disse il grande statista inglese - spenderei qualche buona parola per il diavolo". Ora l'enorme macchina da guerra nazista si era rivolta contro l'Orso russo, in una lotta senza quartiere: 150 divisioni, quasi quattro milioni di uomini con tremila carri armati e altrettanti aerei avrebbero sfidato un paese grande quaranta volte la Germania e con risorse umane illimitate. Tuttavia Hitler era convinto che la superiorità tecnica della Wehrmacht avrebbe annientato l'avversario prima di Natale. Ma come si arrivò a questa invasione?

Si arrivò perché, secondo il dittatore tedesco, era inevitabile. Chiunque avesse letto il suo "Mein Kampf", avrebbe dovuto sapere che Hitler aveva due idee fisse: lo sterminio degli ebrei, ritenuti responsabili di tutti i mali del mondo, e la creazione di un "Lebensraum", uno spazio vitale per Tedeschi verso l'Est Europa. Il primo obiettivo era stato affidato a

Himmler e alle sue SS, che già avevano iniziato deportazioni e stragi in Polonia. Il secondo veniva ora devoluto all'esercito e ai suoi marescialli, coronati dalle strabilianti vittorie dei primi due anni di guerra. Von Leeb, von Bock e Von Rundstedt erano gli stessi che avevano guidato i gruppi di armate nella campagna di Francia. I comandanti tattici, Hoepner al nord, Guderian e Hoth al centro, Kleist a sud erano i migliori carristi del mondo. L'aviazione, dal canto suo, non aveva rivali. Il successo sembrava assicurato.

Dall'altra parte stava un esercito tanto numeroso quanto scalcagnato. Stalin, nel suo paranoico timore di attentati e congiure, aveva sistematicamente eliminato quasi tutti i generali, e quelli che restavano erano paralizzati dalla paura. Per di più il dittatore comunista, che accordandosi con Hitler nell'agosto del '39 gli aveva dato via libera per l'invasione della Polonia, nutriva fiducia proprio nell'uomo più diabolico della terra, e si rifiutò di ascoltare gli avvertimenti di Churchill dell'imminente offensiva. Il giorno prima dell'invasione, un convoglio ferroviario russo rifornì la Germania di carbone.

Il piano tedesco prevedeva l'inizio delle ostilità ai primi di maggio, così da arrivare a Mosca entro ottobre. Ma Hitler dovette soccorrere lo sconsiderato Mussolini, che per spezzare le reni alla Grecia rischiava di essere ricacciato anche dall'Albania. L'armata di Von Kleist conquistò Atene in poche settimane, ma questo successo costò ai tedeschi un mese di ritardo: così, quando arrivarono a scorgere le cupole del Cremlino, erano già paralizzati dal gelo, dal fango e dalla neve. Tuttavia al principio l'operazione Barbarossa sembrò ancor più brillante della campagna di Francia. Le truppe corazzate avanzavano come una lama nel burro, appoggiate dall'aviazione e senza aspettare la fanteria; poi si ricongiungevano a tenaglia, ingabbiando nelle sacche intere divisioni nemiche. I prigionieri russi diventarono presto centinaia di migliaia, poi due o tre milioni. Molti furono lasciati morire di fame o di lavoro forzato. Nelle retrovie, gli Einsatzcommando della Gestapo e del SD avevano iniziato il sistematico eccidio degli ebrei. Nella sola Babi Yar, in Ucraina, in pochi giorni ne furono sterminati più di trentamila comprese donne e bambini.

Poi Hitler commise uno dei suoi tanti errori di condottiero improvvisato. Puntò su Leningrado, per ragioni di prestigio, e vi pose un assedio di mille giorni. Puntò su Mosca, per ragioni politiche, e vi lanciò il grosso delle truppe. E puntò anche sul Caucaso, per ragioni economiche, allargando così il fronte a dismisura. I suoi marescialli protestarono, ma il caporale boemo insistette nella sua strategia e li destituì in blocco. Arrivò l'inverno, e i tedeschi, privi di equipaggiamento e di rifornimenti adeguati, si fermarono: avevano conquistato un vasto territorio, ma non avevano la capacità di mantenerlo.

Stalin, dopo il primo momento di sconforto, chiamò a raccolta il popolo rievocando le tradizioni militari, culturali e persino religiose della Patria. Alcune chiese furono riaperte e i Pope poterono, dopo vent'anni di ateismo di stato, benedire i pochi fedeli sopravvissuti alle persecuzioni comuniste. Il soccorso divino si materializzò nell'arrivo delle divisioni siberiane, formate da uomini addestrati nel clima polare. La loro offensiva minacciò di travolgere l'intero fronte, e solo la tenacia dei tedeschi evitò la catastrofe, che peraltro fu solo rimandata. L'anno successivo, a Stalingrado, sarebbe stato il disastro.

Vista retrospettivamente, l'invasione della Russia fu un cumulo di grossolani errori strategici e psicologici. Hitler sottovalutò la forza morale dei russi, uniti dall'amore per la Patria più di quanto non li dividesse l'odio per il loro tiranno. Quanto ai territori che l'Unione Sovietica si era annessa, come i Paesi Baltici o l'Ucraina, la crudele oppressione subito manifestata dagli invasori alienò anche le iniziali simpatie che l'eliminazione dei gerarchi locali aveva suscitato. Il popolo si strinse attorno alla sua Armata, che dopo i primi insuccessi crebbe in potenza, prestigio e capacità: marescialli come Zukov e Rokossowskij si dimostrarono all'altezza di quelli tedeschi.

Quanto alla strategia, Hitler non aveva imparato nulla dalla lezione di Napoleone. Non solo. Nello stesso momento in cui le truppe di Guderian galoppavano verso Mosca, l'ammiraglio Yamamoto ammoniva il governo giapponese che bastava sfogliare l'elenco telefonico di New York per valutare le immense capacità industriali e belliche degli Stati Uniti. A Hitler sarebbe stato sufficiente guardare il mappamondo per capire che, se pure fosse arrivato agli Urali, lo sconfinato retroterra siberiano avrebbe costituito comunque la base per una controffensiva con riserve umane e materiali pressoché inesauribili.

Il dittatore si illuse di compensare la quantità con la qualità, e il risultato fu di prolungare un'occupazione che avrebbe cagionato la morte di decine di milioni di soldati e di civili, nella più spaventosa carneficina che la Storia abbia mai conosciuto. Ma nella sua follia megalomane, invadendo la Russia, Hitler salvò la democrazia occidentale. Senza il logoramento delle sue armate su quel fronte sanguinoso, l'Europa continentale sarebbe stata condannata a una dominazione lunga e dolorosa, destinata a finire solo con l'intervento americano e probabilmente con l'impiego della bomba atomica. Churchill aveva visto giusto. Anche nei confronti del diavolo si può, in certi casi, provare simpatia.

Luigi Durand de La Penne e i “maiali” di Alessandria

Alla fine del 1941 la marina britannica, nonostante le gravi perdite subite in Atlantico e in Oriente, era ancora la più grande del mondo. L’età abbastanza vetusta delle sue navi da battaglia era ampiamente compensata dal loro numero, dall’addestramento degli equipaggi, dalla genialità degli ammiragli e dalla conoscenza dei codici tedeschi. La nostra flotta, senza nafta, senza portaerei e senza radar era stata rudemente strapazzata due volte: nel porto di Taranto, dove un gruppo di aerosiluranti aveva semiaffondato tre nostre corazzate, e al largo di Matapan dove l’aggressivo ammiraglio Cunningham aveva distrutto un’intera divisione di nostri incrociatori.

Il Mediterraneo era ormai dominato dagli inglesi. Dalle due basi di Gibilterra e di Alessandria d’Egitto partivano le missioni che assicuravano i loro rifornimenti a Malta, mentre impedivano i nostri in Libia. Ancora qualche settimana, e le truppe dell’Asse sarebbero rimaste a secco di carburante, di cibo e di munizioni.

L’Italia reagì con i suoi talenti tradizionali: l’audacia e la fantasia. Aveva costruito i “maiali”, metà sommergibili metà siluri, guidati da una coppia di marinai e muniti di una potente testata esplosiva.

La notte del 18 dicembre 1941 ne spedì tre nel porto di Alessandria, al comando di un giovane tenente di vascello: Luigi Durand de la Penne.

Era nato a Genova l'11 febbraio 1914, da famiglia nobile di tradizioni marinare. Entrò in Accademia e, iniziata la guerra, partecipò a varie incursioni che ne misero in luce l'intelligenza e l'ardimento. Furono queste doti che lo indicarono come l'uomo più adatto a guidare quella missione impossibile.

Scelse personalmente l'equipaggio, che vogliamo ricordare con riconoscente emozione: Vincenzo Martellotta, Antonio Marceglia, Mario Marino, Spartaco Schergat e Emilio Bianchi. Quest'ultimo è morto nel 2015, all'età di 103 anni. Questi sei uomini, con sforzi inauditi, deposero le cariche sotto due corazzate e una petroliera. Bianchi, svenne per la fatica, emerse e fu catturato. De la Penne, che lo aveva soccorso, fece la stessa fine.

Entrambi furono portati a bordo della Valiant, furono interrogati con la ferma cortesia della Royal Navy e naturalmente si rifiutarono di parlare. Il comandante della corazzata, Morgan, li fece rinchiudere nella stiva.

Dieci minuti prima dell'esplosione, De la Penne avvisò Morgan che il suo obiettivo era la nave, non l'equipaggio: e poiché la corazzata stava per saltare, doveva essere evacuata. Morgan lo rispedì gentilmente in cambusa, ma mise in salvo i marinai. Poco dopo la Valiant fu scossa da un botto tremendo. La porta della cella fu scardinata, e i due palombari uscirono in tempo per vedere la nave imbarcare acqua e appoggiarsi sul basso fondale. Un attimo dopo un'esplosione analoga squassò la Queen Elizabeth, che fece la stessa fine; una terza carica affondò una petroliera.

In pochi minuti, la "*Mediterranean fleet*" era stata neutralizzata, come quella americana a Pearl Harbor alcuni giorni prima, con la differenza che i giapponesi avevano mobilitato sei portaerei con centinaia di velivoli e migliaia di uomini, così come, a Taranto, gli inglesi avevano impiegato un'intera squadra di linea. Per Alessandria, Churchill avrebbe potuto citare sé stesso: mai nella storia dei conflitti navali tanto danno era stato inflitto a tanti da così pochi.

I nostri sei incursori finirono tutti in prigionia. Ma dopo l'armistizio dell'8 settembre, De la Penne chiese e ottenne di rientrare in servizio con le forze dell'Italia libera, a fianco degli Alleati. A guerra finita, la meritata medaglia d'oro gli fu appuntata da quello stesso ammiraglio Morgan di cui aveva sabotato la nave. Quarantasette anni dopo, in una solenne cerimonia a Livorno, il figlio dell'ufficiale che lo aveva interrogato gli restituì l'orologio sequestrato al momento della cattura. Ancora oggi, presso la Royal Navy, l'impresa dei nostri incursori, tutti pluridecorati, e del loro comandante, suscita ammirazione e simpatia.

Vista retrospettivamente, la grandezza di Luigi Durand de la Penne non risiede solo nel suo coraggio: durante il conflitto, decine di militari e di agenti segreti rischiarono e persero la vita in missioni anche più ardite; e non risiede nemmeno nel suo orgoglioso silenzio davanti al nemico: anche qui gli esempi di risolutezza furono migliaia. Risiede piuttosto nel rapporto tra i mezzi modesti e i risultati eccezionali, ottenuti con una progettazione meticolosa e un'audacia esecutiva nobilitata da una insolita virtù cavalleresca.

Non solo. Il marinaio britannico aveva alle spalle una nazione imperiale, alleata delle due più grandi e potenti nazioni del mondo: era sicuro della vittoria, era spronato dalle parole del più grande statista del secolo, e aveva una tradizione di entusiasmo e di successi. I loro ammiragli, da Ramsay a

Cunningham, erano aggressivi fino alla temerarietà, per loro la ritirata era inconcepibile.

Il marinaio italiano era invece reduce da una serie di sconfitte dolorose e umilianti, che avevano rivelato l'impreparazione del Paese e l'inconcludente retorica del suo bellicoso quanto sconsiderato dittatore. E gli ammiragli dell'alto comando, un po' per carenza di carburante, un po' per inadeguata visione strategica erano cauti fino all'inerzia. De la Penne ne era consapevole. Non agì per vendicare Taranto e Matapan: fece quello che gli imponeva il dovere. Distruggendo una flotta e salvando migliaia di vite inglesi, salvò due volte l'onore della nostra Marina.

Dopo la guerra, De la Penne fu ripetutamente eletto in Parlamento, con il partito liberale. Ma non si considerò mai un politico, e tantomeno un eroe. Tuttavia, caso raro, il Paese gli fu riconoscente. Forse per gratitudine, forse per far dimenticare le dolorose sconfitte di una guerra sciagurata, gli furono dedicati libri, film e documentari. Si spense il 17 gennaio 1992, e fu sepolto sul cocuzzolo di Portofino, nel minuscolo cimitero vicino alla chiesetta di san Giorgio: un posto incantevole, che guarda il mare. Sostandovi, con riverente ricordo, ti vengono in mente le parole del poeta: "dulce et decorum est pro patria mori". E comunque, per una tomba così, val la pena di morire.

La rafle du Vel d'Hiv

L'omicidio di Mireille Knoll, ottantacinquenne ebrea parigina uccisa a coltellate da un fanatico nel maggio 2018, ha riproposto la questione dell'antisemitismo in Francia. La donna era scampata al rastrellamento del luglio 1942, quando migliaia di ebrei furono strappati dalle loro abitazioni e ammassati nel Velodromo d'Inverno, destinati ai campi di sterminio nazisti. Forse è questa ironia del destino, l'aver evitato gli artigli della Gestapo per poi finire vittima di un esaltato in casa propria, ad aver rievocato l'operazione nota come "La rafle du Vel d'Hiv".

Benché ne siano stati scritti vari libri e tratto un film - "Vento di Primavera", con Mélanie Laurent, uscito nel 2011 - i francesi ne parlano poco, e si capisce. I tredicimila ebrei raccolti finirono ad Auschwitz, ma l'orrore non consiste solo in questo. Consiste nel fatto che l'operazione fu interamente condotta dalla polizia parigina. I nazisti, che l'avevano ordinata, se ne stettero a guardare compiaciuti.

Nel 1942, la Francia era governata dal regime collaborazionista di Philippe Pétain. In realtà era divisa in due: a nord, e lungo tutta la costa atlantica, era occupata dai tedeschi; a sud, ad eccezione di una piccola porzione in mano agli italiani, era territorio sovrano. La politica antisemita di Hitler era stata definita nel gennaio di quell'anno nella riunione di Wannsee, dove R Heydrich, il vice di Himmler, aveva illustrato la cosiddetta Soluzione Finale, cioè lo sterminio fisico di tutti gli ebrei d'Europa, compresa quella non ancora conquistata.

Per ragioni tattiche e logistiche l'eliminazione sarebbe stata progressiva: in Francia, ad esempio, si sarebbe cominciato con gli apolidi e gli stranieri, per estendersi poi a tutti, compresi i cittadini residenti nella zona libera. Le operazioni sarebbero state dirette dalle SS, ma eseguite, dove possibile, dalla polizia locale. Il vecchio maresciallo Pétain non si oppose a tanto misfatto; il suo primo ministro, Laval, lo assecondò e lo superò in entusiasmo, sorprendendo persino i nazisti.

Fu così che, la mattina del 16 luglio 1942, migliaia di poliziotti della Prefettura di Parigi - quattromila, secondo alcune fonti, più di seimila secondo altre - circondarono ed isolarono il Marais ed altri quartieri abitati da israeliti, trassero di casa oltre tredicimila uomini, donne e bambini, e li raggrupparono nel Velodromo d'Inverno, in attesa di spedirli in Germania.

Il rastrellamento fu raccontato dai pochi superstiti in modo ineguale: alcuni narrarono di brutalità gratuite da parte dei gendarmi, altri di aiuti compassionevoli e di agevolazioni all'evasione. Come in tutte le vicende, si vide il meglio e il peggio della natura umana. Vi furono certamente poliziotti che rischiarono il posto, e forse la vita, per favorire la fuga di qualche sventurato; così come altri eseguirono quegli ordini odiosi con zelante sollecitudine. La gran parte comunque si adeguò al compito, sperando solo che finisse presto.

Le condizioni degli internati nel Vel d'Hiv furono inumane. Un caldo soffocante, aggravato dalla mancanza di acqua e di cibo. Inesistenti l'assistenza medica, i servizi igienici e persino lo spazio. I poveretti furono accalcati sulle gradinate, senza potersi muovere né distendere. Qualcuno cercò di fuggire, e fu abbattuto sul posto. Cento di loro si suicidarono.

Dopo quattro giorni di agonia, gli uomini furono divisi dalle donne e dai bambini: di questi ultimi, i tedeschi non sapevano cosa fare. Fu lo stesso Laval a disporre che seguissero lo stesso destino dei genitori. Così cominciò per tutti il calvario verso Auschwitz e le camere a gas. Dei 13.152 che partirono, ne tornarono pochi, forse meno di cento. I bambini morirono tutti.

L'"Operazione vento di primavera" - come fu ironicamente chiamato questo vero e proprio genocidio in miniatura - fu un episodio quantitativamente minore rispetto alle enormi stragi compiute nell'Europa Orientale, dove gli Einsatzcommando riuscivano ad assassinare anche cinquantamila persone in un solo giorno. Tuttavia rimase - e rimane - tristemente famosa, perché fu l'unica massiccia retata eseguita esclusivamente dalla polizia locale.

Benché i tedeschi avessero istituito nei vari territori occupati dei regimi fantoccio, erano sempre intervenuti con le loro truppe nella cattura degli ebrei. Vi furono, è vero, segnalazioni e operazioni isolate delle varie milizie collaborazioniste, ma si trattò, appunto, di fatti episodici e di dimensioni limitate, ammesso che nel catalogo delle nefandezze umane si possa fare una classificazione puramente quantitativa.

Sta di fatto che "la Rafle du Vel d'Hiv" costituì una macchia indelebile della storia di Francia.

Noi italiani, che certo non rievochiamo volentieri quel periodo funesto, e che ricordiamo con orrore i 244 ebrei di Venezia catturati dalla milizia di Salò, possiamo almeno consolarci che il rastrellamento del ghetto di Roma fu eseguito esclusivamente dai nazisti, che la grande maggioranza degli altri ebrei fu salvata, a rischio della vita, dalla nostra popolazione e dai nostri sacerdoti, e che nella zona francese, occupata dal nostro esercito, gli ebrei trovarono rifugio fino all'8 settembre del '43.

Dopo la guerra, la Francia portò alla sbarra i colpevoli. Pétain e Laval furono accusati di tradimento e di attentato alla sicurezza dello Stato, e per questo furono condannati a morte, anche se il vecchio maresciallo fu graziato da De Gaulle, evitando, a differenza di Laval, il plotone di esecuzione.

Questi crimini politici assorbirono quelli, moralmente assai più gravi, commessi contro l'umanità, e in particolare contro gli ebrei. Dovettero passare cinquant'anni perchè Jacques Chirac ammettesse le responsabilità della Francia di Vichy nella persecuzione antisemita, ed ancor oggi, di tanto in tanto, qualche negazionista insinua che si trattò di operazioni condotte dalla Gestapo. Purtroppo i tanti documenti e le poche immagini, recuperate a fatica, mostrano esattamente il contrario. Con grande coraggio, il presidente Macron ha ammesso, nel 75° anniversario dell'evento, che "non vi fu coinvolto un solo soldato tedesco".

Il Velodromo d'Inverno, che forse si sarebbe dovuto consacrare a perenne memoria di tanta brutalità, riprese invece a funzionare come se niente fosse accaduto. Subito dopo la liberazione di Parigi, il Partito Comunista Francese vi tenne la sua prima riunione, tra canti e battimani, dimenticando che, fino all'invasione dell'Unione Sovietica, nel giugno del '41, quello stesso partito aveva plaudito all'alleanza tra Hitler e Stalin, auspicando la sconfitta delle plutocratiche democrazie occidentali. Poi il complesso ospitò cantanti, riviste, persino un circo equestre e una corrida.

La Provvidenza si occupò, con ingiustificato ritardo, di regolare i conti: nel 1959 un incendio lo semidistrusse, e fu definitivamente demolito.

La battaglia di El Alamein

Il 3 novembre ricorre un anniversario che per ogni italiano dovrebbe esser motivo di orgoglio e di dolore. Precisamente il 3 novembre del 1942 i nostri soldati affrontarono con le bombe a mano i carri armati inglesi, nella battaglia di El Alamein. Fu un esempio straordinario di eroismo in una guerra assurda, condotta ad armi impari contro il nemico sbagliato. Anche per questo è bene mantenerne la memoria. Ma veniamo a quella fase cruciale della guerra.

Sino a quel momento la Gran Bretagna aveva collezionato solo sconfitte: in Europa le sue truppe si erano salvate per un pelo con il reimbarco a Dunkerque, un successo che comunque mascherava una disfatta. Come disse Churchill: “Le guerre non si vincono con le ritirate”. In Oriente erano cadute quasi tutte le basi navali e, in Africa, Rommel era arrivato alle porte del Cairo. Tuttavia questa apparenza occultava una realtà che stava cambiando. Nel Pacifico gli americani avevano fermato i giapponesi a Midway e i Russi stavano accumulando riserve per intrappolare i tedeschi a Stalingrado. La marea nazista avanzava sempre più lentamente, e forse si era fermata. Per invertirne il corso, mancava una vittoria terrestre: e questa venne ad El Alamein.

Nel Nordafrica Rommel aveva indebolito il suo Africa Korps con un'arditissima galoppata nel deserto iniziata in giugno, allontanandosi dalle basi di partenza e compromettendo il flusso dei rifornimenti.

Kesselring, comandante dell'area Mediterranea, suggeriva cautela, e magari la conquista di Malta, che costituiva una insidiosa retrovia. Rommel convinse Hitler a puntare direttamente sul Cairo, e il Fuhrer gli diede ragione, senza peraltro dargli i mezzi necessari.

Quando, nel luglio del '42, la Volpe del deserto puntò su El Alamein poteva contare su risorse materiali e umane già inferiori a quelle britanniche.

Nonostante questa intrinseca debolezza, Rommel decise di attaccare. Il suo avversario, il generale Auchinleck, non era un genio della strategia ma era un professionista preparato. Parò il colpo e dopo un mese Rommel era al punto di prima, ma a corto di carburante e quasi senza carri armati. Hitler gliene mandò un centinaio; gli inglesi ne ricevettero più di mille. Rommel si rese conto che un'offensiva fallita, in quelle circostanze, equivaleva a una sconfitta. Il suo morale ne risentì, si ammalò e tornò a curasi in patria. I generali Stumme e Von Thoma, che lo sostituirono, si trovarono con un esercito logorato nelle risorse e nel morale.

Nel frattempo Churchill insisteva per una controffensiva. L'armata britannica era composta di neozelandesi, indiani, australiani e sudafricani, più vari contingenti di francesi, polacchi e altre formazioni di governi europei in esilio. Il loro nuovo comandante Bernard Law Montgomery, era un asceta segaligno e virtuoso che attaccava solo quando godeva di una schiacciante superiorità di uomini e mezzi.

Malgrado le perdite subite, questi continuavano ad aumentare, attraverso massicci aiuti spediti dall'America. I nuovi carri armati Sherman erano migliori di quelli schierati dai tedeschi e, manco a dirlo, surclassavano quelli italiani. Per l'aviazione, il rapporto era di cinque a uno.

Ma la differenza decisiva stava nella benzina. Monty ne aveva a volontà, i tedeschi la centellinavano col contagocce. Quanto ai viveri, il confronto non era nemmeno ipotizzabile. I nostri bevevano acqua sporca, che provocava tifo e dissenteria. Gli inglesi avevano il the, e persino la birra ghiacciata.

Il 23 ottobre 1942 Montgomery ruppe gli indugi. Milleduecento cannoni riversarono sulle linee italo tedesche un inferno di fuoco, ma le difese ressero bene. Rommel aveva disposto campi minati a serpentina che attenuarono l'avanzata nemica. I britannici perdettero molti uomini e quasi duecento carri, che furono subito sostituti. Montgomery, imperturbabile, cercò dei varchi meno insidiosi sapendo che, vista la differenza di forze, prima o dopo li avrebbe trovati. La dote maggiore di questo condottiero, scrisse Liddell Hart, era proprio quella di saper adattare la tattica al mutar delle circostanze, con brillante duttilità.

Il punto debole fu individuato nella zona di congiunzione delle forze tedesche e italiane, dove il 3 novembre la 51ª divisone Highland e la 4ª indiana, lanciarono un attacco massiccio con un rapporto di mezzi corazzati di 20 a 1. Il fronte fu sfondato, e i tedeschi iniziarono la ritirata.

Era la prima disfatta dell'invincibile Werhmacht. Altre catastrofi, ben più colossali e decisive l'avrebbero decimata a Stalingrado e a Kursk, in Normandia e nelle Ardenne. Ma El Alamein fu comunque la prima grande vittoria sul campo degli Alleati, ed era giusto che toccasse proprio agli inglesi che nel 1940 avevano resistito da soli.

Churchill potè andarne fiero, e per l'occasione coniò una delle sue arguzie più celebri: "Questa - disse - non è la fine; e non è nemmeno l'inizio della fine. Ma almeno è la fine dell'inizio".

In questa epica battaglia gli italiani si comportarono bene. I nostri bersaglieri e i paracadutisti stupirono alleati e avversari per l'ardimento e la tenacia nell'affrontare con le bombe a mano l'avanzata dei carri armati. Tutti, da Rommel a Churchill, ebbero (per la prima volta) parole di ammirazione per "i leoni della Folgore", anche se non si comportarono con la stessa cavalleria: gli inglesi, nostri nemici, ci concessero l'onore delle armi, e il loro comandante ricevette rispettosamente il nostro generale.

I tedeschi ci rifiutarono qualsiasi aiuto, ed in qualche caso si impadronirono del poco carburante che avevamo. Anche l'ammirazione di Rommel svanì presto: di lì a poco avrebbe pianificato l'invasione dell'Italia dopo l'armistizio dell'8 Settembre 1943. L'anno successivo, sospettandolo di aver partecipato alla congiura del 20 luglio, Hitler lo avrebbe costretto al suicidio.

Oggi El Alamein ospita sacrari, musei e cimiteri, che sono ancora meta di pellegrinaggi commoventi e devoti. Al netto della consueta retorica che contrassegna le lapidi e i sacelli di ogni tipo, non si può evitare l'emozione davanti alle spoglie dei nostri valorosi soldati. Ma restiamo perplessi davanti alla scritta "Mancò la fortuna, non il coraggio". Perché è verissimo che non mancò il coraggio. Ma non è vero che sia mancata la fortuna. Mancò invece il senno di chi mandò alla morte dei ragazzi con i fucili di latta e le scarpe di cartone. Un vizio tutto nostro, che purtroppo anche oggi, sia pure in altri ambiti, stenta a scomparire.

20 luglio 1944, il fallito attentato a Hitler

Alle ore 12.40 del 20 luglio 1944 una bomba piazzata dal colonnello Klaus Schenk Von Stauffenberg scoppiò a pochi metri da Hitler, nella baracca delle conferenze di Rastenburg, in Prussia orientale. Il Führer rimase miracolosamente illeso, e poche ore dopo ricevette uno sbalordito Mussolini. Tra un delirio e l'altro di recriminazioni e vendette, espose al Duce i suoi progetti sui cospiratori: "Li farò appendere - urlò - come maiali".

L'attentato era stato preceduto da altri tentativi andati a vuoto. Ma dopo lo sbarco in Normandia, molti ufficiali avevano capito che la guerra era perduta, e affrettarono i tempi per eliminare il dittatore e negoziare una pace onorevole. Avrebbero costituito un governo di salute pubblica di politici e di militari, come il maresciallo Von Witzleben, il generale Ludwig Beck e altri eroi di guerra. Alla congiura avevano aderito anche il comandante del fronte occidentale, Von Kluge, e il governatore della Francia von Stulpnagel. È incerto se Rommel vi partecipasse, anche se ne era a conoscenza: comunque fu ferito qualche giorno prima dell'attentato, e non vi ebbe alcun ruolo.

Stauffenberg, di famiglia nobile e fervente cattolico, era

privo di un occhio, di un braccio e di tre dita della mano sinistra, a causa delle ferite riportate in Africa. Era uno dei pochi ad avere accesso alla "Tana del Lupo", il sorvegliatissimo recinto nella Prussia orientale dove Hitler si era relegato. Per questo suo privilegio, oltre che per il suo coraggio, fu scelto come esecutore materiale del piano, anche se questo lo avrebbe allontanato da Berlino nel momento cruciale. Quando arrivò alla Wolfsschanze, recava una borsa contenente due pani di plastico di mezzo chilo l'uno, e un detonatore a tempo di costruzione inglese, costituito da un percussore agganciato a una molla trattenuta da un filo. Rompendo una fiala di acido, in dieci minuti il filo si sarebbe corroso e avrebbe liberato la molla determinando l'esplosione. Nessuno, all'interno del bunker si sarebbe salvato. Purtroppo tre cose andarono storte.

Quel giorno faceva molto caldo, e la riunione era stata spostata in una baracca all'esterno, con le finestre aperte, e questo avrebbe ridotto di molto l'effetto dell'esplosione. Poi Stauffenberg fu interrotto nel bel mezzo dell'innesco, e invece dei due pani, poté utilizzarne solo uno. Infine, dopo aver deposto la borsa accanto a Hitler, si allontanò con un pretesto, ma pochi attimi dopo un generale urtò la borsa e la spostò dall'altro lato del robusto sostegno del tavolo, lontano dal Führer.

Appena uscito, Stauffenberg vide la baracca saltare in aria, e si convinse che non vi erano superstiti. Ripartì subito in aereo, ma quando arrivò a Berlino scoprì che "l'operazione Walkiria" non era neanche iniziata: si attendeva la conferma della morte del tiranno.

Il colonnello rassicurò i colleghi, ma ormai il ritardo era incolmabile. Il maggiore Remer, comandante del battaglione "Grossdeutschland" e fervente nazista, sulle prime ubbidì agli ordini dei congiurati e disarmò le SS; poi, inviato ad arrestar Goebbels, fu da quest'ultimo messo in comunicazione con

Hitler, che lo promosse colonnello e gli intimò di reprimere la rivolta. Nel frattempo il generale Fromm, comandate dell'esercito territoriale, che pur aveva aderito al complotto, visto il fallimento dell'attentato si disimpegnò, e fu messo agli arresti nel suo ufficio.

Quando Remer ebbe circondato la caserma dei congiurati, ormai feriti e prigionieri, Fromm, ormai liberato, convocò una fantomatica corte marziale e fece fucilare Stauffenberg con i suoi compagni di sventura. Questo stratagemma non lo salvò, e pochi mesi dopo fu giustiziato anche lui. Altri, come i generali Beck, Stulpnagel e von Treschow si suicidarono. Rommel sarebbe stato costretto a inghiottire il cianuro poche settimane dopo. I superstiti furono portati davanti al tribunale del popolo, presieduto da uno dei più famigerati giudici della Storia, il dottor Roland Freisler.

Il primo processo si aprì il 7 agosto nella sala principale del Tribunale di Berlino. Gli imputati vi furono tradotti in abiti civili, privati delle bretelle e delle cinture, costretti così a reggersi i pantaloni in un umiliante esercizio manuale. A Von Witzleben fu tolta la dentiera: il vecchio feldmaresciallo, apparve al pubblico come la grottesca e penosa caricatura dell'orgoglioso eroe di tante battaglie. Il generale Hoepner, un mito tra i carristi, era annichilito dentro un cardigan consunto. Gli altri portavano tutti i segni delle percosse e delle torture.

L'aspetto più originale (e disgustoso) di questi processi fu però il comportamento del presidente della Corte. Roland Freisler era stato catturato dai russi durante la prima guerra mondiale, ed era diventato un fervente comunista, tanto da essere nominato commissario politico del suo campo di prigionia. Rimpatriato, aveva presto cambiato casacca ed era diventato un nazista fanatico, che alternava indifferentemente cariche politiche e giudiziarie.

Alla conferenza di Wannsee, dove era stata definita la procedura per la "soluzione finale", cioè lo sterminio degli ebrei in Europa e (in prospettiva) nel mondo, aveva rappresentato il Ministero della giustizia, ed era stato uno dei protagonisti di quella macabra rappresentazione. Persino Reinhard Heydrich, che l'aveva organizzata, era rimasto infastidito dal grossolano attivismo di questo sanguinario burocrate.

Freisler, da ex bolscevico, era stato inviato nel 1938 ad assistere ai processi delle purghe staliniane. Aveva imparato a perfezione i tempi e i metodi di Andrei Vysinskij, il grande inquisitore, e mirava a superare il maestro: a riprova che il braccio alzato e il pugno chiuso, il lager e il gulag, il baffetto e il baffone, erano e saranno sempre le due facce della medesima realtà maligna.

Per giudicare i membri del complotto, e spedirli al più presto sulla forca, Hitler non poteva dunque trovare uomo migliore.

Gli imputati mantennero tutti una straordinaria dignità, accentuata dal contrasto con le verbose aggressioni dello scatenato presidente. Freisler li apostrofò con gli insulti più triviali, e insinuò che trafficassero con i pantaloni - che continuavano a cadere - per incontinenze fisiche o persino per trastullarsi come "vecchi porci". Non rivolse nemmeno le rituali domande se si protestassero colpevoli o innocenti: chiese soltanto come avessero osato, da "farabutti disgustosi", attentare alla vita dell'amatissimo Führer. Se qualcuno rispondeva, lo interrompeva urlando, sbracciandosi come un burattino e sbavando contumelie. Mai, nemmeno nel periodo della più nera inquisizione, la Giustizia era stata così disonorata. Del resto la sua stessa statua, con la bilancia e la spada, era stata rimossa dalla lugubre aula, e sostituita da un enorme busto di Hitler e tre incombenti bandiere con la croce uncinata.

Quasi tutti gli avvocati si allinearono, come anni prima avevano fatto quelli sovietici, alle tesi dell'accusa: Weissmann, il difensore di von Witzleben, sostenne che il "verdetto era già stato pronunziato sotto forma della miracolosa salvezza del Führer", e concluse imperterrito che "l'azione commessa dall'imputato è dimostrata, e il colpevole cadrà con essa". Gli altri si affidarono al verdetto della Corte, cioè all'inevitabile pena di morte.

La sentenza fu pronunciata rapidamente, ed ancor più celermente eseguita. Due ore dopo, i corpi dei condannati pendevano dai ganci di macellaio come lo stesso Führer aveva ordinato. La loro lunga agonia fu ripresa da un operatore, e proiettata nella stretta cerchia di Hitler, un po' per sadismo, un po' per monito salutare semmai qualcun altro avesse maturato simili idee. E in effetti, da quella volta, gli attentati cessarono.

Non cessò invece la frenetica attività di Roland Freisler, che continuò a macinare processi e condanne capitali. Ma evidentemente si era diffusa la voce che queste udienze fossero delle ignobili pantomime, e molti imputati ripresero coraggio. Caesar von Hofacker replicò così all'intimazione di tacere: "Taccia Lei, signor Freisler! Oggi ne va della mia testa, ma fra un anno toccherà alla sua!"

Il Generale Fellgiebel fu anche più ardito: "Signor Presidente - esclamò - si sbrighi a impiccarci, altrimenti rischia di esserlo prima di noi!" I cineoperatori dovettero lavorare di forbici per tagliare queste scene controproducenti e inattese.

Dopo 75 anni gli storici si domandano ancora perché il complotto fallì. Si possono addurre tre ragioni: l'inettitudine dei congiurati, la tempestiva reazione dei nazisti e infine l'intervento del Caso.

I cospiratori commisero errori tanto più inspiegabili quanto più elevata era la loro esperienza militare. Il primo, e più grave, fu di non verificare l'adesione al complotto del maggiore Remer, che comandava l'unica forza efficiente a Berlino e che si rivelò il loro più determinato avversario. Il secondo fu il loro scrupolo nel neutralizzare subito gli ufficiali ostili o esitanti, che furono educatamente messi agli arresti. Il terzo fu l'incredibile esitazione dei capi. Tranne Stauffenberg e il suo piccolo giro di fedeli, tutti gli altri sembrarono incapaci di gestire una situazione così grave: questo perché von Witzleben e Beck non avevano la tempra dei golpisti, e il loro coraggio, tante volte testato sul campo di battaglia, svanì davanti alle prime impreviste difficoltà.

In Francia, dove l'esercito aveva arrestato tutti i vertici delle SS, Gestapo compresa, il comandante del fronte, Von Kluge, quando seppe che Hitler era vivo abbandonò ogni iniziativa, e consigliò a von Stulpnagel di scappare vestito da borghese. Il valoroso generale si sparò, riuscendo solo ad accecarsi, giusto per affrontare poi il patibolo. Kluge e Rommel si sarebbero suicidati poco dopo. Tutti morirono con dignità, ma si comportarono da dilettanti.

I nazisti, al contrario, furono tanto abili quanto rapidi. Goebbels capì tutto al volo, e agì di conseguenza. Hitler, benché ferito, parlò subito per radio al popolo, rassicurandolo sulla sua salute ed eccitandolo alla vendetta. E Himmler, con tutto il suo imponente apparato poliziesco, arrivò a Berlino la sera stessa dell'attentato per organizzare la repressione. Entro poche settimane, alcune migliaia di congiurati erano già stati arrestati e la più parte giustiziati.

Infine il Caso. Di recente un gruppo di ingegneri, di esperti balistici e di patologi hanno ricostruito la scena dell'attentato. Poi ne hanno simulato le conseguenze se le tre circostanze che ne determinarono il fallimento - la riunione nella baracca invece che nel bunker, il dimezzamento della carica esplosiva e lo spostamento della borsa - non fossero state concomitanti.

Ne è risultato che se anche uno solo di questi imprevisti non si fosse verificato l'attentato avrebbe avuto successo. Quanto al dittatore, nessuno può dire cosa sarebbe accaduto se fosse morto, ma purtroppo sappiamo cosa accadde con lui vivo. Le perdite di vite umane dei nove mesi successivi furono superiori a quelle dei cinque anni precedenti: nel solo mese di agosto quattrocentomila ebrei ungheresi furono portati ad Auschwitz e sterminati.

Noi possiamo concepire la Storia in vari modi: come fenomenologia dello Spirito, come Provvidenza, o semplicemente come una favola vuota senza alcun significato. Ma una cosa è certa: che la Tuke, ovvero il Caso, di cui parlava Tucidide, interviene spesso per scompigliare i nostri progetti. E chi crede nel Demonio può legittimamente pensare che mai come il 20 luglio intervenne con tanta abilità e ostinazione per salvare un suo simile. Quanto al suo manutengolo più spregevole, che agì da carnefice sotto la protezione della toga, fece una fine esemplare. Roland Freisler lavorò al tribunale del popolo fino al 3 febbraio 1945, quando un'ennesima incursione aerea alleata oscurò il cielo di Berlino. Ironia della sorte volle che il comandante della missione fosse un ebreo, il colonnello Robert Rosenthal, che poco dopo sarebbe stato nominato pubblico ministero al processo di Norimberga.

L'aula fu fatta sgomberare, e tutti i presenti furono condotti nel sottostante rifugio. Ma il solerte magistrato si attardò per recuperare alcuni fascicoli che rischiavano di essere distrutti. Mentre scartabellava tra denunce e testimonianze una bomba centrò il palazzo vicino, una trave gli crollò sulla testa e Freisler morì, unico nell'edificio, all'istante. Fu la prima, e forse l'ultima, bomba intelligente.

La liberazione di Belgrado

Il 20 Ottobre ricorre l'anniversario della liberazione di Belgrado dall'occupazione nazista. Non fu un evento decisivo della seconda guerra mondiale, le cui sorti, nel teatro europeo, furono segnate in Normandia, nelle Ardenne e nelle steppe russe. Ma fu un evento politicamente significativo, che condizionò gli equilibri postbellici nelle zone più cruciali durante la guerra fredda. Perché Tito, comunista inflessibile ma nazionalista orgoglioso, contribuì in modo determinante alla liberazione di Belgrado, ponendo così una importante ipoteca sull'influenza di Stalin nei Balcani. In questo modo, per uno dei tanti paradossi della storia, il successo di un leader comunista costituì il primo scacco all'imperialismo sovietico. Ma prima occorre dare uno sguardo al teatro bellico complessivo.

Nell'autunno del 1944 gli angloamericani avevano liberato la Francia, il Belgio e gran parte dell'Olanda, ma si erano fermati ai confini della Germania. In Italia, si erano impantanati sulla linea gotica, rinviando a primavera ogni nuova offensiva. A est, i Russi avevano riconquistato quasi tutto il territorio perduto, ma la ritirata tedesca era (quasi) sempre avvenuta in modo ordinato. La follia di Hitler di non cedere nemmeno una zolla di terreno aveva sacrificato varie armate, ma era stata compensata dalla brillante tattica dei suoi generali che avevano evitato un crollo fatale. La Germania aveva ancora un esercito di sette milioni di uomini, produceva più aerei e più carri armati che nei quattro anni precedenti, occupava vasti territori dalla Norvegia alla Grecia, e non dava nessun segno di cedimento. Fu in questo contesto che i Russi attaccarono il fronte ritenuto più sguarnito, quello balcanico, puntando su Belgrado.

In realtà era un fronte impervio e insidioso, perché ogni montagna era un nido di resistenza, ogni fiume un varco invalicabile ed ogni gola un rischio di agguato. I nazisti vi avevano concentrato, sotto il comando del valente feldmaresciallo Von Weichs, truppe eterogenee: divisioni alpine, gruppi di SS, elementi della Luftwaffe e collaborazionisti locali, determinati e crudeli anche più dei loro protettori. Le loro retrovie erano minacciate e martoriate dalle operazioni dei partigiani titini, che ormai costituivano un vero e proprio esercito di liberazione nazionale, ben strutturato gerarchicamente e ben fornito di armi paracadutate dagli inglesi.

Churchill, pur visceralmente anticomunista aveva capito che, dopo la rinunzia di Roosevelt a sbarcare nell'alto Adriatico, Tito sarebbe stato l'unico in grado di opporsi alle mire espansionistiche di Stalin.

L'offensiva russa scattò il 4 ottobre 1944, con venti divisioni e cinquecento carri armati, e fu efficacemente supportata dalle brigate partigiane di Tito, che si batterono così fieramente da entrare per prime nella capitale: il 20 ottobre 1944 la bandiera rossa e quella titina sventolarono insieme su Belgrado liberata.

Militarmente non fu gran cosa. I tedeschi ripiegarono, come avevano fatto in Italia, con metodo e disciplina, e riuscirono a sfilare dalla Grecia l'intero esercito di occupazione, recuperando trecentomila uomini che altrimenti sarebbero stati tagliati fuori e annientati. Le divisioni russe furono richiamate a ovest per partecipare all'offensiva sul fronte ungherese e i combattimenti in Serbia, Montenegro, Bosnia, Croazia e Slovenia continuarono quasi esclusivamente tra tedeschi e titini, con sempre crescente e intensa ferocia. Quando, nel maggio del '45, la guerra finì, Tito poté legittimamente proclamare che la Jugoslavia si era liberata da sola.

Il vittorioso generale fece un uso spregiudicato di questa autorità conquistata sul campo. Il suo principale obiettivo era il mantenimento della precaria unità nazionale sotto il proprio comando, al di sopra di ogni altra considerazione sia umanitaria che ideologica. Tito fu inesorabile verso le minoranze etniche, compresa la nostra, e fu opportunista ai limiti dell'eresia verso la Chiesa madre di Mosca, di cui era stato fervente fedele. Quando Stalin avanzò le sue pretese egemoniche, servilmente assecondate dai partiti comunisti occidentali, Tito oppose la sua visione di un socialismo non certo "dal volto umano" ma almeno "dal volto autonomo".

Nel 1948 avvenne l'irreparabile frattura e il rude dittatore moscovita lanciò l'anatema contro il dissidente di Belgrado. Tito reagì da par suo: spedì in galera, e talvolta alla forca, centinaia di comunisti di stretta osservanza filosovietica, tra i quali molti italiani che avevano creduto nella palingenesi rivoluzionaria.

Montanelli si vantava di tenere sulla scrivania un busto di Stalin, perché nessuno come lui aveva eliminato tanti comunisti nelle purghe degli anni Trenta. Avrebbe potuto aggiungervi quello di Tito. L'Isola Calva fu il campo di concentramento dei nostri stalinisti puniti dalla nemesi dell'auspicata giustizia proletaria.

Stalin reagì furibondo a questa ribellione: i suoi proconsoli erano ormai al governo nell'Europa dell'est, e dirigevano un'intransigente opposizione in Francia e in Italia. Tutti, da Togliatti a Thorez, si allinearono con il satrapo del Cremlino, rinnegando e sbeffeggiando quel Tito che fino a poco prima avevano considerato un eroe. Non è vero che, come sosteneva Voltaire, niente più della stupidità umana dia l'idea dell'infinito. La fanatica sottomissione ideologica è più estesa, e più funesta, delle nostre deficienze intellettive.

In ogni caso, Tito si trovò contro l'intero mondo comunista, ma non si scoraggiò. Al contrario: dopo aver sventato una serie di congiure ordite da Stalin per sopprimerlo, mandò al baffuto dittatore un messaggio inequivoco: "Compagno Stalin, prima mi avete mandato un sicario per assassinarmi, e l'abbiamo scoperto; poi ne avete mandato un altro, e poi un altro ancora. Ora basta, altrimenti ne mando uno io, e stia certo che non fallirà". Stalin smise di tramare, e la Jugoslavia costituì per quarant'anni lo stato cuscinetto tra i carri armati del Patto di Varsavia e le democrazie occidentali

Tutto questo non sarebbe avvenuto senza la battaglia di Belgrado. Essa infatti non costituì l'epilogo, ma l'inizio di una guerra di liberazione. Altre città, come Parigi o Milano, sarebbero insorte solo con gli Alleati alle porte, contribuendo in modo insignificante all'evacuazione di un nemico già in rotta.

Belgrado, al contrario, costituì il principio di un percorso che si concluse sette mesi dopo, quando le truppe naziste alzarono bandiera bianca. Purtroppo per noi, questa pagina di valoroso coraggio patriottico fu macchiata dalla brutale rappresaglia che i comunisti jugoslavi attuarono verso i nostri connazionali, con la tragedia delle foibe e l'agonia di Trieste.

La battaglia delle Ardenne

Per i tedeschi la data del 16 dicembre rappresenta principalmente la nascita di Beethoven; per gli americani, anche i più melomani, è invece l'anniversario di una delle loro battaglie più significative. Quel giorno del 1944, infatti, Hitler scatenò contro di loro la sua ultima offensiva. La lotta fu aspra, e le perdite numerose. Ma la vittoria finale aprì agli Alleati la via della Germania.

Alla fine dell'autunno del '44, gli angloamericani erano quasi arrivati al Reno, e i loro eserciti erano distribuiti dall'Olanda alla Svizzera, stabilmente assestati in vista dell'offensiva di primavera e sostenuti in modo crescente dalla gigantesca mobilitazione d'oltreoceano. Hitler sapeva che il tempo lavorava contro di lui, e che a Est i Russi premevano. L'unica sua speranza era di travolgere il fronte occidentale, ricacciare in mare gli Alleati e quindi rivolgere tutte le sue forze contro i sovietici. A questo fine raccolse tutte le risorse disponibili, costituì un nuovo gruppo di armate e decise di ripetere l'avventura del maggio 1940 sfondando negli stessi luoghi di allora: la foresta delle Ardenne.

Le Ardenne sono un terreno ondulato e boscoso, interrotto da valli erte e da torrenti insidiosi. Oggi sono attraversate da larghe autostrade che tagliano fuori la gran parte dei villaggi protagonisti di questa battaglia. Ma allora erano solo una ragnatela di sentieri tra gole strette ed aspre. Ritenendole invalicabili, i Francesi, nel 1940 vi avevano schierato truppe modeste, travolte in poche ore dai panzer di Guderian che in una settimana arrivò alla Manica. Dimenticando questa lezione, gli americani disposero, sui centocinquanta chilometri di quel fronte, quattro divisioni metà inesperte e metà strapazzate da battaglie precedenti. Contro questo esile velo di truppe, Hitler schierò duecentomila uomini con più di mille carri e altrettanti cannoni.

Nella notte, gelida e nebbiosa, tra il 15 e il 16 dicembre, questa massa imponente partì all'attacco alla luce artificiale dei riflettori puntati verso le nubi. Per ragioni di prestigio, le risorse maggiori furono affidate alla sesta armata corazzata Waffen SS del generale Sepp Dietrich, che avrebbe dovuto sfondare a nord, lungo il terreno più serpeggiante e franoso, e puntare su Anversa. Al centro, la quinta armata corazzata di Von Manteuffel doveva conquistare l'incrocio nevralgico di Bastogne, e appoggiare l'avanzata di Dietrich. Nel settore sud, la fanteria del generale Brandenberger avrebbe protetto l'intero saliente.

L'avanguardia era costituita da un centinaio di sabotatori travestiti da americani, comandati da Otto Skorzeny, l'ufficiale delle SS che si era attribuito la liberazione di Mussolini dal Gran Sasso. Il loro compito era di creare confusione dietro le linee, interrompendo le comunicazioni, deviando il traffico, uccidendo qualche sentinella e facendo credere di mirare alla vita del comandante supremo, Dwight D. Eisenhower, nel suo quartier generale a Parigi.

Sulle prime sembrò un successo facile. Molti americani, addormentati e increduli, furono accerchiati e si arresero. Altrettanti scapparono, seminando il panico nelle retrovie.

Ma alcuni resistettero, rallentando l'avanzata. La sorpresa comunque fu tale che a mezzogiorno Omar Bradley, comandante del fronte interessato, credeva si trattasse di un "alleggerimento locale".

Soltanto verso sera la situazione apparve più grave del previsto e Eisenhower si preoccupò di tamponare la falla. L'unica riserva disponibile era costituita da due gloriose divisioni di paracadutisti, la 82ª e la 101ª, prive di mezzi blindati e destinate a ben diversi impieghi strategici. In mancanza di meglio, furono spedite di notte, in camion, la prima verso St Vith e la seconda a Bastogne, dove le "Screaming Eagles" anticiparono di poco i tedeschi, e furono presto accerchiate.

L'entusiasmo dei nazisti durò poco. A nord, i pesantissimi Tigre Reale di Sepp Dietrch si dimostrarono inadeguati. Le strade strette e tortuose ne facevano un ottimo bersaglio per i pezzi anticarro, e provocavano un insostenibile consumo di carburante. Il colonnello SS Jochen Peiper, che nel frattempo aveva massacrato un centinaio di prigionieri a Melmédy, si trovò paralizzato tra le strette gole dell'Amblève, e dovette rientrare alla base, malconcio e umiliato: oggi, nel paesino di La Gleize, esiste, come trofeo, l'unico di quei mastodontici carri rimasto in Europa. Al centro, invece, i più mobili corazzati di Manteuffel procedettero rapidamente, isolando Bastogne e intimando la resa agli assediati: al che il generale McAuliffe rispose sprezzantemente "*Nuts*", "Coglionate!".

Come Mozart, il roccioso ufficiale seppe nobilitare la volgarità. Quanto a Skorzeny, buona parte dei suoi uomini erano già stati catturati, e alcuni fucilati.

Nel frattempo, più a sud, il generale Patton preparava la controffensiva. Con un'abilità tattica impressionante fece deviare quattro divisioni, distribuì ai soldati una preghiera per ottenere il bel tempo, decorò il cappellano al primo squarcio di nubi, spronò i suoi carristi a marce forzate e il 26 dicembre entrò a Bastogne. I combattimenti continuarono feroci in tutto il saliente, ma ormai i tedeschi erano sulla difensiva, e il 16 gennaio ordinarono la ritirata, lasciando sul terreno decine di migliaia di morti e quasi tutti i mezzi corazzati. Anche gli americani subirono pesanti perdite, che furono presto rimpiazzate. Per Hitler, al contrario, l'ultimo colpo di coda era il principio della fine.

La battaglia delle Ardenne non poteva avere per i tedeschi un esito diverso, perché, come per la nostra Giustizia, vi era un'incolmabile sproporzione tra i mezzi disponibili e i fini prefissi. I loro comandanti, da Rundstedt a Model a Manteuffel lo sapevano, ma non ebbero il coraggio di opporsi alle ambizioni del dittatore. Ma alla loro sconfitta contribuì il valore e la tenacia dei ragazzi americani, che combatterono, spesso inferiori in numero e mezzi, in condizioni proibitive.

Forse, da un punto di vista squisitamente strategico, sarebbe stata una mossa abile far arrivare la Wehrmacht molto più avanti, tagliandola poi fuori con le riserve inglesi di Montgomery e distruggendola con i diecimila aerei a disposizione. Ma politicamente sarebbe stata una scelta inaccettabile. D'altro canto, se anche per un miracolo il piano di Hitler fosse riuscito, dopo qualche mese l'era atomica sarebbe stata inaugurata a Berlino, e non a Hiroshima. O forse non ce ne sarebbe stato bisogno, perché l'armata rossa sarebbe nel frattempo arrivata al Reno. E non sappiamo quale delle due disgrazie, per la Germania, sarebbe stata la peggiore.

Lo Special Operation Executive
Le eroiche operazioni di guerra femminili

Ogni anno l'otto di marzo ripropone le consuete ritualità: da un lato le litanie sulle vittime di violenze, stalking e discriminazioni. Dall'altro i panegirici sulle donne di successo: manager, ricercatrici, ministre. Forse la vera parità dei sessi sarà raggiunta quando non sarà più necessario parlarne. E quando le tradizionali formule che assimilano vecchi, donne e bambini, saranno aggiornate. Se può essere di aiuto, vorremmo ricordare che in guerra le donne hanno spesso mostrato un coraggio pari e anche superiore a quello maschile. Non solo nei ruoli cosiddetti subalterni e assistenziali, ma proprio sul campo di battaglia.

Durante la seconda guerra mondiale, nell'Europa occupata dai nazisti, molte hanno militato nella Resistenza, rischiando e spesso perdendo la vita. Queste valorose tuttavia combattevano in patria, per cacciarne l'invasore, o comunque vendicarne i soprusi. Altre, invece, avrebbero potuto starsene in Gran Bretagna, in pace e libertà; ma preferirono operare dietro le linee naziste, sole, in un ambiente ostile. Erano le ragazze dello Special Operation Executive. Tredici non ritornarono più.

Il Soe era un'organizzazione nuova e segreta, frutto della

fantasia di Churchill, che dopo la sconfitta della Francia, nel 1940, voleva "mettere a ferro e a fuoco l'Europa". Reclutò i personaggi più diversi: dagli spregiudicati avventurieri fino ai pacifici maestri elementari. E anche molte ragazze, dai 20 anni in su.

Tutte avevano in comune la padronanza perfetta della lingua del teatro operativo, e uno straordinario coraggio. Il loro compito era sabotare le strutture militari nemiche, raccogliere informazioni, coordinare le bande partigiane e soprattutto tenere i contatti con Londra.

Seguivano un addestramento rigoroso, e persino spietato: spesso di notte venivano svegliate da energumeni vestiti da SS che simulavano, in modo molto realistico, interrogatori lunghi e snervanti. Alla fine, i prescelti venivano mandati in Europa, per lo più in Francia. Talvolta si lanciavano di notte con il paracadute. Più spesso venivano portati da piccoli aeroplani, i mitici Lysander, sui prati controllati dal "comitato di accoglienza". Tra le altre cose, tenevano la pillola L (letale): una capsula di cianuro per evitare gli interrogatori della Gestapo. L'Imperial War Museum di Londra ne ha una piccola collezione. Nessuna donna la usò mai. E nessuna, neanche sotto la tortura, parlò.

Di queste tredici ragazze, due sono diventate famose, perché ispirarono libri e film. Violette Szabo era di una bellezza straordinaria; vedova di un militare, madre di una bambina, eseguì con successo una prima rischiosissima missione. Volle continuare, e fu paracadutata dopo il D Day nei pressi di Limoges. Fu intercettata dalle SS della famigerata divisone Das Reich, che nelle stesse ore stava massacrando gli abitanti di Oradour. Si difese fino all'ultimo, favorì la fuga del compagno, esaurì tre caricatori di mitra e alla fine si arrese.

Dopo la cattura stupì gli aguzzini per la sua fierezza; trasferita nel campo di concentramento di Ravensbruck, consolò e curò le altre due detenute del Soe, Lilian Rolfe e Denise Bloch. Tutte e tre furono fucilate nel gennaio del '45.

Noor Inayat Khan era una principessa indiana, pacifista di religione Sufi. Scriveva racconti per bambini, era mite e gentile. Atterrò in Francia nel giugno del '43, mentre la Gestapo stava sgominando quasi tutti i "*resaux*" della Resistenza. Per tre mesi fu l'unico contatto tra Parigi e Londra. Fu individuata e braccata dal Servizio segreto tedesco, che pose sulla sua testa una taglia colossale. Londra le intimò di rientrare, ma si rifiutò.

Presa, tentò di evadere la sera stessa della cattura. Ricondotta in cella, nelle soffitte del n. 84 dell'Avenue Foch (il palazzo è ancora lì, identico) riuscì a rompere la grata e fuggì sui tetti di Parigi. Le SS la riacciuffarono, e la imprigionarono a Pforzeim, isolata e incatenata per tutto il tempo. Alla fine la spedirono a Dachau, dove fu giustiziata. Le sue ultime parole furono: "*Liberté*".

Le altre undici ebbero una sorte simile. Tre furono uccise con un'iniezione a Natzweiler, una di loro Andrée Borell, era probabilmente ancora viva quando la ficcarono nel forno crematorio. Ma per fortuna, tra le cinquanta valorose spedite in Francia, la più parte sopravvisse. Odette Sansom passò molti mesi al buio in una cella, aspettando un'esecuzione che non arrivava. Aveva tre figli. Non parlò mai. Tornata in Patria, disse di aver fatto solo il suo dovere.

In loro onore, fu eretto dopo la guerra un (brutto) monumento a Valençay. Ogni anno vi si recano, in riconoscente memoria, autorità e veterani. Fino a qualche tempo fa la capofila era Vera Atkins, l'ufficiale che le aveva istruite, e che dopo la guerra identificò e fece processare i loro aguzzini. Vera è morta a novant'anni, sopravvissuta al dolore della guerra e alle cento sigarette giornaliere. *Voilà une femme*!

Le formazioni autonome nella Resistenza italiana

Il recente libro "Le formazioni autonome nella Resistenza italiana", curato da Tommaso Piffer, fornisce un nuovo contributo al ruolo delle organizzazioni militari non comuniste nella guerra di Liberazione. Il libro, ricco di interventi e con un saggio introduttivo del professor Galli della Loggia, analizza anche le ragioni degli scontri che lacerarono le formazioni partigiane, fino ad arrivare allo sterminio degli avversari, come avvenne a Malga Porzus da parte dei filotitini. Qui mi permetto alcune considerazioni aggiuntive sulla strategia del Partito Comunista.

Fino a qualche anno fa, i nostri storici, o presunti tali, hanno avuto nei confronti della Resistenza un approccio condizionato dai pregiudizi e minato dall'ideologia, due piaghe che fulminavano ogni deviazione dalla Vulgata ufficiale come dilettantismo blasfemo e revisionismo criptofascista. Tutti ricordiamo l'ostracismo cui fu condannato Renzo De Felice. Per le stesse ragioni, l'argomento è stato affrontato con una prospettiva storica limitata, senza inquadrarlo nel più ampio panorama del teatro bellico europeo. Con la conseguenza che l'apporto militare della Resistenza è stato esageratamente enfatizzato, fino al paradosso di concludere che i nazisti erano stati cacciati dai partigiani. C'era, è vero, il significativo precedente di de Gaulle, che nella sua pomposa "*tirade*" del 25 agosto 1944 aveva proclamato che Parigi si era liberata da sola, con il concorso della "*France eternelle*". Poco mancava che aggiungesse che questo era avvenuto "malgrado" la presenza degli angloamericani. Ma il generale aveva le sue ragioni. Oltre al suo accanito nazionalismo - e un certo rancore verso Roosevelt - voleva accentrare sulla sua persona tutto il merito della Liberazione, ottenendone la conseguente investitura politica, proprio per evitare che i comunisti, che già indebitamente si arrogavano la vittoria sul campo, prendessero il potere.

In Italia non c'era de Gaulle, e i comunisti fecero circolare la medesima leggenda: il Paese era stato liberato dai partigiani, e poiché questi erano essenzialmente comunisti, questi ultimi dovevano andare al potere. Il che in effetti avvenne, sia pure in forma democratica e sotto il controllo vigile di De Gasperi e degli americani. Ma quando il PCI fu estromesso dal governo si costruì il mito della "Resistenza tradita", sul quale, trent'anni dopo, germinarono, in terra emiliana, le prime formazioni delle Brigate Rosse.

La liberazione dell'Italia era stata opera, ovviamente, delle armate di Clark e di Alexander, ma il contributo italiano non era stato insignificante. Anche se nelle loro memorie i marescialli tedeschi ne parlano poco, e magari, come Kesserling, in termini sprezzanti, dai loro stessi rapporti emerge la preoccupazione per l'impiego di truppe sottratte al fronte per annientare le "bande" delle retrovie.

Per i partigiani, peraltro, fu determinante l'appoggio degli Alleati, soprattutto degli inglesi, che li rifornivano con rischiosissimi voli notturni di armi e munizioni, e assicuravano le comunicazioni sia con le radiotrasmittenti, sia con agenti spediti dietro le linee nemiche. Di questa attività frenetica, senza la quale la nostra Resistenza sarebbe stata inerme, si parlò poco, perché con il comunismo non ebbe nulla a che fare.

L'esempio più clamoroso è quello di Paola Del Din, medaglia d'oro, e felicemente viva alla veneranda età di 97 anni. Questa eroina della Brigata Osoppo, che a vent'anni fu paracadutata nel Friuli occupato, è citata continuamente nella letteratura anglosassone. Nel suo volume "The women who lived for Danger", purtroppo non tradotto in Italia, Marcus Binney la ricorda assieme alle icone più sacre come Noor Inayat Khan, Violette Szabo e Odette Samson. A queste ultime la Gran Bretagna ha dedicato film, sceneggiati, monumenti e persino un musical. Paola Del Din da noi è stata volutamente ignorata, e qualcuno voleva toglierle la medaglia per alcune sue affermazioni a favore di Gladio.

La gravosa ipoteca posta dalla cultura di sinistra del dopoguerra, ha fatto dimenticare un'altra circostanza fondamentale. Che mentre la Resistenza nei paesi occupati fu un fenomeno spontaneo, nazionale e autonomo, quella comunista, come tutte le altre attività del partito, fu subito eterodiretta dall'URSS. In mancanza di studi approfonditi riguardo all'Italia, possiamo capirlo meglio guardando il gemello Partito Comunista Francese, il cui capo, Maurice Thorez, trascorse gli anni di guerra a Mosca assieme a Togliatti, sul cui ruolo gli archivi russi hanno rivelato quello che comunque sapevamo: entrambi erano pedine del dittatore georgiano.

Il confronto è interessante perché mentre da noi l'occupazione nazista iniziò nel settembre del '43, in Francia era iniziata ben tre anni prima. Ebbene, fino al giugno del 1941, quando Hitler attaccò l'Unione Sovietica, il PCF non solo non mosse un dito, ma dopo la disfatta del '40 si mostrò addirittura condiscendente con il regime fascista di Vichy. Furono invece i "conservatori" come Henry Frenay a organizzare i primi nuclei di "maquis", e lo fecero con razionalità, lungimiranza e cautela. Solo dopo l'invasione dell'URSS, e sempre su ordine di Stalin, il PCF cambiò radicalmente strategia, progettando e attuando attentati sanguinosi per provocare le insensate e crudeli rappresaglie delle SS ed esasperare la popolazione fino all'auspicata insurrezione rivoluzionaria.

Dal 21 agosto 1941, quando il "colonnello" Fabien uccise a Parigi un disarmato cadetto della marina tedesca, la Resistenza francese fu lacerata da questa diversa visione strategica, dove l'attivismo comunista, malgrado l'unificazione dei movimenti attuata da Jean Moulin, continuò a operare in autonomia. E quando la Francia fu liberata, fu solo la personalità straordinaria di de Gaulle a evitare la conquista del potere da parte dei comunisti, che con la favola dei suoi "centomila fucilati" anticipò la leggenda che poi sarebbe sorta in Italia.

Qui, l'egemonia che il PCI non riuscì a conquistare nella politica fu invece ottenuta nella cultura e nell'educazione, a cominciare da quella scolastica, e solo ora, e a fatica, si comincia a diffidare del vangelo laico propinatoci per decenni. Ecco perché questo libro è importante. Esso ci aiuta a capire che la Resistenza non fu un fenomeno esclusivamente né prevalentemente del movimento comunista. E certe atrocità commesse nei confronti dei partigiani "bianchi" ci ammoniscono che vi furono personaggi che combatterono il nazifascismo solo per sostituirlo con un regime altrettanto sanguinario, e purtroppo più duraturo.

Klaus Carl Schilling

Quando, il 29 aprile 1945, gli americani liberarono il campo di concentramento di Dachau, trovarono l'inferno nell'inferno. Non solo cataste di cadaveri e resti umani inceneriti, quelle le avevano già viste a Ohrdruf e a Buckenwald, ma un vero e proprio laboratorio infermieristico per esperimenti clinici sui detenuti. Ad Auschwitz, da tempo liberata dai russi e ancora tenuta segreta, aveva operato il lugubre dottor Mengele: ma si era trattato di crudeli dilettantismi condotti da un praticone sanguinario.

A Dachau, invece, questa turpitudine aveva assunto il connotato di un metodico programma di lavoro. Il suo direttore era un professore universitario di settantaquattro anni, dal portamento fiero e dallo sguardo autorevole. Le sue pubblicazioni sulle malattie tropicali erano note in mezzo mondo. Il suo nome era Klaus Carl Schilling.

Accanto a lui lavoravano altri specialisti, dediti a vari tipi di sperimentazioni. Alcuni detenuti venivano immersi in acqua gelida, per simulare l'assideramento dei piloti caduti in mare. Molti morivano, altri venivano recuperati con bagni caldi o, come suggeriva il dottor Rascher, attraverso il contatto umano: collocando due donne accanto al paziente, questo talvolta riprendeva i sensi - annotava diligentemente il medico - dando anche segni di soddisfazione sessuale. Altri sfortunati venivano introdotti in stanze depressurizzate, finché gli scoppiava il cervello. Altri infine venivano mutilati e sezionati, mentre erano ancora in vita. I documenti e i reperti venivano rigorosamente documentati e inviati alle università.

Ma il dottor Schilling assisteva a queste prove con moderato interesse, limitandosi a dare consigli marginali. La sua specialità era infatti un'altra: infettare persone sane con i bacilli della febbre tifoide, della malaria e di altre patologie, per osservarne l'evoluzione da vicino.

Ad alcuni somministrava medicine in dosi ridotte, e questi morivano in due settimane tra sofferenze atroci. Ad altri dava dosi esagerate e questi, più fortunati, morivano in poche ore. Trovata la posologia giusta, e preso atto che il paziente era guarito, poteva tranquillamente rispedirlo al lavoro, dove la fatica, il freddo e la fame avrebbero fatto quello che non era riuscita a fare la febbre malarica. Con questi metodi, Schilling infettò più di mille persone: cinquecento morirono durante la cura, le altre finirono nei forni crematori. Ma qualcuno sopravvisse, e testimoniò al processo.

Questo iniziò il 13 novembre 1945, una settimana prima di quello più noto svoltosi a Norimberga. Era la prima volta che una Corte, composta esclusivamente da ufficiali americani, giudicava criminali nazisti.

Il pubblico accusatore, il colonnello William Denson, era un avvocato di trentadue anni che, come tutti, non aveva alcuna esperienza di reati del genere. Visitando Dachau, la sua fede sulla bontà della natura umana e sulla giustizia retributiva aveva vacillato. Aveva visto troppi morti innocenti e tanti assassini in libertà. Tuttavia, passato lo smarrimento, si dedicò al nuovo compito senza astio e senza mezzucci sleali. E in un mese raccolse le prove sufficienti per mandare a giudizio il dottor Schilling con 39 coimputati. I giudici erano otto ufficiali superiori. Il Presidente, il generale Lentz, era un buon giurista, anche se non aveva l'esperienza specifica dei magistrati di Norimberga. Diresse il dibattimento con competenza e imparzialità. Anche i difensori, tranne uno, erano militari americani. Tutti sostennero le tesi che sarebbero state riproposte nei vari giudizi successivi: l'irretroattività della legge penale, la genericità delle incolpazioni, la scusante dell'ubbidienza agli ordini. E mentre a Norimberga il tempo passava ascoltando centinaia di testi e leggendo migliaia di documenti, qui si arrivò rapidamente alla conclusione. Fu un esempio di efficienza senza ingiustizia: i testi a difesa furono più numerosi di quelli di accusa.

Il 14 dicembre 1945 la Corte si ritirò per decidere. Dopo soli 90 minuti uscì con il verdetto: gli imputati erano tutti riconosciuti colpevoli. La sentenza, con le relative pene, sarebbe stata letta il giorno successivo. Nessuno si aspettava clemenza, e clemenza non ci fu. L'indomani il Presidente lesse la condanna di morte per impiccagione con queste motivazioni, le prime a stabilire un principio che ancor oggi costituisce un precedente del diritto internazionale: "Quando uno Stato si mette al di sopra delle leggi ragionevolmente riconosciute, o trascende i costumi civilizzati del comportamento umano, gli individui che mettono in pratica queste politiche sono responsabili di violazioni delle leggi dell'umanità. E chi esegue l'ordine criminale è responsabile come chi lo impartisce".

Il dottor Schilling e gli altri condannati inoltrarono invano domanda di grazia, e il 28 maggio 1946 l'anziano professore salì al patibolo. L'esecuzione fu filmata, ed ancor oggi è visibile nei vari siti: il condannato rifiuta con fermezza i conforti religiosi e muore con dignità. Forse l'unica che ebbe nella sua vita sciagurata.

Il processo di Dachau fu dunque il primo di questa serie, che sarebbe proseguita a Norimberga nei confronti dei superstiti capi nazisti e di altri funzionari minori. Furono giudicati altri medici, ed emersero particolari ancora più raccapriccianti, con l'esibizione di macabri reperti di teste rimpicciolite dagli acidi, cervelli sezionati incapsulati in teche di vetro, ed altre indescrivibili atrocità. Poi il tempo, la stanchezza, e il nuovo clima politico esaurirono questa esperienza giudiziaria. Gli inglesi avevano già chiuso la partita, e i russi non l'avevano mai cominciata: avevano sommariamente giustiziato migliaia di prigionieri, e altrettanti ne avevano arruolati per sfruttarne le competenze di assassini e torturatori: nei gulag di Stalin servivano le esperienze dei lager di Hitler.

Questo processo - come quelli successivi anche recenti - non ha certo risolto e nemmeno ridotto le tendenze criminali di una parte dell'umanità. Tuttavia ha dimostrato, ancor più di quello di Norimberga, la grande dignità etica di un sistema giudiziario liberale. Il dottor Schilling e i suoi compari erano rimasti stupiti di potersi scegliere un difensore di fiducia, addirittura pagato dai vincitori. Quelli che accettarono le difese di ufficio, lo furono ancora di più.

L'unico momento di umanità che dimostrarono in quelle quattro settimane fu quando strinsero commossi la mano dei loro avvocati, uomini in divisa che fino a ieri erano stati loro mortali nemici, e che si erano battuti in nome della legalità, anche se questa si applicava a dei mostri, o forse proprio per quello. Prima di sciogliere la compagnia, il Presidente Lentz organizzò una cena con giudici, accusatori e difensori. Tutti si strinsero la mano, perché ognuno aveva svolto, al meglio, il proprio dovere. Il commento più bello fu di un soldato semplice: "Ora sappiamo perché abbiamo combattuto".

Il processo di Norimberga

Robert H. Jackson, capo del collegio d'accusa al processo di Norimberga, esordì così: "Il fatto che quattro grandi potenze, inorgoglite dalla vittoria e lacerate dalle ferite, trattengano la mano della vendetta e sottopongano volontariamente i loro nemici al giudizio della legge, è uno dei più significativi tributi che la forza abbia mai pagato alla ragione".

Sono parole nobili e solenni. Tuttavia, a distanza di settant'anni, ci si domanda ancora se fossero vuota retorica, utopistica illusione o ragionevole speranza. Probabilmente, un po' di tutte e tre.

Il più grande processo della storia fu condotto dal Tribunale Militare internazionale per giudicare 22 criminali nazisti i cui delitti non avessero una precisa collocazione geografica. Con l'accordo di Londra dell'8 agosto 1945, Stati Uniti, Regno Unito, URSS e Francia, in rappresentanza delle Nazioni Unite, posero i fondamenti di diritto sostanziale e processale che avrebbero disciplinato il giudizio.

Successivamente furono nominati 8 giudici, uno effettivo e un supplente per ognuna della 4 potenze. Le imputazioni erano anch'esse quattro: 1) cospirazione contro la pace, 2) guerra di aggressione, 3) crimini di guerra e 4) crimini contro l'umanità. Nessuno capì mai la differenza tra le prime due imputazioni. La terza si riferiva al maltrattamento e uccisione di prigionieri, devastazione di villaggi, saccheggi, ecc. La quarta comprendeva lo sterminio di massa, anche se la parola genocidio non fu mai usata. Gli imputati erano il vertice nazista, o quello che ne restava dopo il suicidio di Hitler, Goebbels e Himmler.

Alcuni erano di primissimo piano: Goering, capo della Luftwaffe, seconda carica dello Stato, creatore della Gestapo e dei campi di concentramento. Ribbentrop, ministro degli esteri, tristemente famoso per il patto con Molotov che avrebbe spartito la Polonia. Kaltenbrunner, successore di Heydrich, capo del Servizio Centrale di sicurezza (RSHA), comprendente la Gestapo e il Sd, responsabile della "soluzione finale" degli ebrei nei campi si sterminio. Altri erano militari di rango elevato, Raeder e Doenitz per la Marina, Keitel e Jodl per la Wehrmacht.

A questi due ultimi si rimproverava la redazione e trasmissione degli ordini del Führer sui vari massacri di partigiani, internati, spie. Infine altri personaggi minori, banchieri, industriali, fanatici antisemiti. Su tutti troneggiava Albert Speer, il geniale architetto che aveva ricostruito l'industria bellica tedesca, solo per vederla, alla fine, totalmente devastata.

Il processo iniziò il 20 novembre 1945 e si concluse ai primi di ottobre del '46, dopo l'audizione di centinaia di testimoni, l'esame di migliaia di documenti, e la raccapricciante documentazione filmata dei campi di sterminio colmi di cadaveri. L'accusa non fu sempre all'altezza della situazione, forse il processo era stato preparato troppo in fretta senza un'istruttoria adeguata. Il Presidente, l'imparziale e impeccabile sir Geoffrey Lawrence, richiamò all'ordine varie volte accusatori e difensori.

I russi, tutti militari, minacciarono di andarsene. Il tribunale minacciò a sua volta di arrestare uno di loro. Ma alla fine tutto si sistemò.

Se la forza, come aveva detto Jackson, aveva ceduto alla ragione del diritto, quest'ultima dovette ora cedere alla ragion di Stato.

I difensori erano tutti avvocati di prima scelta: su tutti spiccavano Hermann Jahrreiss e Otto Stahmer, che furono insuperabili nello spiegare il principio di irretroattività di una legge afflittiva in genere e penale in specie. Un monito non ascoltato dalla legge Severino. Le difese eccepirono inoltre un inconveniente di fatto: che i vincitori giudicavano i vinti. E infine invocarono il principio del "tu quoque": anche voi - dissero cautamente - avete massacrato militari prigionieri, come a Katyn, e innocenti civili come a Dresda e Hiroshima.

Quanto alla guerra di aggressione, l'Impero Britannico non era forse stato costituito con l'occupazione di paesi pacifici e neutrali? Alcune di queste obiezioni erano fondatissime: l'irretroattività della legge penale è un principio cardine di ogni civiltà; quanto alle guerre di conquista, tutte le nazioni, quando hanno potuto, hanno aggredito le più deboli, se questo era loro conveniente. Altre obiezioni erano assurde: paragonare Auschwitz con Dresda è semplicemente ridicolo, e comunque un crimine non esclude l'altro. Alla fine, dodici imputati furono condannati a morte: Bormann era latitante, Goering evitò il patibolo avvelenandosi, gli altri furono impiccati seduta stante. Sette furono condannati a vari anni di prigione. Tre furono assolti. Tutto sommato, fu un processo abbastanza regolare.

Fu anche giusto? Formalmente forse no, ma sostanzialmente sì. Il fatto che il vincitore faccia giustizia, non significa di per sé che questa sia iniqua. Certo, Legge e Giudice furono costituiti ad hoc. Ma che altra scelta c'era? Molti imputati avevano commesso misfatti tanto scellerati da meritare il patibolo, e qualcuno disse anche di più. La pena - eccesiva per il generale Jodl - fu compensata da quella - troppo mite - per Speer e dall'assoluzione di Von Papen. Anche visto retrospettivamente, Norimberga costituì davvero uno sforzo titanico per affermare il primato della legge su quella della forza.

Ma il tentativo di costituirne un precedente vincolante fallì, né poteva essere altrimenti. Dopo alcuni processi contro imputati minori, e qualche decina di impiccagioni, la Giustizia si fermò: per stanchezza, per impotenza, per opportunità politica.

I reduci di Norimberga scontarono quasi tutti la pena fino in fondo, ma i loro colleghi detenuti dagli angloamericani furono sempre scarcerati in anticipo. I Sovietici si regolarono da par loro: ne utilizzarono alcuni come spie, sbirri e torturatori: del resto Gestapo e polizia segreta moscovita si erano sempre reciprocamente ammirate e copiate. Gli altri prigionieri furono giustiziati sommariamente, o lasciati morire nei gulag di stenti e di malattie.

Quanto all'Italia, la fucilazione di Mussolini e dei gerarchi a Dongo non fu un modello di giusto processo. Nessuno può realmente considerare tale la condanna a morte pronunciata dal CLNAI e subito eseguita (forse) dal colonnello Valerio. Comunque, come disse Churchill, ci risparmiò una Norimberga italiana.

Ma il fallimento non fu questo. Fu proprio nella smentita, crudele ma prevedibile, degli ideali di Jackson e di tutti coloro - a cominciare da Kant - che sognavano una giustizia sovranazionale di competenza diffusa ed esclusiva. Dopo Norimberga furono infatti costituti vari tribunali per i crimini di guerra: alcuni, come quello di Sartre e Russell, erano caricature politicamente tarate. Altri invece erano, e sono, retti da norme e da trattati.

Qualche sentenza è addirittura stata pronunciata, qualche criminale balcanico è ancora dietro le sbarre. Ma se pensiamo alle stragi quotidiane in mezzo mondo, quelle di cui parlano tutti e quelle di cui non parla nessuno, la sola idea di un tribunale con effetti repressivi e al contempo deterrenti si rivela una vuota astrazione metafisica.

A conferma delle note affermazioni di Tucidide che i forti dominano sempre i più deboli; e che questi ultimi farebbero lo stesso, se un giorno le parti fossero invertite.

Irma Grese

Un breve documentario, tra i tanti proiettati in questi anni, rappresenta meglio di ogni altro le atrocità dei campi nazisti. Si vede un bulldozer che spala resti umani come se fossero carcasse di macello, e li spinge lentamente in una fossa comune. I soldati inglesi si proteggono il volto con mascherine, mentre gli ex aguzzini coprono quell'ammasso informe di terra e calcina. Fu una decisione dolorosa ma necessaria, per evitare pericolose epidemie. Mai, nemmeno nei più infernali quadri di Bosch, la morte era stata trattata in modo così grottesco e brutale.

Lì, nel lager di Bergen Belsen, dove l'orrore era diventato quotidianità, il ruolo del demonio era ricoperto da un volto quasi angelico, incorniciato da una massa di capelli dorati: quello di Irma Grese, una ragazza di ventidue anni, che avrebbe voluto fare l'infermiera.

Era nata il 7 ottobre 1923 a Wrechen, nel nord della Germania. Suo padre era un energumeno violento e un marito infedele; la madre, esaurita dai numerosi figli e dagli ancor più numerosi tradimenti, si suicidò bevendo acido quando la ragazza aveva 12 anni. Insofferente alla disciplina e alla scuola, e maltrattata in famiglia, Irma scappò di casa tre anni dopo, e si rifugiò nel corpo sanitario delle SS, che la destinarono a un sanatorio. Non sappiamo se lì abbia maturato quegli istinti sadici che ne avrebbero fatto la donna più crudele del secolo. Comunque, quando finì il tirocinio, iniziò una carriera di infamie. Prima a Ravensbruck, guardiana nel campo delle donne, poi ad Auschwitz, assistente del dottor Mengele, e infine a Bergen, dove fu nominata "direttrice dei lavori": il suo cursus honorum si arricchì in proporzione alla sua produttività criminale.

Quando, nell'aprile del 1945, arrivarono gli inglesi, non riuscì a svignarsela come la maggior parte dei suoi colleghi, fu riconosciuta e catturata. Pochi mesi dopo, il 17 settembre, comparve davanti al Tribunale militare britannico a Luneburg, in Sassonia, a quaranta chilometri dal suo famigerato luogo di lavoro, assieme al suo ex comandante e ad altri 43 imputati.

Fu il primo processo tenuto contro militari e civili nazisti. La sua rapidità derivò da una scelta assai pragmatica dell'accusa: selezionare le imputazioni, limitandole a fatti specifici per reati già previsti dalle leggi nazionali e internazionali. Questo evitò le eccezioni e i cavilli sulla genericità delle incolpazioni e la irretroattività delle leggi penali che avrebbero successivamente rallentato i processi di Norimberga. Costituì tuttavia anche un limite: le prove furono raccolte in modo incompleto, l'istruttoria fu sommaria e insufficiente, gli imputati troppo numerosi.

Tra questi, 16 erano donne. Irma Grese ne divenne subito la più protagonista: era di gran lunga la più bella e la più crudele.

L'elenco delle sue colpe supera, in quantità ed efferatezza, persino le imprese della sanguinaria contessa Bathory - murata viva nel '600 per aver torturato e sgozzato alcune centinaia di fanciulle ungheresi - considerata fino allora la più sadica omicida seriale della storia. Irma Grese straziava i seni delle internate più giovani, e assisteva compiaciuta alla loro asportazione; aizzava i cani contro le vittime denudate, emulando Nerone nel vederle sbranare; l'aspetto più ripugnante era costituito dalla sua incontrollabile eccitazione sessuale davanti al dolore: ebbe molti amanti maschili e femminili tra le guardie delle SS e persino tra le detenute, che poi sopprimeva con il gas o con il fenolo. Fece molto di più, ma la decenza ci impedisce di continuare in questo catalogo nero di fantasie depravate.

Durante il processo si comportò con sprezzante indifferenza. I pochi film delle udienze la mostrano inserita tra le altre imputate, con il cartello numero 9 sopra il vestitino da collegiale, i capelli spianati a piramide secondo la moda dell'epoca, un sorriso infantile e nessun segno di imbarazzo e tantomeno di rimorso. Malgrado questo abbigliamento claustrale, la lugubre atmosfera e l'oscurità delle riprese, possiamo ricostruire la singolare purezza di lineamenti di questa strana creatura, che smentisce quel concetto di *kalokagathia* dei filosofi greci, secondo i quali il bello e il buono tendono ad unirsi e quasi a coincidere. Si stenta a credere che tanto candore potesse nascondere, in così poco spazio, tanta malignità.

Il Tribunale non si fece influenzare né dall'avvenenza dell'imputata né dalla sua aria quasi infantile. Ascoltò impassibile i testi delle parti, e assistette, per la prima volta, alla proiezione del film sulla liberazione di Bergen Belsen e sulle sue fosse comuni. Applicò la legge con equità e rigore: ben quattordici imputati furono assolti perché le prove a loro carico non erano sufficienti o convincenti. Ma per Irma Grese, ed altri dieci aguzzini, la sentenza fu severa: morte per impiccagione.

Fu la prima pena capitale applicata a una donna per crimini

commessi in tempo di guerra. Altre ne sarebbero seguite. Alle crescenti rivelazioni delle atrocità della "soluzione finale" si aggiungevano quelle, quasi altrettanto dolorose, del ruolo di molte giovani nello sterminato genocidio. Il mondo vide alla sbarra Ilse Koch, la belva di Buchenwald, che collezionava la pelle tatuata delle vittime, e ne faceva paralumi. E via via fino a Dorothea Binz che uccideva le detenute di Ravensbruch a calci e frustate. Tuttavia nessuna di queste eguagliò in fantasia e malvagità "la puttana di Bergen Belsen". Quasi tutte mostrarono, o simularono, uno straccio di pentimento. La stessa Ilse Koch, per disperazione o per rimorso si suicidò in carcere. Solo Irma Grese restò ostinata nella sua impassibilità.

La mattina del 13 dicembre 1945, nella prigione di Hameln, la condannata fu condotta alla forca. Fu avvolta in una sorta di pigiama che ne nascondeva ogni centimetro di pelle, la testa infilata in un gigantesco cappuccio, al quale venne attorcigliato un cappio ancora più vistoso.

L'impiccagione fu eseguita con il "metodo della corda lunga", che spezzava il collo del condannato prima ancora che fosse strangolato, sotto la direzione del celebre boia di Sua Maestà Albert Pierrepoint. Il materiale carnefice fu tuttavia il suo assistente, il sergente maggiore O'Neal, che nell'ultima fotografia, mentre fa scattare la botola, tiene uno strano sorriso: forse di soddisfazione, o forse di condiscendenza. La condannata aveva infatti pronunciato le sue ultime parole: "*Schnell*", (Presto!). Meritava di esser accontentata.

Rudolf Hoss

La notte dell'11 marzo 1946 una squadra della Field Security Britannica fece irruzione in una cascina di Gottrupel, una località della Germania del nord ai confini con la Danimarca. Trovarono un contadino che dormiva tranquillamente nella stalla: prima che avesse il tempo di capire quanto accadeva, l'uomo vide la faccia severa del capitano Hanns Alexander, un ebreo tedesco fuggito in Gran Bretagna, e arruolatosi nelle forze speciali di Sua Maestà. L'ufficiale gli chiese il nome. La risposta fu: "Franz Lang".

"No - rispose il capitano - la tua carta d'identità è falsa, tu ti chiami Rudolf Hoss. Mostrami la fede di matrimonio". Il prigioniero tergiversò, lamentandosi che l'anello era incastrato, e non riusciva a sfilarlo. "Nessun problema - replicò Alexander - basta tagliarti il dito". Ed estrasse la baionetta affilata. L'amputazione non fu necessaria, l'uomo consegno l'anello, e l'inglese lesse la dedica all'interno. "Assestò al tedesco un paio di ceffoni e ripetè la domanda. L'uomo rispose: "Sì, sono Rudolf Hoss, già comandante di Auschwitz".

Alexander annuì soddisfatto. I componenti della sua squadra erano quasi tutti ebrei che avevano avuto vari parenti sterminati nei campi nazisti, e chiesero una piccola soddisfazione personale. Il capitano capì e concesse dieci minuti, raccomandò cautela e si allontanò a fumare. Quando tornò, Hoss era stato coscienziosamente sottoposto a un *passage à tabac*, ma senza gravi conseguenze: non si lamentò nemmeno del trattamento, lo considerò inevitabile e anche giustificato. Fu portato a Norimberga, dove fu sentito come testimone, citato a difesa del capo della Gestapo e del SD, Ernest Kaltenbrunner. Fu un boomerang per la difesa. Hoss descrisse con minuzia gli ordini ricevuti e la loro diligente esecuzione, concludendo così: "Stimo che ad Auschwitz siano state giustiziate e sterminate almeno due milioni e mezzo di vittime, gasandole e bruciandole, e che un altro mezzo milione di individui sia morto di fame e malattia, per un ammontare di circa tre milioni di decessi". I moderni negazionisti dovrebbero rifletterci sopra.

Kaltenbrunner fu impiccato, e Hoss fu estradato in Polonia dove, in un carcere vicino a Cracovia, scrisse un lungo memoriale. L'11 marzo 1947 comparve come imputato davanti alla Corte criminale di Varsavia. L'atto di accusa era di novantotto pagine: i reati più gravi, lo sterminio di trecentomila prigionieri russi e polacchi, e di quattro milioni di ebrei.

Fu un processo diverso dagli altri analoghi. Norimberga aveva giudicato i massimi gerarchi, sempre prudentemente lontani dai luoghi dei massacri. A Dachau venivano portati alla sbarra medici, giudici e altri funzionari minori. Gli Alleati in realtà miravano essenzialmente a punire gli assassini dei loro prigionieri: in Italia, mentre Kappler e Reder sottoposti alla nostra giurisdizione sfuggivano alla forca, gli americani fucilavano il generale Dostler, che aveva firmato l'esecuzione di un gruppo di commando catturati in divisa.

Con Hoss la vicenda era diversa. Qui si sarebbe visto in carne ed ossa il comandante del campo di sterminio più grande che la Storia avesse mai conosciuto: Auschwitz Birkenau, dove l'infernale catena di montaggio aveva incenerito, nell'estate del '44, diecimila persone al giorno. Dall'arrivo dei treni dei deportati fino al recupero dei denti d'oro delle vittime, e alla loro cremazione, tutto avveniva sotto la direzione vigile ed efficiente di Rudolf Hoss.

Lui viveva accanto al perimetro del campo, con la moglie e tre bambini. Coltivavano piante e fiori, anche per mitigare l'acre odore che usciva dagli incombenti camini. Era un padre tenero e, al netto di qualche infedeltà, un marito premuroso: le sue ultime lettere incoraggiano i futuri orfanelli a curarsi della madre, "perché l'amore e la cura della mamma è la cosa più bella del mondo", e a "conservare un cuore buono, guidati da affetto e umanità". Si stenta a credere che tanta delicatezza si esaurisse tra le mura domestiche, per trasformarsi in gelida indifferenza davanti alle lunghe file di morituri.

Eppure Hoss non era uno schizofrenico dissociato: come molti suoi colleghi era convinto di due cose: che gli ordini andassero eseguiti, e che i nemici del Reich andassero fisicamente eliminati. Se poi tra questi figuravano vecchi, donne e neonati, ciò faceva parte del piano: il nemico non era l'ebreo con le armi in pugno, e nemmeno quello "plutocratico e usuraio". Era proprio il giudeo in quanto tale, una "razza" da sradicare con una macchina perfetta.

E la macchina funzionò. Nelle sue memorie Hoss descrisse con ordine e metodo le procedure di accoglimento, smistamento, e selezione dei nuovi arrivi: i pochi adatti, spediti allo sfruttamento delle residue energie fino alla morte. Gli altri, la maggioranza, direttamente intruppati verso le camere a gas. Poi l'accumulo dei corpi, la raccolta dei capelli e dell'oro delle dentiere, e infine la cremazione: un lavoro eseguito da altri internati, che pagavano questa breve e temporanea sopravvivenza con l'anticipazione della sorte che di lì a poco anche loro avrebbero subito.

In queste memorie non c'è traccia né di compiacimento né di rimorso. Sono pagine straordinariamente anodìne, come il burocratico resoconto dei tempi e metodi di produzione industriale. Nei suoi interrogatori Hoss si disse consapevole della sua terribile opera, ed anche dispiaciuto di tanta morte. Il paradosso è che era sincero: personalmente non era un sadico, e a differenza di Mengele non gli piaceva veder morire. Nei rari film delle udienze, il suo volto non manifesta né il vergognoso rimorso di Hans Frank, né lo sprezzante cinismo di Hermann Goering.

È piuttosto pietrificato dalla rassegnazione: lui ammette di avere sbagliato, ma insiste di non aver avuto altra scelta.

La Corte fece quello che era giusto e prevedibile: lo condannò a morte per impiccagione. L'imputato ascoltò la sentenza con dignitosa compostezza: era un fanatico, non uno stupido, e sapeva perfettamente cosa lo aspettava. Non immaginava invece che il patibolo sarebbe stato eretto proprio ad Auschwitz, vicino al primo dei tanti forni che vi aveva fatto costruire. Il mattino del 16 aprile 1947, davanti a un esiguo pubblico selezionato, Rudolf Hoss salì sulla forca, e scambiò qualche parola con padre Tadeusz Zarembea, un prete locale di cui aveva chiesto la presenza. Mentre la botola si apriva, il sacerdote stava recitando una preghiera di perdono.

Hanns Alexander, che lo aveva catturato, non perdonò né a lui né alla sua Patria di origine. Restituì la croce di ferro del padre, e si rifiutò di tornare in Germania anche per l'inaugurazione del museo di Bergen Belsen. "Non ho mai parlato della guerra con i miei bambini - disse - perché i bambini non devono esser cresciuti nell'odio. Ma io ne sono pieno". Visitando Auschwitz, se ne capisce il perché.

Albert Kesselring

L'aula della Corte d'Assise di Venezia è maestosa nella sua austerità. I banchi del pubblico sono lunghi e foderati, come quelli del Parlamento inglese, e il seggio dei giudici è circondato da una preziosa e venerabile *boiserie*. Malgrado i restauri, dovuti anche allo scoppio di una bomba, è rimasta inalterata da un secolo. Ha visto celebrare processi famosi, da quello alla contessa Tarnowska al caso Montesi. Ma il più importante, anche se non il più noto, ebbe luogo dal febbraio al maggio 1947, davanti a una Corte militare britannica. L'imputato era Albert Kesselring, Feldmaresciallo del Reich e comandante delle truppe tedesche in Italia dal '43 al '45.

Kesselring era nato nel 1885 a Marksteft, in Baviera. Entrato presto nell'esercito, si guadagnò due croci di ferro durante la prima guerra mondiale. Dopo la disfatta del '18, contribuì efficacemente alla ricostruzione della Wehrmacht, finché negli anni Trenta passò alla Luftwaffe, la potente aviazione di cui sarebbe diventato, dopo la campagna di Francia del 1940, Feldmaresciallo. In realtà rimase un grande stratega di terra, e in Italia ne dette buona prova.

Come comandante del settore mediterraneo entrò in contrasto con Rommel, che voleva puntare diritto sulle piramidi. Kesselring la riteneva una follia, se non si fosse prima occupata Malta, assicurando i rifornimenti. Hitler non lo ascoltò, e Rommel privo di aerei e di carburante fu strapazzato da Montgomery, nel novembre del '42, a El Alamein. Poi gli Alleati sbarcarono in Sicilia. Kesselring organizzò la ritirata in modo geniale, trasferendo senza perdite le truppe sul continente. Gli angloamericani iniziarono così la risalita della penisola con penosa lentezza: e il maresciallo li tenne a bada, guadagnandosi la stima di Sir Harold Alexander e la costernazione di Mark Clark. Dopo l'8 settembre, Hitler e Rommel pensarono di ritirarsi al Po. Kesselring li convinse di potersi difendere anche dagli italiani "traditori". E così purtroppo fu.

Infine, dopo lo sbarco di Anzio, quando il fronte tedesco rischiava di sgretolarsi, Kesselring tenne duro, e quasi ricacciò in mare gli americani. Nella strategia difensiva fu, con Gotthard Heinrici, il cervello più geniale. Poco prima della fine, Hitler lo chiamò a comandare il fronte Ovest, ma ormai era tardi. Ciononostante il maresciallo non volle sentir parlare di resa, nemmeno dopo il suicido del Führer. I confini tra l'onore e la stupidità sono spesso evanescenti.

Con la resa incondizionata, vennero i processi ai criminali di guerra. Norimberga giudicò, condannò e impiccò quanto restava dei capi nazisti, incluso il feldmaresciallo Keitel, comandante in capo della Wehrmacht, e quindi diretto superiore di Kesselring. Quest'ultimo fu arrestato, e portato a Venezia. L'imputazione era duplice: il massacro delle Fosse Ardeatine e il bando con cui autorizzava le rappresaglie sui civili. Gli inglesi avevano uno strano modo di procedere: si riservarono di giudicare i militari più elevati in grado, lasciando gli altri alle giurisdizioni locali. Così essi processarono, con le stesse imputazioni di Kesselring, i generali Maelzer e Von Makensen, mentre lasciarono Kappler (e Reder) ai tribunali italiani.

Molti ironizzarono sul fatto che un tribunale di stranieri giudicasse in terra straniera delitti commessi da stranieri contro stranieri. Comunque andò così, Norimberga aveva fatto scuola. Il 6 maggio 1947Albert Kesselring fu condannato a morte.

Le reazioni furono diverse. Molti generali inglesi si indignarono, ed espressero solidarietà al valoroso collega. Lo stesso Churchill, peraltro non più al governo, si pronunciò per la clemenza. Nel frattempo l'Italia aveva abolito la pena di morte, ed una esecuzione capitale nel nostro territorio sembrava impossibile. Così, la fucilazione fu commutata in ergastolo. Kesselring finì in prigione, dove scrisse le sue memorie, ma non ci restò a lungo: nel 1952 fu liberato per ragioni di salute. In realtà tanto malato non era, perché partecipò a vari raduni di ex nazisti, e morì quasi dieci anni dopo. Fino alla fine si dichiarò fiero di tutto e pentito di nulla. Ai funerali parteciparono, tra gli altri, Sepp Dietrich e Jochen Peiper, ufficiali delle SS già condannati come criminali di guerra. Kappler, almeno lui, restava in galera.

Kesselring non fu, al contrario di Keitel, un lacchè di Hitler. Fu un servo cieco della Germania. Ma poiché la Germania era il Reich, e il Reich era il Führer, anche lui ubbidì agli ordini odiosi del suo capo. Lo fece da soldato, non da macellaio. E quando gli fu possibile, salvò città, monumenti e anche vite umane. Al suo processo, un affidavit del Vescovo di Chieti riconobbe - forse esagerandoli - questi meriti.

Nel difendersi dall'accusa dei massacri e delle rappresaglie, non invocò - come altri - l'ubbidienza agli ordini, ma le dure leggi di guerra. Per lui i partigiani erano formazioni armate di banditi che colpivano alla schiena, e come tali andavano trattati, secondo le norme del diritto internazionale nei confronti di chi non indossa una divisa. Il punto fondamentale che gli sfuggiva, e che ancora oggi non è abbastanza considerato, è che Wehrmacht e SS avevano violato, per prime, tutte le norme umane e divine dell'etica e del diritto. Quest'ultimo era ed è chiarissimo sui doveri delle truppe di occupazione: rispettare la vita, l'incolumità e la proprietà degli occupati. L'esordio dei nazisti in Italia fu la deportazione degli ebrei di Roma, con lo sterminio ad Auschwitz di più di mille uomini, donne e bambini. Sarebbe bastato questo per definire i tedeschi, loro sì, una banda di fuorilegge, contro i quali ogni reazione sarebbe stata legittima. Kesselring non lo capì, o non lo volle capire.

Si può discutere all'infinito sull'opportunità dell'attentato di via Rasella. Personalmente credo che sia stato un grave errore. Ma giuridicamente era un atto bellico, giustificato dalla macroscopica illegalità del comportamento dell'occupante, che si era autoescluso dalla tutela delle convenzioni internazionali. Ma Kesselring era tanto geniale sul campo di battaglia quanto limitato nei suoi orizzonti intellettuali. Probabilmente era sincero quando, nell'epilogo delle sue memorie, scrisse che "in Italia i tedeschi si sono sempre sforzati di non trascurare le considerazioni umane ed etiche". Parole di lugubre irriverenza verso le vittime di Marzabotto e del Ghetto romano. Quando poi affermò che gli italiani avrebbero dovuto fargli un monumento, confermò l'ostinata miopia che non gli consentiva di vedere oltre le mappe militari.

Tutti conoscono la sdegnata risposta di Piero Calamandrei: "Lo avrai camerata Kesselring, ma con che pietra si costruirà, a deciderlo tocca a noi". Ma il camerata era troppo ottuso per capirne il nobile significato.

Adolf Eichmann

Alle 20.05 del 10 maggio 1960 una squadra del Mossad, il servizio segreto israeliano, vide scendere un uomo dall'autobus che dal centro di Buenos Aires si dirigeva verso il sobborgo di San Fernando. Fingendosi indaffarati con un guasto alla macchina, i quattro agenti attesero che l'uomo si avvicinasse. Quando fu a portata di mano lo immobilizzarono, lo portarono in una casa abbandonata e pochi giorni dopo lo imbarcarono, drogato e vestito da pilota civile, in un volo di Stato diretto in Israele. Qui Adolf Eichmann, responsabile dello sterminio di sei milioni di ebrei, fu consegnato alla Giustizia.

Eichmann allora aveva 54 anni, era un ometto occhialuto e stempiato, e qualcuno ne rilevò la singolare somiglianza con il cardinale Montini, che poco dopo sarebbe diventato Papa Paolo VI. A dimostrazione che Satana, come insegna il libro di Enoch, ha pur sempre una parentela con l'arcangelo Gabriele. Davanti ai giornalisti apparve mite e impacciato, un grigio e insignificante burocrate che ispirò ad Hannah Harendt la famosa e controversa osservazione sulla banalità del male. L'uomo in effetti non era sempre stato così dimesso: una foto di vent'anni prima lo ritrae com'era veramente, uno spietato e arrogante sgherro delle SS, consapevole della sua funzione e del suo potere.

Ancora oggi c'è una certa confusione sul suo ruolo, perché questo oltrepassava di gran lunga il suo rango. Eichmann era un "Oberstmbannfuhrer", cioè un tenente colonnello delle SS, un grado in sé modesto, che in realtà può apparire tale solo a chi non conosca la complessità del Reichssicherheitshauptamt (RSHA), la Direzione Centrale per la Sicurezza del Reich: l'organismo che comprendeva, tra gli altri servizi, la Geheime Staatspolizei, nota al mondo come Gestapo. Romanzi e film la dipingono come dedita alla caccia alle spie e ai partigiani, ma questa è una visione riduttiva.

La Gestapo perseguitava anche varie associazioni laiche e religiose: la sua sezione B4 si occupava degli ebrei, ed era diretto da Eichmann. Ma proprio perché tra i "nemici del Reich" gli israeliti erano considerati i primi da eliminare, l'importanza dell'ufficiale era pari al compito immane che gli era stato devoluto. Questo consentiva ad Eichmann di scavalcare varie posizioni gerarchiche e di conferire direttamente con Reinhard Heydrich, capo del RSHA e responsabile della "soluzione finale" voluta da Hitler.

Il 20 gennaio 1942, nella classicheggiante villa di Wannsee presso Berlino, Heydrich presiedette la riunione che ne definiva i dettagli. Eichmann, che ne aveva curato l'organizzazione, tenne i verbali con i conteggi degli ebrei da liquidare in Europa, compresi quelli dei territori non occupati, come la Gran Bretagna e, naturalmente, l'Italia: in totale una decina di milioni. Un misto di ferocia burocratica e di velleità visionarie: mentre i due compari stilavano questi macabri elenchi, l'industria angloamericana iniziava infatti a sfornare i bombardieri che di lì a poco avrebbero incenerito la Germania.

Il processo iniziò a Gerusalemme l'11 aprile 1961, davanti alle televisioni di tutto il mondo. Ben Gurion voleva che fossero colmate le lacune del processo di Norimberga, dove il numero degli imputati, la diversità dei capi d'accusa e la frettolosa raccolta delle prove avevano impedito una ricostruzione completa dell'Olocausto e dei ruoli degli aguzzini. Ora non si sarebbe parlato di crimini contro la pace o di guerre di aggressione, ma solo del più grande eccidio della Storia, ideato da una scienza perversa ed eseguito da dirigenti volonterosi con una tecnologia pianificata.

I principali responsabili, Hitler, Himmler e Goering si erano suicidati, Heydrich era stato giustiziato dai partigiani, altri erano stati processati e impiccati, e la Shoah rischiava di esser dimenticata. Il processo di Eichmann era l'occasione per ricordare al mondo che talvolta - se pur raramente - la Storia si scrive anche con la Giustizia.

Il difensore, Robert Servatius, era un esperto, avendo già difeso a Norimberga altri criminali. Non aveva un compito facile. Sostenne l'illegalità della cattura, l'incompetenza del tribunale, l'irretroattivà della legge penale, e infine, la scusante dell'ubbidienza agli ordini. Il pubblico ministero, Gideon Hausner, fu abile nel demolire queste tesi, ma eccedette nella passionalità, andò oltre i capi d'accusa e fu anche richiamato all'ordine dal Tribunale. Quest'ultimo era composto da tre giudici, che parlavano correntemente il tedesco e talvolta si rivolsero all'imputato nella sua lingua madre. Furono straordinariamente calmi e professionali, tenuto conto della loro origine e delle agghiaccianti rievocazioni di massacri cui dovettero assistere.

Sfilarono i reduci dei lager, furono proiettate le immagini del genocidio, molti testimoni svennero, e tra il pubblico serpeggiò l'auspicio della vendetta sommaria. Ma il presidente fu esemplare, e l'ordine ritornò in aula. L'imputato, dal canto suo, fu rispettoso nella forma ma spregevole nella sostanza.

Si dipinse come un modesto esecutore di ordini che, a suo dire, dovette eseguire anche controvoglia.

Fu quest'aria scialba da impiegatuccio subalterno che ingannò la Harendt, ispirandole quella definizione infelice. Forse immaginava di vedere un sulfureo e agitato predicatore di stragi apocalittiche, ignorando che l'arma preferita di Mefistofele, come insegna Goethe, è proprio il travestimento. Nel 2011 una studiosa tedesca, Bettina Stagneth, recuperò e pubblicò le testimonianze sulle conversazioni di Eichmann durante la lunga latitanza in Argentina. L'astuto criminale apparve per quello che era: un fanatico assassino che rimpiangeva soltanto di non avere eliminato tutti i dieci milioni di ebrei elencati nei verbali di Wanssee.

Nonostante i piagnucolosi tentativi di dissimulare la propria attività, Eichmann ascoltò imperterrito e silenzioso, il 15 dicembre 1961, la sentenza di morte. Fece ricorso, e l'appello fu respinto. Alla fine inoltrò la domanda di grazia. Ben Gurion convocò il Gabinetto, e molte anime gentili patrocinarono la clemenza. Qualcuno tuttavia replicò che se la pena di morte non fosse mai esistita, era quello il momento di inventarla. La domanda fu respinta, e a mezzanotte del 31 maggio 1962 Adolf Eichmann finì al patibolo: fu la prima e unica impiccagione nella storia giudiziaria di Israele.

Prima di sprofondare nella botola, Eichmann ritrovò e rivelò quell'odio che aveva così ben dissimulato davanti alla Corte, e disse a Rafi Eitan, l'agente che lo aveva catturato e che assisteva all'evento: "Spero di tutto cuore che venga presto il vostro turno". Al che il roccioso ufficiale, pare abbia risposto ghignando: "Non oggi vecchio mio, non oggi". Rafi morì novantacinquenne, un paio d'anni fa.

Lord Louis Mountbatten

Quando la famiglia reale inglese annunciò il nome del neonato figlio di William e Kate, i bookmakers furono sconcertati e i sudditi sorpresi: il piccolo si sarebbe chiamato Louis, un nome che non figura nel ripetitivo catalogo dei monarchi e degli eredi al trono. I genitori dovettero spiegare che si trattava di un riverente omaggio a una delle personalità più significative della storia britannica del ventesimo secolo: Lord Louis Mountbatten, zio di Filippo di Edimburgo, grande soldato morto a seguito di un attentato dell'IRA. L'anziano gentiluomo era infatti saltato in aria con altre tre persone il 27 agosto 1979, quando un terrorista aveva piazzato venti chili di tritolo sotto il motoscafo sul quale l'allegra compagnia era salpata per la caccia all'aragosta, al largo della costa irlandese.

La scelta di William e Kate ha certamente deliziato gli inglesi, perché il personaggio era considerato, dopo la morte di Churchill, l'ultimo significativo guerriero dell'Impero Britannico. Ma chi era veramente Lord Mountbatten?

In realtà non era nemmeno di stirpe inglese, e quello non era il suo vero cognome. Suo padre era il principe di Battenberg, era nato in Austria, e poteva definirsi britannico solo attraverso quella ragnatela di parentele che vincolava tra loro tutti i regnanti d'Europa: aveva scalato i gradi più alti della Royal Navy, e durante la prima guerra mondiale era diventato il Primo Lord del Mare. A quel punto, per evitare confusione e accuse di simpatie bastarde, aveva inglesizzato il suo casato: da Battenberg in Mountbatten. Con quel nome, suo figlio Louis sarebbe entrato nella storia.

Louis era nato nel 1900, ed era destinato, come tutti i suoi pari, a una vita equamente divisa tra l'ozio aristocratico e la rude carriera militare. I nobili inglesi, da Marlborough a Wellington, potevano trasformarsi indifferentemente da raffinati edonisti estetizzanti, dediti alle danze e al gioco, in coraggiosi cavalieri e arditi marinai. Churchill aveva partecipato nel 1898 ancora ventenne alla grande carica di Omdurman, contro i dervisci; Mountbatten a sedici anni navigava come guardiamarina dentro un incrociatore insidiato dai sottomarini tedeschi.

Fu l'inizio di una carriera straordinaria. Come ufficiale, ebbe il comando di varie unità; come influente aristocratico intrattenne rapporti con quasi tutti i governi del mondo. Assolse entrambi i compiti con straordinaria competenza. Nel 1941, durante una visita a Pearl Harbor, il quarantenne stratega profilò, agli esterrefatti ammiragli americani, l'attacco di sorpresa con cui i giapponesi avrebbero potuto affondare la flotta ancorata nella rada. Esattamente come gli aerosiluranti inglesi avevano fatto con la flotta italiana a Taranto pochi mesi prima, e come in effetti sarebbe accaduto tra qualche settimana, proprio lì, dove e come lui aveva previsto.

Nel 1943 Churchill lo nominò comandante delle Forze Alleate dell Sud Est Asiatico: un ruolo che, almeno formalmente, lo poneva sullo stesso piano dell'ammiraglio Nimitz e del mitico Douglas Mac Arthur. Era un teatro secondario dal punto di vista bellico, ma strategico per l'avvenire dell'Impero in quella regione dove già fremevano le richieste di indipendenza. Mountbatten si comportò da valente militare e accorto diplomatico, e fu ricompensato, a guerra finita, con la carica di Viceré delle Indie.

Il tramonto del colonialismo lo vide ancora protagonista: guidò la transizione indiana, appoggiato dalla moglie Edwina che aveva rapporti speciali, forse troppo speciali, con il primo ministro Pandit Nehru. Assistette costernato alla spartizione tra India e Pakistan, e alle inevitabili lotte religiose tra induisti e musulmani. Esaurito l'incarico, gli stessi indiani gli chiesero di restare per concludere alla meglio quel travagliato periodo. Se ne andò definitivamente nel 1950, accompagnato in trionfo da un pubblico riconoscente: l'impero Britannico, come quello Romano, aveva tolto la sovranità ma aveva assicurato la pace. Quando la moglie morì, nel 1960, la sua bara fu portata a bordo di una fregata indiana, e sepolta in mare con gli onori militari. Edwina era stata, come il marito, tanto viziosa e chiacchierata nei costumi quanto impeccabile e generosa nella funzione.

Dopo aver accumulato altri onori civili e le supreme cariche militari, Mountbatten si ritirò nelle sue proprietà, tra cui il castello di Classiebawn, sulla costa nord dell'Irlanda. Un posto isolato a fascinoso, esposto tuttavia ai rischi del terrorismo dell'IRA. Ed infatti, la mattina del 27 agosto 1979, accompagnato da due nipoti e altri amici, l'anziano ammiraglio scese al molo di Mullaghmore, dove aveva ormeggiato la sua piccola barca con la quale amava pescare.

Il giovane terrorista (o patriota, a seconda delle prospettive) Thomas McMahon aveva piazzato sotto la chiglia venti chili di esplosivo. L'imbarcazione aveva appena lasciato la banchina quando McMahon fece detonare, a distanza, l'ordigno. L'esplosione fu spaventosa: due ragazzi morirono all'istante. Mountbatten ebbe le gambe troncate di netto, sopravvisse qualche minuto, poi spirò. Fu un'ironia della sorte che se ne andasse mentre la sua minuscola nave affondava, lui che aveva comandato corazzate e portaerei.

Ma possiamo immaginare che il vecchio marinaio, negli ultimi istanti di vita, abbia considerato questo epilogo tra le onde, rapido, eroico, e senza l'umiliazione della decrepitezza, come una benevola ricompensa del destino.

I suoi funerali si svolsero a Westminster, ed ebbero solennità reale. Il più straziato era il principe Carlo, che amava Lord Louis forse più dei coronati genitori. Rivedendo le immagini di quelle esequie, tra le tombe degli statisti e dei generali, dei musicisti e dei poeti, si assiste con filosofica comprensione, ma con nostalgica malinconia, al tramonto dell'Impero più grande della storia e all'addio al suo ultimo paladino.

L'attentato a Lord Mountbatten fu, come quasi tutti gli attentati, crudele, stupido e inutile. Crudele, perchè uccise ragazzini innocenti. Stupido, perché la vittima non ricopriva più alcuna carica operativa, ed era solo un simbolo, per di più inerme, di un'era ormai passata. E inutile, perché non giovò minimamente alla causa dell'indipendentismo irlandese. Al contrario inasprì gli animi, e rallentò l'inevitabile processo di pace. Questo arrivò per quella terra bellissima e tormentata, più di vent'anni dopo, con l'accordo del Venerdì Santo del 1998.

Come gesto di conciliazione, anche McMahon, già condannato all'ergastolo da una Corte irlandese, fu allora liberato.

Churchill, l'europeo

Boris Johnson, Primo ministro di Sua Maestà Britannica, ha scritto un libro, "The Churchill Factor", dove traccia la storia e la vita del suo grande compatriota. È un ritratto estremamente lusinghiero, che senza ignorare i difetti di Sir Winston ne elenca le qualità che lo collocano al vertice degli statisti di ogni tempo. Si direbbe che Johnson ne sia quasi innamorato, tanta è l'ammirazione devota che ogni pagina esprime. Un punto è tuttavia controverso. Churchill era un convinto europeista mentre Johnson è stato ed è uno dei maggiori sostenitori della Brexit. L'autore non nasconde le implicazioni di questa contraddizione, e cerca di risolverle nel 20° capitolo, "Churchill l'europeo". È un peccato che il libro non sia stato (almeno non ci risulta) tradotto in Italia. Noi abbiamo di Johnson un'idea un po' bizzarra: la sua improbabile zazzera dorata e il suo linguaggio pittoresco lo avvicinano a Donald Trump più che a Chamberlain o a Eden. Comunque sia, la sua ricerca è documentatissima, e il suo stile è chiaro e brillante.

La tesi di Johnson è la seguente: è vero che Churchill si pronunciò più volte, pubblicamente e solennemente a favore della costituzione degli Stati Uniti d'Europa, espressione di cui - tra l'altro - gli viene attribuita la paternità. Ma lo fece come "una delle divinità che presiede alla sua nascita", ovvero "di padrino, più che di parte contraente, di prete, piuttosto che di sposo". A sostegno, cita alcune frasi a suo avviso significative; alla fine però ammette che entrambe le tesi possono essere sostenute. Insomma, un europeista con riserva.

Più ardua è la risposta alla domanda: come la penserebbe oggi l'illustre statista? E Johnson lealmente ammette di non poter rispondere. E se non riesce a farlo lui, credo non possa farlo nessuno.

Certo sir Winston, che aveva assistito con rassegnata desolazione al disgregamento dell'Impero Britannico, oggi sarebbe ancor più costernato davanti alla richiesta della Scozia di staccarsi dal Regno Unito. A maggior ragione se il motivo è proprio quello di non agganciarsi alla Brexit, e di poter restare in Europa. Per quanto fosse orgogliosissimo della sua origine interamente inglese, Churchill non riconosceva altra bandiera che l'Union Jack, di cui la croce scozzese di Sant'Andrea era ed è parte essenziale. Possiamo dunque soltanto congetturare una risposta, alla luce del suo pensiero e della odierna realtà.

Churchill, benché talvolta impulsivo fino all'avventatezza, era tuttavia lungimirante e geniale: i suoi fallimenti, come la spedizione di Gallipoli, non dipesero da un errore di strategia ma dal difetto di informazioni e da un'organizzazione militare inadeguata. Ma era soprattutto un idealista, che concepiva ogni progetto, fosse la guerra a Hitler o la cortina di ferro contro Stalin, come realizzazione di un'etica quasi religiosa. I suoi "Great War Speeches", capolavori di retorica che gli valsero il premio Nobel per la letteratura, sono traboccanti di riferimenti biblici, che ne elevano il tono ai vertici della fede più ispirata.

Hitler non è uno spietato guerrafondaio, come tanti altri di cui è piena la Storia: è lo spirito demoniaco che incarna il Male. La battaglia contro di lui non è la tanto la resistenza all'invasore, quanto la difesa della civiltà cristiana dall'"avvento di un nuovo Medioevo, reso più sinistro, e forse più duraturo, dai lumi di una scienza perversa". Quando, evocando il libro dei Maccabei, Churchill invitò i concittadini ad "armarsi ed essere uomini di valore", non si riferì alla difesa delle loro vite, ma a quella della "Nazione e dei propri Altari". Dicendo queste cose gli spuntavano le lacrime, e i flemmatici inglesi sussultavano. Sii commosso, e commuoverai.

In questa prospettiva, egli pensò all'Europa. Una sintesi di tradizioni religiose, di culture libere e di arti liberali, di creazioni maestose e di scienze avanzate. Un'Unione orgogliosa della sua storia, anche se questa comprendeva il dramma delle stragi fratricide, l'ignominia delle persecuzioni religiose e la lacerazione delle ingiustizie sociali. Un organismo consolidatosi nella risolutezza davanti alle difficoltà, e nella magnanimità delle potenze vittoriose vincolate dalla buona volontà nella pace.

Quando a Zurigo, nel 1946, disse: "Se vogliamo costruire gli Stati Uniti d'Europa dobbiamo cominciare adesso", anticipò in termini ideali un progetto apparentemente utopistico, che un decennio dopo avrebbe avuto un inizio di attuazione.

È questa, allora, l'Europa che Churchill avrebbe voluto? È lecito dubitarne. Perché questa Europa è stata concepita senza cuore, quando ha rifiutato l'inserimento, nel preambolo della sua Costituzione, delle proprie radici giudaico cristiane. È nata senza cervello, perché non ha realizzato l'unità politica, giuridica e fiscale senza le quali un organismo risponde in modo scoordinato agli impulsi delle sue articolazioni. Ed è cresciuta malaticcia e sghemba, con medici sconsiderati, che le hanno dato un termometro monetario fermo e inflessibile, incurante del suo stato di salute economica: tanta rigidità può condurre alla paralisi. Queste sue dissonanze oggi cominciano a essere percepite come un fastidioso, talvolta insopportabile fracasso.

Cosicché l'Europa sembra un'orchestra con un direttore tedesco miope che, a differenza di Furtwangler, di Klemperer e di Karajan non sa più leggere lo spartito, e ne allontana a poco a poco i componenti: ieri la Gran Bretagna, un domani forse la Francia, quindi gli stati baltici e quelli balcanici. Finché come nella sinfonia degli Addii di Haydn, o nel romanzo di Agatha Christie, poi non rimane nessuno. E pensiamo che sir Winston non avrebbe voluto vederne il finale.

Alcide De Gasperi

"Prendendo la parola in questo consesso mondiale, sento che tutto, tranne la vostra personale cortesia, è contro di me". Con questa realistica introduzione il 10 agosto 1946 Alcide De Gasperi, Presidente del Consiglio dei Ministri, difese la causa dell'Italia alla conferenza di Parigi. Non era un invitato: era un accusato chiamato a discolparsi per una guerra scatenata da un regime che lui stesso aveva combattuto. E sulle prime, non sembrò particolarmente efficace: i vincitori stentavano a distinguere tra fascisti e antifascisti, e molti di loro lessero con disattenzione la traduzione trascritta in un momento successivo. Tuttavia, visto retrospettivamente, quel discorso costituì il riconoscimento internazionale dell'Italia libera e democratica, e in parte il fondamento dell'idea di Europa.

Contro di noi militavano la storia e in parte anche la geografia. La storia, perché l'Italia usciva da una sconfitta disastrosa, aggravata dalla vergogna di un'aggressione a una Francia agonizzante, e dalla fuga di un dittatore travestito da tedesco ubriaco. E la geografia, perché le guerre coloniali di Mussolini ci avevano consegnato territori estranei ai nostri naturali confini. Potevamo invocare due circostanze a nostro favore: l'aver ottenuto lo stato di "cobelligeranti" dopo l'otto settembre 1943, e l'aver aiutato l'avanzata degli Alleati con una guerriglia partigiana poco influente sul piano operativo ma significativa sotto quello morale. Non sappiamo se De Gasperi si facesse molte illusioni su queste due attenuanti: certo si comportò come se ci credesse, e la sua storia personale di antifascista perseguitato gli conferiva la legittimazione politica ed etica a difendere la nostra causa con dignitoso vigore.

In realtà gli Alleati furono sordi a ogni perorazione, e De Gasperi non godette nemmeno della "personale cortesia" immaginata all'inizio. Nessuno battè le mani, i delegati restarono seduti, e soltanto il Segretario di Stato americano, Bayrnes, gli manifestò un minimo di calore. Questo gelo fu criticato dal New York Times, che rilevò come tra i vincitori sedesse quello stesso Molotov che aveva firmato con Ribbentrop il patto scellerato per dividersi la Polonia, e che di fatto aveva scatenato i mastini della guerra.

Comunque le condizioni furono dure. La perdita di tutte le colonie era scontata, e addirittura positiva, visti gli elevati costi e gli scarsi benefici che l'Italia ne aveva ricevuto. Ma l'umiliazione arrivò con l'abbandono della Venezia Giulia e l'istituzione del "territorio libero" di Trieste, che Togliatti aveva persino cercato di barattare cedendo Gorizia ai titini. Fu una pagina dolorosa, e una piaga non ancora del tutto rimarginata.

Ma le sconfitte si pagano e, alla fine il conto non fu insostenibile. La Francia nel 1871 e la Germania nel 1919 avevano subito condizioni molto più umilianti, che infatti avevano preparato le guerre successive. Ispirata da De Gasperi, e aiutata dall'America, l'Italia poté invece intraprendere un percorso virtuoso che ne avrebbe, in pochi anni, cambiato la fisionomia.

La favorevole impressione che De Gasperi aveva fatto su Bayrnes produsse infatti un rapido avvicinamento tra i due Paesi, complici anche il profilarsi della guerra fredda, la collocazione strategica dell'Italia, e la decisiva influenza dell'elettorato italoamericano. De Gasperi fu invitato privatamente a Cleveland, e ne approfittò per allacciare importanti relazioni politiche. Fu accolto benevolmente da Truman, e ricevette il plauso entusiasta degli italoamericani durante la parata tra due ali di folla lungo la Broadway. Un trionfo che si sarebbe ripetuto quattro anni dopo, in modo ancora più ufficiale e fastoso, accanto al Presidente americano. Ci riesce difficile, oggi, pensare che un nostro capo del governo possa ripetere una simile esperienza.

Il resto è quasi cronaca. De Gasperi cacciò i comunisti dal governo, e pose le fondamenta del miracolo economico che avrebbe portato il Paese, negli anni Cinquanta, ai vertici della stabilità finanziaria mondiale. Come tutti i veri amanti della pace cercò e ottenne una valida garanzia militare, e condusse l'Italia, tra i sibili di rancore dei filomoscoviti, in quell'alveo Atlantico che protesse l'Europa occidentale dalle repressioni sovietiche di Varsavia, di Berlino, di Budapest e di Praga.

Come tutti gli spiriti profondamente religiosi antepose Dio e la sua coscienza alle interferenze clericali, e con grande dolore, e pari determinazione, si oppose alle pressioni politiche di Pio XII, ricevendone in cambio una freddezza ai limiti dell'ostilità. E infine, come molti grandi statisti, da Temistocle a Churchill, fu ripagato con l'ingratitudine. Nel 1953 i suoi "amici" emergenti della Democrazia Cristiana lo eliminarono, senza troppi riguardi: "I suoi delfini - disse Montanelli - erano in realtà degli squali". Ma il suo tramonto era comunque inevitabile. Già gravemente malato, Alcide De Gasperi si spense il 19 agosto 1954 nella sua villetta in Valsugana, invocando il nome di Gesù.

Il discorso di Parigi non fu soltanto un appassionato appello patriottico. Fu l'espressione del vigore morale di uno statista quale l'Italia mai aveva avuto, e di cui non avrebbe più visto l'eguale. Un discorso che può figurare degnamente accanto ai "Fireside chats" di Roosevelt e persino ai "Great war speeches" di Churchill, condottieri che parlavano a un pubblico ipnotizzato dalla loro personalità e dalla convinzione di seguire una causa sacrosanta; mentre De Gasperi si rivolgeva a un uditorio ostile, non avendo altro da offrire che dignità, coraggio e lungimiranza politica. A differenza di Orlando, che trent'anni prima, rappresentando a Versailles un Paese vittorioso, spargeva lacrime di lamenti e di rabbia, questo esile trentino, portavoce di un'Italia prostrata, umiliata e derisa, seppe rappresentare con una logica secca ed essenziale i pericoli di un accanimento nei confronti dei vinti, e i vantaggi di una collaborazione paziente e leale.

Il messaggio fu raccolto dagli americani, ma presto fece breccia tra le più illuminate menti del vecchio mondo. Da Schuman ad Adenauer, da Monnet allo stesso Churchill, germinò l'idea che soltanto una comunione di fede e di cultura europee potessero eliminare quelle controversie che avevano devastato il nostro continente per secoli, fino all'immensa catastrofe di una guerra fratricida condotta in due tempi. Questa radice comune era costituita dalla tradizione cristiana, intesa come sintesi di libertà, di iniziative operose e di giustizia solidale, ma soprattutto come un grande progetto etico e spirituale. Quando, mezzo secolo dopo, l'Europa si rifiutò di inserire nel preambolo della sua Costituzione il riconoscimento di queste radici, si capì che le aspirazioni di De Gasperi erano state deluse, e che l'Europa si sarebbe limitata ad un arido catalogo di avari bilanci e di pedanti burocrazie.

Palmiro Togliatti

Il 14 luglio 1948, in una Roma deturpata dalla guerra e oppressa dalla calura, Palmiro Togliatti, segretario del PCI, uscì con la sua compagna Nilde Jotti da una porticina laterale di Montecitorio. Per non disturbare la scorta, assicurarono gli amici; per evitare i giornalisti, insinuarono gli avversari. I due conviventi non erano sposati, e a quel tempo il partito di falce e martello era bacchettone quanto e forse più di quello scudocrociato. Se i due avessero voluto mantenere riservata la loro breve sortita non avrebbero potuto scegliere un momento peggiore. Perché lì davanti li attendeva Antonio Pallante, un esaltato ventenne di idee vagamente nazionaliste, che sparò a Togliatti quattro colpi di pistola.

Malgrado la Jotti avesse cercato di proteggerlo, il leader fu colpito tre volte e cadde in una pozza di sangue. Pallante si arrese subito alla polizia, e il ferito fu portato d'urgenza all'ospedale. Subito si diffuse la voce che fosse moribondo o addirittura già morto.

Togliatti era il venerato maestro del Partito Comunista Italiano. A differenza del suo vice Luigi Longo, non aveva alcuna esperienza di combattente e non aveva partecipato alla Resistenza. Fino al 1944 era rimasto a Mosca, sotto la minacciosa protezione di Stalin. Ma era stata proprio questa lontananza a creargli attorno una sorta di mito. La lunga vicinanza al Pontefice moscovita, gli incarichi ai vertici del Comintern, la sopravvivenza, sia pure a prezzo di un servilismo supino, alle spietate epurazioni del paranoico dittatore, e infine la sua indiscussa abilità politica assistita da una solida conoscenza dei testi sacri del marxismo ortodosso, avevano contribuito a coronare la sua fronte di un'aureola di infallibilità.

Togliatti godeva del rispetto degli avversari, dell'ubbidienza dei colleghi e della venerazione dei militanti. De Gasperi, che lo stesso Togliatti voleva "prendere a calci con gli scarponi chiodati", definì l'attentato esecrabile e ne fu sinceramente indignato. Tutti i partiti augurarono subito al leader ferito una pronta guarigione. Un auspicio ispirato, se non proprio dalla fratellanza, certamente dalla convenienza. Nessuno sapeva cosa sarebbe accaduto se l'uomo fosse morto.

Malgrado l'unanime condanna e l'evidente matrice solitaria dell'attentato, i comunisti più agitati vollero vedervi un complotto destabilizzante e reazionario. Un'ipotesi assurda, perché la Democrazia Cristiana, dopo il trionfo delle elezioni di aprile, era saldamente al potere, e chiedeva soltanto tranquillità. Le cosiddette forze conservatrici non volevano né disordini né, tantomeno, colpi di stato.

Tuttavia l'emozione del momento si coniugò, negli animi dei rivoluzionari delusi, con un istinto di violenta e rabbiosa intimidazione. Scoppiarono disordini in varie città, molte fabbriche furono occupate, qualche caserma fu assalita e vi furono alcuni morti e parecchi feriti sia tra i dimostranti sia tra le forze dell'ordine. Il sindacato proclamò lo sciopero generale, e il ministro dell'interno, Scelba, reagì con le camionette della Celere. Per un attimo si temette la guerra civile.

Era, ovviamente, un timore infondato. Nessuno nel PCI voleva una rivoluzione; e anche chi nel suo intimo l'auspicava, sapeva che lo stesso Togliatti ne aveva vietato persino la pronuncia. Non sappiamo se questa riluttanza dipendesse da un sincero ripudio di ogni spargimento di sangue: da buon comunista, Togliatti giustificava l'uso della forza per il bene della causa.

Tuttavia il suo intelligente realismo lo aveva convinto che una rivolta sarebbe finita male per due ragioni. La prima, che si sarebbe trovato contro la Chiesa, la borghesia, i contadini, l'esercito e i carabinieri: cioè i tre quarti del Paese. La seconda, che a Yalta Stalin aveva accettato l'inserimento dell'Italia nella sfera di influenza americana, e intendeva rispettare i patti. Infatti si mangiò l'Europa dell'Est, ma si tenne fuori da interferenze eversive in quella dell'Ovest. I comunisti in Grecia gli disubbidirono, e tentarono il colpaccio: Stalin non si mosse, e furono presto sterminati. Evitando la rivoluzione, Togliatti ubbidiva così alla volontà del padrone, alla necessità politica e probabilmente alla sua stessa coscienza.

Le acque, di conseguenza, si calmarono quasi subito. Gino Bartali vinse una storica tappa al Tour de France, il Paese si raccolse attorno all'eroe, e per un attimo ritrovò una sorta di gioiosa unità. Benché l'importanza di questa vittoria sia stata successivamente esagerata, è indubbio che contribuì se non a pacificare, certamente a distrarre gli animi.

In realtà la svolta fu dovuta a tre fattori: le cartucce sparate, che avevano scarsa capacità di penetrazione; il professor Pietro Valdoni, che aveva eseguito tempestivamente l'intervento; e lo stesso Togliatti che, appena ripresi i sensi, invitò con voce debole ma con volontà ferma tutti i militanti alla calma. Bartali vinse il Tour, e fu complimentato dall'"Unità", che poi gli tolse il sostegno quando il campione si proclamò devotissimo al Papa e sfilò penitente in varie processioni. Il sindacato si spaccò, perché i cattolici avevano disapprovato l'iniziativa unilaterale e sconsiderata della componente comunista. Scelba sostituì le camionette con le denuncie alla magistratura. Pochi furono comunque i processati, pochissimi quelli condannati, e solo gli assassini - e nemmeno tutti - finirono in prigione: lo stesso Pallante ricevette una pena relativamente mite. L'Italia intendeva cominciare in pace il periodo di ricostruzione che sarebbe culminato, dieci anni dopo, nel famoso "miracolo economico". Togliatti, perfettamente guarito, riprese la sua attività in Parlamento.

Valdoni - scrisse Indro Montanelli - gli mandò la parcella e l'ingrato paziente gliela onorò con un biglietto di accompagnamento un po' brutale: "Eccole il saldo, ma sono denari rubati". Al che il grande chirurgo avrebbe risposto, con perfido aplomb aristocratico: "Grazie per l'assegno. La provenienza dei fondi non mi interessa".

Non era vero, e nemmeno verosimile. Valdoni, - ricorda il professor Tommaseo Ponzetta, uno dei suoi allievi più brillanti - non volle una lira. In realtà ci fu un epilogo ben più grottesco. La costola colpita dal proiettile era stata asportata e gettata nella spazzatura. Un assistente di Valdoni, più per ricordo che per feticismo ideologico la recuperò furtivamente, e alcuni anni dopo la affidò a un frate, senza nominarne l'antico portatore, affinché avesse una sistemazione cristiana. Il frate fece poi sapere che era stata collocata in una chiesa, tra le reliquie di alcuni beati.

Le Foibe

Ogni 10 febbraio, l'Italia celebra il Giorno del Ricordo. È una solennità nazionale istituita con una legge del 2004 per conservare e rinnovare la memoria delle vittime delle foibe e dell'esodo dai territori occupati nel '45 dalle truppe di Tito. La legge fu introdotta dopo vari tentativi andati a vuoto per l'opposizione di una parte della sinistra estrema. Poi finalmente la pietas e la verità ebbero il sopravvento, anche se qualche polemica filocomunista riemerge ancora: il fanatismo e la stupidità hanno una forza e una vitalità implacabili.

Le foibe sono delle cavità naturali della zona carsica, che scendono per centinaia di metri nelle viscere della terra. Qui, alla fine del conflitto, i partigiani di Tito fecero precipitare i corpi di migliaia di italiani. Con la motivazione di "giustiziare" dei criminali fascisti, questi assassini eliminarono indifferentemente uomini e donne nei modi più crudeli. Fu un epilogo sanguinario e brutale di una guerra sciagurata. Ma il fatto che fosse stata iniziata da noi, aggredendo quel paese pacifico, fu solo il pretesto per una serie di vendette personali e per una più generalizzata pulizia etnica, eliminando, con la morte o un esilio forzoso ogni presenza sgradita.

Tutto era cominciato nell'ottobre del 1940, quando

Mussolini aveva invaso la Grecia per far dispetto a Hitler, che agiva sempre per conto suo senza consultare l'alleato. La spedizione si rivelò un fiasco colossale: i nostri soldati furono costretti a ripiegare in Albania e rischiarono di esser ricacciati in mare. Così, per soccorrere il maldestro socio italiano, Hitler invase la Jugoslavia, trasformando la naturale polveriera dei Balcani, dove si fronteggiavano popoli di etnie e religioni diverse, in un gigantesco incendio alimentato da odi ancestrali che generavano massacri e rappresaglie. I nazisti usarono le consuete brutalità con le deportazioni degli ebrei, e le esecuzioni di massa.

Quanto ai nostri soldati, la maggior parte cercò di comportarsi secondo le esigenze del momento, combattendo una guerra in cui non credeva nessuno, e quindi limitandosi al minimo indispensabile. Ma in quell'ambiente di inaudita ferocia, neanche "gli italiani brava gente" riuscirono a mantenersi tali. Vi furono episodi di vera e propria barbarie, non giustificata, per una nazione civile, dagli agguati e dalle torture inflitte dai partigiani locali ai nostri prigionieri.

Per di più l'appoggio che fornimmo agli Ustascia, il cui sadismo fu criticato persino dalle SS, contribuì all'equivoco di attribuire al nostro esercito una strategia distruttiva che gli era estranea, ma che nella tempesta della guerra si confondeva con quella degli altri occupanti e dei collaborazionisti più accesi. Ne risultò un odio etnico verso di noi, che oltrepassava anche quello politico. Vi fu un momento in cui ogni italiano fu identificato come bestia da abbattere.

All'odio etnico si aggiunse tuttavia la spietata pianificazione titina. Di questo dittatore noi ricordiamo l'attività durante la guerra fredda, quando, liberatosi dall'ipoteca sovietica, strizzò l'occhio all'Occidente per consolidare la propria autonomia e imprimere alla Jugoslavia un indirizzo prudentemente riformatore. Impresa peraltro fallita, come dimostrarono le spaventose stragi tra kossovari, serbi, montenegrini e croati che scoppiarono alla sua morte.

Ma Tito, come tutti i gerarchi comunisti, era soprattutto un inflessibile esecutore del disegno leninista: eliminare, anche fisicamente, chiunque si opponesse al suo disegno egemonico. In questo fu rigorosamente imparziale, assassinando con scrupolosa efficienza non solo democratici, monarchici e preti, ma soprattutto dissidenti stalinisti, tra i quali un buon numero di nostri connazionali inavvedutamente riparatisi in quello che reputavano un paradiso internazionalista. È probabile che nelle foibe siano caduti anche alcuni di questi eretici.

Ma purtroppo il numero maggiore di sacrificati fu costituito da persone pacifiche, colpevoli soltanto di essere italiane. Il loro numero è imprecisato, anche perché molti cadaveri erano così irriconoscibili da esser misurati, dagli addetti ai recuperi, in "metri cubi di materiale umano". Un orrore pari a quello delle Fosse Ardeatine e ai cumuli di Bergen Belsen. Anche le esecuzioni uguagliarono, e talvolta superarono, in brutalità quelle dei nazisti. Uomini e donne furono legati tra loro con il fil di ferro, e scaraventati in questi anfratti dove morirono per le fratture, la fame e la sete. Talvolta un vivo fu legato a un morto, per accrescere l'umiliazione del rito con l'abominio della putrefazione. Qualche aguzzino vi gettò sopra delle bombe a mano, non si sa se per ulteriore disprezzo o per un finale gesto di pietà.

Migliaia di persone furono prelevate dall'OZNA, la spietata polizia segreta, e sparirono nel nulla. Alcune famiglie, soprattutto quelle più facoltose, riparate in Italia, furono avvicinate con richieste di riscatto per la liberazione dei loro cari. Pagarono, e non li rividero più.

Ancor più disgustoso fu l'atteggiamento dei comunisti italiani, che in quel momento identificavano Tito con Stalin, Stalin con il partito e quest'ultimo la fede marxista. Togliatti usò espressioni infami nei confronti delle vittime, e giustificò le stragi titine come una giusta retribuzione nei confronti dei fascisti invasori. La stampa rossa lo seguì a ruota, e per anni rifiutò di ammettere i crimini commessi dal loro compagno jugoslavo.

Ancora oggi, purtroppo, qualche residuo nostalgico di quell'ideologia brutale si ostina in un negazionismo fanatico. Ed ogni volta che si parla di foibe, spunta sempre lo sciagurato che con il pretesto di "contestualizzare" e di "ridimensionare" si allinea, di fatto, sulle posizioni di quei macellai. La loro vergogna è pari a quella delle teste rasate per le quali le baracche di Auschwitz erano dei decorosi accomodamenti per lavoratori.

Torna invece ad onore di alcuni autorevoli ex esponenti di quel partito, a cominciare dal Presidente Napolitano, di aver patrocinato con vigore il ripristino della verità, e di aver impiegato le espressioni più appropriate per definire quei momenti così atroci. Il Presidente parlò "di odio e di furia sanguinaria, e di un disegno annessionistico slavo che assunse i sinistri contorni di una pulizia etnica". Furono espressioni alte e nobili, quali raramente si ascoltano nel lessico soporifero e tortuoso del nostro politichese.

Rileggendole con riverenza, possiamo solo sperare che il giorno del Ricordo, come quello della Memoria, si qualifichi progressivamente come momento non di rancore vendicativo, ma di studio imparziale di uno dei momenti più dolorosi del nostro Paese, che un giorno potrà anche perdonare, ma non dovrà mai dimenticare.

Oro di Dongo

Il 29 aprile 1957 si aprì, davanti alla Corte d'assise di Padova, un processo singolare per i tempi, i luoghi e le persone. I reati risalivano infatti a dodici anni prima, ed erano stati commessi a oltre trecento chilometri di distanza. Gli imputati erano in parte latitanti e in parte protetti dalla tanto vituperata immunità parlamentare. Quanto alle accuse, erano gravissime: omicidio plurimo premeditato e aggravato, peculato e altre cosucce minori.

Tuttavia il processo diventò famoso non per le stragi che vi venivano rievocate, ma per il mistero di un tesoro scomparso: il cosiddetto "Oro di Dongo".

L'antecedente era stato l'arresto di Mussolini, e quel che ne era seguito. Come è noto, il Duce fu fermato il 27 aprile 1945 sulla piazza di Dongo, mentre scappava travestito da soldato tedesco. Con lui viaggiavano una quindicina di gerarchi, che furono sommariamente fucilati in riva al lago. Mussolini fu portato di notte - dopo varie peregrinazioni - nella casetta dei coniugi De Maria, nella vicina frazione di Bonzanigo. Da qui fu prelevato il giorno dopo dai partigiani del CLNAI, (il Comitato Liberazione Nazionale Alta Italia) e ucciso a mitragliate assieme a Claretta Petacci.

Sui particolari di questa esecuzione fiorirono le leggende, alimentate dalle discordanti versioni dei protagonisti. Quella ufficiale, diffusa dal PCI, che a sparare fosse stato Walter Audisio, il "colonello Valerio", è oggi praticamente abbandonata. Ma chiunque abbia materialmente esploso i colpi mortali, è certo che la condanna a morte del Duce fu decisa il 25 Aprile in un convento di Salesiani dai vertici del Comitato. Sandro Pertini, che ne faceva parte, fu su questo sempre chiaro e categorico. Ma torniamo al tesoro scomparso.

Mussolini portava con sé un paio di borse. Anche qui si lavorò di illazioni. Qualcuno sostenne che contenessero addirittura un carteggio con Churchill che avrebbe rivoluzionato la storia. Martin Gilbert, l'autore della più documentata e monumentale biografia dello statista inglese non si degna nemmeno di parlarne, e si capisce. La sola idea che sir Winston abbia intrattenuto rapporti epistolari compromettenti con quello che chiamava "lo sciacallo scodinzolante ai piedi di Hitler" è, fino a prova contraria, quantomeno azzardata. È vero invece che le borse contenevano oro, assegni e banconote straniere. Ancora più cospicui erano i valori trasportai dagli altri gerarchi, nella colonna che seguiva il Duce. Pare ci fossero persino dei preziosi sottratti agli ebrei prima di esser spediti in Germania.

Questo tesoro - dedotta qualche inevitabile ruberia - fu solo in parte inventariato dai membri della 52ª brigata Garibaldi che avevano proceduto all'arresto: in particolare dal capitano Luigi Canali "Neri", e dalla sua fidanzata Giuseppina Tuissi "Gianna". Entrambi erano di fede comunista, come la maggioranza dei "garibaldini". Tuttavia, da buoni patrioti, insistettero affinché i beni fossero consegnati alle autorità della Liberazione. Altri "compagni", invece, premevano affinché tutto finisse al partito, per finanziarne la futura attività politica, o addirittura la rivoluzione.

Sta di fatto che il tesoro sparì, assieme al resto che i partigiani avevano recuperato dalle acque del lago, dove i tedeschi l'avevano gettato. E sparirono anche Bill, assassinato quasi subito, e Gianna, che incautamente ne aveva iniziato la ricerca. Poi furono uccisi altri testimoni.

Tutti gli indizi portavano ai membri del Pci di Como, che si erano impadroniti del bottino e si erano disfatti dei cadaveri. Così nel 1947 la Giustizia militare aprì un'inchiesta, con le prime incriminazioni di questi figuri. E qui la tragedia diventò - per usare la nota espressione di Marx - una farsa. Ci furono ostacoli e cavilli di ogni tipo, con i quali non annoieremo il lettore. Alla fine dopo dieci anni, il processo finì a Padova, per legittima suspicione. Gli imputati erano diventati, quasi tutti, esponenti di spicco del Pci. Inutile ricordarne i nomi. Era uomini temprati dalle carceri fasciste e dalla lotta clandestina. Sapevano combattere e morire. Domandarsi oggi se, per ordine del partito, potessero anche uccidere dei compagni, è una oziosa e commovente puerilità.

Il dibattimento durò a lungo, con trentasette imputati, trecento testimoni, cinquanta parti offese, e la solita marea di avvocati. Fu condotto con pazienza e perizia da Augusto Zen, un presidente coraggioso che però non potè far miracoli. Sfilarono come testi personaggi illustri, da Ferruccio Parri, a Luigi Longo a Enrico Mattei. Alcuni si comportarono con arroganza. Uno di loro sibilò al Presidente: "Ora vi conosciamo!"

Al che il magistrato rispose imperterrito: "Anche noi". Altri furono reticenti; tutti comunque furono smemorati, e nessuno contribuì a far luce né sui delitti né tantomeno sul destino del tesoro. Durante un sopralluogo un giurato popolare ebbe un malore e finì in ospedale, dove morì suicida in circostanze poco chiare. Così il processo fu interrotto, e sarebbe dovuto ricominciare da zero. In realtà nessuno volle più occuparsene. Intervennero l'amnistia e, tanto per cambiare, la prescrizione. Alcuni imputati ritornarono trionfanti in Parlamento, altri restarono prudentemente all'estero, protetti dalla cortina di ferro.

Negli anni successivi, morti alcuni protagonisti, mitigati i furori e i timori del dopoguerra, quasi tutti i superstiti - tranne i compagni di provata fede - ammisero che il tesoro era finito in gran parte nelle casse del Partito Comunista.

Massimo Caprara, allora segretario di Togliatti, specificò che il malloppo aveva finanziato, tra le altre iniziative, l'acquisto della sede di via delle Botteghe Oscure, il famoso Bottegone, plumbeo e anonimo come i volti dei gerarchi che allora lo governavano. Naturalmente il PCI ha sempre negato la circostanza, che peraltro non gli ha portato fortuna. Dopo tangentopoli, l'edificio fu infatti venduto al capitalismo bancario, e successivamente destinato a più dinamiche e allegre funzioni. Nel 2015 diventò un supermercato alimentare. E, come fecero notare alcuni perfidi commentatori di destra, nemmeno della Coop.

I delitti d'onore

"C'è da noi un imperativo categorico più forte di noi: se sei tradito, uccidi! Te lo gridano i tuoi avi da tutti i millenni, i tuoi morti dalle loro fosse; te lo grida la tua gente da tutte le case prossime e lontane: uccidi. Se no, sei disonorato due volte!"

Con queste parole, enfatiche ma significative, Giuseppe Casalinuovo, un grande giurista calabrese, perorò la causa di Annibale Mazzone, che nel 1929 aveva ucciso la moglie Carmela Cimarosa colta in flagrante adulterio. Il processo si svolse nel 1931 e l'omicida fu assolto per il grave turbamento provatogli dal tradimento coniugale.

Fu uno dei tanti "delitti d'onore" che deliziarono i giornalisti, eccitarono i lettori, e divisero il Paese. Da quello di Filippo Cifariello, assolto nel 1905, fino a quello di Alfonso La Gala, maresciallo di polizia, condannato nel 1978 a due anni con la condizionale. L'ultima assoluzione fu del 1981.

L'omicidio per causa d'onore, secondo il nostro codice penale, si verificava quando il marito - o la moglie - "scopriva l'illegittima relazione carnale" del coniuge, e agiva "nello stato d'ira determinato dall'offesa all'onor suo e della sua famiglia". Era punito da tre a sette anni, che spesso, tra attenuanti e amnistie, si riducevano a pochi mesi. Non era una creazione del regime fascista: era già previsto nel precedente codice Zanardelli, di ispirazione liberale, che paradossalmente era ancora più mite, e poteva condurre all'assoluzione piena. Come avvenne, appunto, per Annibale Mazzone, dopo le incredibili ma efficaci declamazioni del suo vigoroso avvocato.

La norma non era così singolare. Era anzi radicata in molti Paesi, e spesso giustificava solo il marito: il tradimento della moglie era considerato più grave, in quanto rischiava di vulnerare l'unità familiare con l'inserimento di un figlio adulterino. L'evoluzione dei costumi e delle idee aveva progressivamente eliminato in Europa questa stravagante forma di impunità. Il fascismo l'aveva mantenuta, estendendola tuttavia anche alla donna nei confronti del coniuge fedifrago: la dispersione delle energie maschili, al di fuori del vincolo matrimoniale, poteva infatti compromettere il risultato di otto milioni di baionette che il Duce si prefiggeva.

Strano a dirsi, la norma rimase anche nell'Italia Repubblicana, che avrà anche adottato la Costituzione più bella del mondo, ma mantenne - e mantiene - il codice di Mussolini.

Poiché tuttavia i comportamenti umani sono assai più articolati degli articoli di legge, la liberalizzazione e l'emancipazione sessuale fecero sorgere i primi problemi interpretativi, suscitati dalle multiformi trasgressioni dei coniugi infedeli. Ci si chiese, ad esempio, se fosse necessaria la copula "*cum eiaculatione*" o se bastasse "una componente abnorme dell'atto". La Giurisprudenza provò a stilare un dettagliato catalogo di variazioni sul tema, che l'indomita fantasia dei protagonisti riusciva sempre a rendere insufficiente e obsoleto. Non solo. Che dire dei rapporti originati non dall'incontenibile passione ma da interessi diversi? Durante la guerra molte donne si erano concesse ai tedeschi per aiutare la famiglia o persino per carpire informazioni. Nella Francia occupata una famosa attrice, accusata di "collaborazionismo orizzontale", aveva gagliardamente proclamato: "Il mio didietro lo do a chi voglio, ma il mio cuore appartiene alla Patria!" Da noi qualche donna avrebbe potuto sostituire alla Patria la famiglia. Alcuni mariti avevano subìto, o addirittura tollerato. Altri invece avevano reagito. Potevano invocare l'attenuante dell'onore? La discussione si allargò.

In tale pasticcio di retrive concezioni ancestrali e di difficoltà applicative, mentre l'Italia rientrava tra le democrazie e l'uomo si preparava a sbarcare sulla luna, si potrebbe supporre che il legislatore intendesse eliminare questa norma stupida e inutile. E invece no. Passarono le novità sul divorzio e sull'aborto, confermate dai referendum popolari. Fu riformato il diritto di famiglia e quello ereditario per i figli naturali. Ma il delitto d'onore rimase, come rimase la vergogna del cosiddetto matrimonio riparatore che scagionava il violentatore che avesse sposato la vittima.

Ancora una volta fu il cinema a far emergere il problema. Pietro Germi con "Divorzio all'italiana" e Damiano Damiani con "La moglie più bella" strapazzarono - il primo con l'ironia, il secondo con l'indignazione - un sistema giuridico ormai screditato. Ma si dovette aspettare ancora. Il delitto d'onore fu abrogato solo nel 1981. Per la riforma sulla violenza sessuale, si dovette aspettare nientemeno che il 1996.

Che lezione dobbiamo trarre da queste leggi e da questi processi? Essenzialmente una: che i cosiddetti valori etici sono estremamente volatili e mutevoli. L'omosessualità, un tempo punita con la morte, è oggi legalizzata nelle unioni civili o celebrata con il matrimonio. L'adulterio non è più reato, e l'infedeltà non è nemmeno causa di addebito nel divorzio. Lo stesso per la bestemmia, che un tempo ti mandava al rogo, e oggi si ascolta in televisione; o per le fantasie eccentriche,

che fino a ieri figuravano nei manuali di medicina legale tra le perversioni e ora sono accessibili su internet anche ai ragazzini. È possibile che, come noi ridiamo dei nostri nonni per il loro bigottismo, i nostri pronipoti rideranno di noi per la nostra permissività. Così come è possibile che il delitto d'onore, cacciato dalla porta della democrazia laica, rientri dalla finestra di un nuovo fanatismo religioso. Perché questo è il pericolo.

Da tempo, in alcuni Paesi di tradizione legislativa anglosassone, si dibatte sulla liceità delle *cultural defences*, o esimenti culturali: quelle che giustificano alcuni reati quando l'imputato "tiene una condotta conforme al costume e alle regole culturali del proprio gruppo di appartenenza". Questo pericolo non è attualmente percepito nemmeno dalle donne che si battono più energicamente contro le violenze e i femminicidi, e che magari il giorno dopo predicano la generosa accoglienza contro ogni discriminazione. Senza accorgersi che la libertà è un frutto delicato, facilmente esposto al vento del fanatismo e dell'intolleranza.

Già oggi la segregazione femminile - se non addirittura il delitto d'onore - è praticata nelle enclaves di alcuni Paesi europei, da uomini che opprimono le mogli in ossequio alle regole loro, senza rispettare le nostre. E dal loro punto di vista non hanno nemmeno tutti i torti. Come il gesuita che alcuni secoli fa disse al Re di Francia: "Maestà io pretendo la libertà religiosa in nome dei vostri principi, ma la nego in nome dei miei".

Il marchese de Sade
e il processo per la libertà di stampa

Il 15 dicembre 1956, davanti al tribunale penale di Parigi, iniziò uno dei più singolari processi del '900. L'imputato era un editore trentenne, Jean Jacques Pauvert, ma il vero accusato era il Marchese Donatien Alphonse François de Sade. Pauvert ne aveva pubblicato la prima raccolta completa di opere, ritenute contrarie ai buoni costumi. In realtà quelle incriminate erano solo quattro: *La philosophie dans le boudoir*, *Les 120 journées de Sodome*, *La nouvelle Justine* e *L'Histoire de Juliette*. Le altre sei, non si sa perché, erano state trascurate.

Pauvert era un giovanotto anticonformista e geniale, che già in quegli anni portava i baffi alla Débray (e alla Giangiacomo Feltrinelli), senza tuttavia essere un attivo rivoluzionario. Gli piaceva scandalizzare i benpensanti, ma soprattutto gli piacevano i libri, e non solo quelli erotici. Era, in definitiva, un bibliofilo autentico e un editore raffinato. Negli anni Ottanta vendette tutto ad Hachette, e si ritirò in campagna. Morì, vecchissimo e dimenticato, nel 2014.

Del Marchese de Sade tutti sapevano tutto, senza aver mai letto nulla. Non solo perchè i suoi libri erano costosi e introvabili, ma soprattutto perché i lettori animati da aspirazioni trasgressive dovevano faticare a lungo prima di arrivare alle pagine che cercavano. In effetti il divino Marchese, che morì in manicomio dopo vent'anni di galera, aveva pretese vagamente filosofiche e, precedendo di un secolo Ivan Karamazov, aveva elaborato il concetto che, se Dio non esiste, tutto è consentito. I suoi protagonisti sono quasi tutti atei altolocati - magistrati, vescovi, nobili - che trovano piacere nell'infliggere dolore. E, per spiegarne le ragioni, l'autore si avventura in centinaia di pagine di un'insopportabile pesantezza pedagogica.

Il povero Pauvert non aveva molte speranze di cavarsela. I giudici parigini del dopoguerra erano saldamente ancorati ai principi tradizionali, soprattutto in materia di famiglia e di sesso. Tuttavia l'imputato ebbe la ventura di accaparrarsi il miglior avvocato di Parigi: maitre Maurice Garçon, letterato e poeta, accademico di Francia, di grande rigore logico e implacabile dialettica. Il suo maggior trionfo era stata la difesa di René Hardy, accusato di aver tradito Jean Moulin, il celebre capo della Resistenza, catturato e ucciso dai nazisti nel '43. Hardy sembrava annichilito da prove schiaccianti, e alcuni "compagni" avevano anche cercato di avvelenarlo per far rapida giustizia.

Maurice Garçon, sgretolò le accuse e Hardy fu prosciolto per ben due volte. I comunisti, inferociti, assediarono il palazzo di giustizia, ma Garçon non fece una piega. Trent'anni dopo, Klaus Barbie, il boia di Lione, rivelò, con dubbia attendibilità, che a tradire Jean Moulin erano stati proprio i comunisti. Ma questa è un'altra storia.

Maurice Garçon impostò la difesa del giovane editore in termini giuridici, sui quali sorvoliamo, e in termini culturali, che sono i più interessanti. Chiamò a deporre la crème degli intellettuali francesi, chiedendo loro un giudizio etico ed estetico sulle opere incriminate. I giudici acconsentirono, con qualche perplessità, a questa straordinaria innovazione, e il tribunale diventò, per qualche giorno, un salotto letterario. Si cominciò con Jean Paulhan, che sostenne una tesi ardita, ma in parte fondata: "Sade - disse - arrivò in un'epoca in cui una filosofia un po' molle insegnava che l'uomo nasce buono, e che bastasse ricondurlo allo stato di natura perche le cose andassero bene. Mentre lui volle dimostrare che l'uomo nasce cattivo, e che questa malvagità risiede nella sessualità". Concetto che Freud avrebbe ripreso più tardi, con significative variazioni.

Georges Bataille si espresse in modo analogo, con una sfumatura in più: "I libri in questione, per il loro prezzo e la loro limitata tiratura, sono destinati a un pubblico maturo, che non vi mette una curiosità malsana ma una curiosità di eruditi". Molti pensarono che Bataille, autore di romanzi altrettanto scabrosi, stesse testimoniando pro domo sua.

Jean Cocteau, da vero esteta insubordinato, fu più lapidario: "Sade è noioso. Il suo stile è debole, e non gli vale nemmeno un rimprovero. L'ultimo libro poliziesco della pudibonda America è più pericoloso della più audace pagina di Justine".

Rassicurato da queste attestazioni, e confidente nelle sue doti argomentative, Maurice Garçon si esibì in una delle più belle arringhe della storia giudiziaria. Strapazzò l'ipocrisia dei bacchettoni che leggevano di nascosto i libri che il suo assistito aveva avuto il coraggio di pubblicare: "Ogniqualvolta si smobilita una venerabile biblioteca - insinuò ironicamente - si trovano le storie di Justine e Juliette prudentemente collocate dietro i pensieri di Pascal".

Quanto al Marchese, egli non mise mai in pratica le sue discutibili fantasie. La sua esuberanza sessuale non era mai violenta o abusiva; la sua cattiva fama era immeritata, e "dovuta a circostanze casuali". In effetti l'infaticabile gentiluomo, avendo raccattato una sera quattro prostitute, aveva somministrato loro la cantaride, al tempo ritenuta un afrodisiaco. La sostanza, invece di aver svegliato gli appetiti delle ragazze, ne aveva addormentato l'intestino, provocando coliche e atroci dolori. Questo valse al nobile satiro la fama di avvelenatore, e addirittura di omicida seriale. In realtà - proseguì il difensore - de Sade era generoso e quasi compassionevole. Durante la Rivoluzione, come membro del tribunale rivoluzionario, fu incarcerato per troppa moderazione ed ingiustificata clemenza. Il brillante avvocato concluse così: "Sade spinse lo studio delle depravazioni umane fino al delirio. Ma fece come il medico che studiò le malattie della volontà e della memoria per penetrarne la conoscenza nella loro integrità. Approfondì il mostruoso per scoprire il normale".

Maitre Garçon era troppo intelligente per credere a queste frasi solenni ma inconsistenti: tuttavia le espresse così bene che forse, senza illudersi di convincere i giudici, provò a convincere sé stesso. In ogni caso integrò l'arringa con l'argomento più efficace: il concetto di buon costume è così aleatorio e mutevole che molte glorie della letteratura francese, da Flaubert a Baudelaire, erano state processate, e talvolta condannate, per opere che ora si studiavano ai licei.

Il tribunale, come spesso accade, scelse una via di mezzo: condannò Jean Jacques Pauvert alla mite ammenda di centoventimila franchi e alla distruzione delle 2.000 copie confiscate. La Corte d'Appello ridusse la pena, e poco dopo la legge sulla censura fu soppressa, così Pauvert pubblicò un'altra edizione che andò a ruba. Oggi le nuove copie appassiscono spesso tra le rese invendute. L'ultima crudeltà del Marchese sarà quella inflitta all'incauto lettore, vittima della sua ripetitiva ed asfissiante prolissità.

La saponificatrice di Correggio

Il Museo criminologico di Roma è uno dei più importanti al mondo nel suo settore e non ha nulla da invidiare al più famoso Black Museum di Scotland Yard. Una volta, per i giovani magistrati, era quasi un obbligo farvi visita. Esso contiene principalmente strumenti di punizione e di indagine del buon tempo antico, quando - come oggi si dice - c'erano i valori: sedie chiodate, mordacchie, asce di decapitazione, coltellacci di carnefici, fruste di scorticamento, collari spinati, il mantello del boia papale e persino una "vergine di Norimberga".

Ma il suo settore più interessante è quello dei reperti di omicidi celebri. Qui, in una teca, sono conservati un martello, un'ascia e un treppiede con i quali una signora madre di quattro figli scannò tre donne e le smembrò, per farne dolci e sapone. La signora era Leonarda Cianciulli, che a lungo sarebbe stata ricordata come la "saponificatrice di Correggio".

Era a nata a Montella di Avellino, nel 1883. Aveva avuto un'infanzia disgraziata, e aggravata da sindromi malinconiche. Pare che avesse tentato di impiccarsi, e che la madre si fosse rammaricata che si fosse spezzata la fune. Ma le notizie della sua vita dipendono in gran parte dal memoriale che lei (o forse il suo difensore) scrisse durante la detenzione, e non sono molto affidabili. Quel che è certo è che ebbe un matrimonio infelice, funestato da una serie di lutti: ebbe tre aborti spontanei, e dieci bambini le morirono in tenera età. Gliene rimasero quattro, e per tutta la vita fu ossessionata dalla paura di perderli.

Un giorno - così scrisse - le apparve in visione una specie di Madonna nera che le impose di barattare la vita di questi sopravvissuti con quella di altre persone. Da lì - sostenne lei - la necessità di ucciderne quante più poteva, per placare questa sorta di irritazione divina. In realtà, c'era di mezzo anche il denaro.

La prima vittima fu Faustina Setti, una settantaduenne infatuata dell'amore, che la Cianciulli attirò a casa sua con il pretesto di averle trovato un marito. La donna arrivò con alcuni beni e denari, e fu massacrata a colpi di accetta. Poi l'assassina la tagliò in nove parti, raccogliendo il sangue in un catino. Sui resti gettò della soda caustica e li gettò nel pozzo nero. Con il sangue fece dolci e pasticcini, che diede da mangiare alle ignare comari del paese. Solo Shakespeare, nel suo Tito Andronico, aveva immaginato tanta commestibile macelleria umana. L'assassina vendette i pochi beni della Setti, intascò i soldi, e li investì nel suo commercio di merci usate.

Poi fu la volta di Francesca Soavi, che al posto di un marito cercava un lavoro. La trappola fu quasi la stessa: la Cianciulli la invitò a casa assicurandola di averle trovato un impiego e raccomandandosi, come al solito, di portare i propri risparmi e di non parlarne con nessuno. La mattina del 5 settembre 1940 la poveretta si presentò, speranzosa: fu immediatamente ammazzata e fatta a pezzi. Anche qui l'omicida trasse il suo profitto, vendendo addirittura i mobili della Soavi, da cui affermava di averne avuto l'incarico.

Come il dottor Petiot la sua crudeltà aveva una ferrea logica economica.

Infine toccò a Virginia Cacioppo, un'ultracinquantenne cantante lirica decaduta che viveva di ricordi illusori. La Cianciulli le prospettò un ingaggio a Firenze, e come nei casi precedenti le impose il segreto assoluto. Il 30 settembre 1940 la poveretta si presentò puntuale, ancora orgogliosa nei suoi abiti consunti. Fu subito aggredita a colpi di accetta, e quindi sezionata. Questa volta la perfida cuoca descrisse il suo operato con dettagli minuziosi. "Finì nel pentolone - narrò - come le altre due. La sua carne era grassa e bianca. Quando fu disciolta vi aggiunsi un flacone di colonia, e dopo una lunga bollitura ne vennero fuori delle saponette cremose accettabili. Le diedi in omaggio a vicine e conoscenti. Anche i dolci furono migliori. Quella donna era veramente dolce". Sembra di leggere una ricetta dell'Artusi.

Fu la sua avidità a tradirla. Consegnò a un amico un buono del Tesoro sottratto alla Cacioppo, e la polizia risalì a lei. La Cianciulli aveva preso le sue precauzioni: aveva convinto le vittime a scrivere delle cartoline che poi aveva fatto spedire dal figlio (forse ignaro) da posti lontani. Un espediente non particolarmente originale, ma nemmeno tanto maldestro. In ogni caso gli investigatori non ci cascarono, e sottoposero la donna a un buon interrogatorio: e alla fine lei confessò.

Si dovette attendere la fine della guerra per celebrare il processo. Finalmente, il 12 giugno 1946, comparve davanti alla Corte di Assise di Reggio Emilia. L'accusa sostenne che aveva agito per avidità; lei si difese rievocando le condizioni impostele dai fantasmi d'oltretomba, secondo i quali l'unico modo di salvaguardare i figli era quello di dar loro in pasto una parte delle vittime. In effetti, la soccorrevole madre aveva propinato anche ai propri ragazzi i biscotti cucinati, è il caso di dirlo, in casa.

Per corroborare queste stravaganze, scrisse, o fece scrivere, un memoriale, dove enunciò solennemente: “Ho studiato con zelo chiromanzia, astronomia, scongiuri, fatture e spiritismo: alla fine mi sono data alla magia”. Un discorso che ricorda troppo l'inizio del Faust per essere farina di una semianalfabeta: evidentemente il suo difensore aveva buoni gusti letterari.

Naturalmente fu sottoposta a perizia psichiatrica, affidata, come al solito, all'ormai noto professor Saporito, che concluse per una incapacità totale derivante da “psicosi isterica”. La consueta formula generica quando non si sanno che pesci pigliare. E come al solito la Corte gli credette a metà: il 20 luglio 1946 Leonarda Cianciulli, ritenuta seminferma di mente, fu condannata a 30 anni di reclusione, e a tre di manicomio criminale.

Qui entrò, e qui rimase fino alla morte, avvenuta nel 1970. Passò il tempo ricamando, e confezionando dolci per le altre detenute. Ma nessuna li volle mai mangiare.

“Credevano che contenessero qualche sostanza magica”, si legge nella relazione dell'Istituto. Può essere. Ma forse, più semplicemente, non si fidavano della cuoca.

Gli efferati delitti di Caterina Fort

La mattina del 30 novembre 1946, Pina Somaschini, commessa nel negozio di Giuseppe Ricciardi, si recò, come al solito, a casa del proprietario per prendere le chiavi della bottega. Trovò la porta semichiusa, e questo la insospettì. Entrò cautamente, e le apparve una scena raccapricciante. La moglie del Ricciardi e i tre figlioletti giacevano in un lago di sangue con la testa fracassata. Il più piccolo dei fanciulli, Antoniuccio, di dieci mesi, era ancora seduto sul seggiolone.

Il modesto appartamento era stato messo a soqquadro, e mancavano alcuni pezzi di argenteria di scarso valore. Anche nella miseria postbellica, nessun rapinatore avrebbe fatto una strage per meno di trenta denari. Per di più gli investigatori trovarono una fotografia, rabbiosamente stracciata, delle nozze della coppia. Si capì subito che si trattava di un delitto passionale, e i sospetti si indirizzarono verso la commessa del Ricciardi, con la quale l'uomo intratteneva, notoriamente e da tempo, una relazione: Caterina Fort. Un nome che a lungo avrebbe ossessionato tutte le mamme d'Italia.

Caterina (Rina) Fort, 31 anni, era una robusta friulana di Budoia, reduce da un'infanzia infelice e da un matrimonio ancor più disgraziato. Il marito aveva dimostrato disturbi schizoidi, ed era finito in manicomio. Non erano nati bambini. Lei era sterile: una circostanza che, a posteriori, alcuni giudicarono significativa per capire il suo carattere. La ragazza si era trasferita a Milano, e durante la guerra aveva condotto una vita abbastanza ambigua: si parlò di prostituzione, di cocaina, di delazioni ai nazisti. L'unica cosa sicura è che aveva trovato un impiego preso il Ricciardi, un commerciante che vivacchiava tra espedienti e borsa nera. Costui viveva lontano dalla moglie, rimasta in Sicilia in un'Italia ancora divisa dalla guerra.

Tra i due era nata una storia abbastanza strana per un Paese sotto le bombe e non propriamente liberale: la donna non nascondeva la tresca, e talvolta si spacciava per moglie del principale, usandone il nome. Era gelosa e possessiva, ma abile negli affari. Il negozio, diretto da lei, quasi prosperava.

Finita la guerra, Ricciardi ritenne di finire anche la relazione. Fece salire la famiglia a Milano, e provò - come si dice - a liquidare l'amante in termini civili. Ma Rina era di altra pasta. Pensando che la decisione dell'uomo fosse condizionata dalla famiglia, si sbarazzò dell'impaccio sterminando moglie e bambini.

Interrogata dal commissario Nardone - che sarebbe diventato un mito della polizia milanese - dopo un'estenuante serie di contestazioni confessò: ammise l'omicidio della donna, ma negò quello dei figli. In totale cambiò sette volte versione. Il Paese ribollì di rabbia, e i giornali furono tempestati di lettere, soprattutto di mamme, che invocavano la pena di morte. Molte proposero la tortura.

Quando, nel 1950, si aprì il dibattimento alla Corte d'Assise di Milano, l'atmosfera non si era rasserenata. Al contrario: il palazzo di giustizia assistette al triste fenomeno delle *tricoteuses*, donne che passavano la giornata tra i banchi del pubblico, lavorando a maglia e auspicando, quando la

Corte non sentiva, le più efferate sevizie per quella "belva dalla sciarpa gialla". In effetti anche la sciarpa, che la Fort indossava per vergogna, o forse per civetteria, era diventata un'icona del processo. Di tanto in tanto lei la abbassava per ribadire la sua versione: aveva ucciso la donna quasi per sbaglio; la strage invece era stata ideata dal Ricciardi, che si era servito di un complice. Un'ipotesi che, agli inizi, non fu del tutto scartata.

Fisicamente, la coppia non aveva nulla degli amanti diabolici. Lui era un ometto insignificante e rifinito, di scarsa intelligenza e di cultura assente. Non doveva essere un sentimentale, perché la sua prima preoccupazione, appena informato del delitto, era stata quella di verificare quanta argenteria fosse sparita. Ma non era nemmeno un assassino, e infatti fu prosciolto assieme all'amico ingiustamente accusato dall'imputata.

La Fort, dal canto suo, pur senza esser una seducente "*femme fatale*", non era ripugnante come il suo misfatto. La stampa la descrisse con "occhi un poco a mandorla, un taglio del viso a zigomi alti, il naso vagamente da meticcia, le labbra rilevate, una bocca sorniona e lontanamente animalesca: una certa bellezza sana e popolare". Durante il dibattimento tenne un atteggiamento abbastanza assente. "Non impassibile - scrisse Dino Buzzati - perché l'impassibilità è già una forza, sia pure negativa. Ma piuttosto inerte, atona e indifferente". Probabilmente, e non ci voleva molto a capirlo, aveva già intuito come sarebbe andata a finire.

Naturalmente fu sottoposta a visita psichiatrica. Il professor Saporito, criminologo di fama che già abbiamo incontrato in altri casi simili, la dichiarò sana di mente. In effetti nulla, a parte la sua crudeltà, denotava una patologia dell'intelletto o della volontà. Il difensore ce la mise tutta per prospettare una diversa ricostruzione dei fatti: Rina aveva reagito a un'aggressione della moglie gelosa, e non voleva uccidere. I bambini erano stati massacrati dal sicario. Le parti civili e il pubblico ministero demolirono questi goffi tentativi, anche se nessuno seppe resistere alla tentazione della retorica del tempo: rilette a distanza, arringhe e requisitorie ci fanno quasi sorridere per la loro appassionata prosopopea. Tuttavia i fatti erano quelli: le teste maciullate dei bambini, la materia cerebrale sparsa per la casa, la madre soffocata mentre agonizzava. Ce n'era abbastanza per concludere senza altre esitazioni: il 9 aprile 1952 Rina Fort fu condannata all'ergastolo. Il pubblico applaudì. Ma molti si rammaricarono che in Itala non ci fosse il patibolo.

Trascorse in carcere venticinque anni. Anche lei, come molti altri condannati, chiese perdono alle vittime, pur proclamandosi sempre innocente della morte dei bambini: forse nemmeno lei voleva ammetter a sé stessa una brutalità così atroce. Fu una detenuta modello, e nel 1975 fu graziata dal presidente Leone. Visse ancora tredici anni. Quando morì, i giornali ne parlarono come se un quarto di secolo non fosse passato. E ancora oggi il nome di Caterina Fort evoca immagini sinistre di sevizie e crudeltà. Ricciardi morì quasi contemporaneamente: nel frattempo si era risposato.

Visto retrospettivamente, il suo caso rappresenta un "unicum" della nostra storia criminale. La donna era sana di mente, eppure il suo delitto non è razionalmente comprensibile. Anche ammesso che avesse agito in un impeto d'ira, motivato da un litigio con la rivale, nulla poteva e può spiegare l'accanimento tanto feroce contro i tre bambini, uno dei quali praticamente ancora in fasce. Il suo maldestro tentativo di simulare una rapina fu il sintomo di una furbizia balorda, come il suo atteggiamento immediatamente successivo, noncurante e tranquillo, fu l'espressione di un cinismo amorale, più ancora che crudele.

Nessun omicida, almeno da noi, ha compiuto in pochi istanti tanti atti di tanta brutalità. E tuttavia, anche durante la detenzione, la donna ebbe dei momenti di tenerezza. Riacquistò la fede, chiese e ottenne il perdono di quanto restava della famiglia Pappalardo, e la grazia presidenziale suggellò una redenzione che tutti giudicarono sincera.

Nella sua genialità visionaria, Dino Buzzati, che aveva seguito il processo, immaginò che, dopo una lunga detenzione, Rina Fort sarebbe stata graziata. Ma se la immaginò come "un silenzioso e miserando rudere", che sarebbe tornato sul luogo del delitto, aggrappandosi al cancello della casa "fissando i tre piccoli che giocano", mentre i passanti si tiravano di lato.

Il grande scrittore, che come tutti grandi scrittori vedeva la realtà filtrata dalla fantasia, si sbagliò di grosso. Rina Fort non tornò mai in via San Gregorio, e nemmeno a Milano. Si rinchiuse in guisa monastica vicino Firenze e continuò a scrivere lettere di contrizione. Se fossero sincere oppure no, nessuno può dirlo.

Il caso del conte Bellentani

Villa D'Este è un lussuoso albergo di Cernobbio, noto per ospitare i più prestigiosi meeting di economia, politica e finanza nell'incantevole cornice del lago di Como. Pochi sanno, tuttavia, che settanta anni fa fu teatro di uno dei delitti che più affascinarono l'opinione pubblica, soprattutto femminile, per la personalità della sua autrice e la sua incontenibile emotività. La protagonista era la contessa Pia Bellentani. La vittima era Carlo Sacchi, l'amante infedele.

Pia Caroselli era nata a Sulmona nel 1916. Suo padre era di famiglia modesta, ma si era arricchito nel commercio. Come le Père Goriot, aveva puntato sulla figlia tutte le carte per una rimonta sociale, e alla fine la fanciulla, graziosa ma non bellissima, era stata maritata al conte Bellentani, di nobiltà recente (era un industriale di insaccati) ma di dovizioso patrimonio e indiscussa onorabilità. La circostanza che avesse il doppio degli anni della sposa era stata ritenuta trascurabile.

La ragazza era cresciuta con una buona educazione, ma aveva un carattere romantico e sognante, tendente alla solitudine e all'introspezione malinconica: pare si nutrisse dei romanzi di Liala e che talvolta pensasse, rabbrividendo di gioia, al suicidio. Non erano sintomi propriamente benauguranti, ma nemmeno tanto straordinari. Il professor Saporito, psichiatra nel suo processo, impiegherà 650 pagine per definirla completamente inferma di mente. Ma fino a quel momento nessuno se n'era accorto.

Carlo Sacchi, la vittima, aveva in comune con la contessa solo il conto in banca e le frequentazioni altolocate. Per il resto era un donnaiolo impenitente, con pretese letterarie di stile incerto, prossimo a un ermetismo coprofilo. Per lui le donne erano carne se non da macello certo da rapido consumo. Tradiva equamente la moglie e le amanti e, quel che è peggio, non ne faceva mistero.

L'incontro tra un rozzo Don Giovanni e una Gretchen estatica era appiccicare il detonatore alla dinamite. Ed infatti la bomba scoppiò a villa D'Este, la sera del 18 settembre 1948, durante un'elegante sfilata di moda.

Pia Bellentani era ormai l'amante di Sacchi da quasi otto anni. Dopo i primi usuali fuochi d'artifizio, le polveri dell'uomo si erano bagnate, e da tempo le aveva sostituite con esplosivi più potenti: attricette, nobildonne, amiche di famiglia. Il gentiluomo commentava queste storie con poesiole bislacche e volgari, che riempirono di "omissis" gli atti giudiziari, finché furono lette integralmente, durante il processo, a riprova della sua provocatoria turpitudine.

A parte questa aspirazione strampalata, Sacchi era un cinico detestabile e maleducato, che si divertiva a umiliare le sue pregresse conquiste anche davanti ai mariti. Con la contessa usava spesso il termine "terrona", condito di attributi più disgustosi. La sera del delitto si esibì con questa perfidia plebea davanti alla propria moglie, all'amante in carica, a Pia e al conte Bellentani: l'unico, evidentemente, a sorridere con sovrana indulgenza a tanta ciarlataneria.

La contessa, ad un certo punto, si alzò da tavola, andò a recuperare la pistola che il marito aveva depositato in guardaroba, la nascose sotto la stola di ermellino, si accostò al Sacchi e sparò un colpo che andò dritto al cuore. Poi si portò - pare - la canna alla tempia, ma l'arma si inceppò. Fu subito arrestata e condotta in guardina in abito da sera. E qui cominciò il processo che avrebbe appassionato per alcuni anni gli italiani e soprattutto le italiane.

L'omicidio, in sé, aveva poco di misterioso. Era stato commesso sotto gli occhi di tutti, e la sua dinamica era di facile ricostruzione: quella l'arma, quello il proiettile, quello il morto. Ma nel processo penale l'elemento "oggettivo" è solo un aspetto del puzzle. Bisogna decidere se l'atto è stato commesso intenzionalmente, e se l'evento era davvero voluto. Inoltre, e qui gli avvocati si scatenarono, occorreva stabilire se l'imputata fosse sana di mente, oppure del tutto incapace, oppure metà e metà. Già, perché il nostro codice penale prevede che una persona possa essere mezza matta e mezza no: in tal caso, se riconosciuta responsabile, sconta parte della pena in galera e parte in manicomio.

La consulenza psichiatrica fu affidata al professor Saporito, che godeva fama indiscussa di esperienza clinica e dottrina accademica. Dopo diciotto mesi il luminare depositò, come abbiamo detto, un elaborato di 650 pagine, dove aveva concentrato l'intera tavolozza della sua vasta erudizione.

Dino Buzzati, divertito più che scandalizzato, strapazzò questo poema dove figuravano vocaboli come ipomania, automorfofobia, labe, poichilocitosi, cinofilia, ecc., fino all'"indice ponderale" che il grande scrittore tradusse con il più accessibile sinonimo di "peso". Alla fine, Saporito concluse che la donna era totalmente insana. La Corte d'Assise, più prudente, affidò una perizia a un medico diverso, che concluse in modo difforme: Pia Caroselli era incapace, ma solo a metà.

La parola passò quindi agli avvocati, quasi tutti cattedratici universitari. Fu una disquisizione di alto contenuto giuridico, ma il pubblico voleva sentir parlare di gelosia, sesso e adulterio, più che di dolo eventuale, premeditazione o colpa con previsione. In parte fu accontentato.

L'ultimo difensore, essendo stati brillantemente esauriti dai precedenti colleghi tutti gli aspetti tecnici e processuali, partì con il vento in poppa della retorica sentimentale. Spaziò da Gozzano ad Amerigo Vespucci, coinvolgendo Mirabeau, Beaumarchais, Carducci, Moliere, Shakespeare, Tolstoj, Sofocle, Euripide, Jack London, Pascoli, Diderot, Scarron e naturalmente Flaubert. Sazio di tanta erudizione ritornò a Sacchi citando scampoli delle sue famigerate poesie: "Tu paghi le donne belle e brutte con differente moneta / e la porca la paghi bucandoci il culo".

Rincuorato dal silenzio composto dei giudici, l'indomito difensore concluse con una poesia del defunto dedicata alla maternità "Tutta la figliolanza / che vien fuori da una panza / come fossero stronzi".

La Corte, esausta, decise secondo consuetudine, cioè in modo equilibrato. Pia fu riconosciuta seminferma di mente, e condannata a dieci anni di reclusione e tre di manicomio criminale. In appello gli anni furono ridotti a sette. La contessa li scontò con dignità e rassegnazione religiosa. Poco prima della scadenza, fu graziata dal Presidente della Repubblica. Morì nel 1980, devolvendo ai familiari di Sacchi i diritti d'autore delle sue memorie.

Il processo Montesi, primo esempio di connubio perverso tra stampa, toghe e politica

Il cadavere di Wilma Montesi, 21 anni, romana, fu trovato sulla spiaggia di Torvaianica la mattina dell'11 aprile 1953. La vittima indossava una sottoveste, e non recava alcun segno di violenza, né sessuale né fisica. L'autopsia accertò la morte per annegamento; gli esami successivi esclusero la presenza di malattie o di sostanze tossiche. Era una morte singolare, ma non straordinaria. In quegli anni molte ragazze entravano in acqua semivestite: un malore, o un'onda anomala, potevano esser stati fatali. La polizia archiviò.

Due mesi più tardi cominciarono strane insinuazioni: Wilma avrebbe frequentato uomini politici, e la sua morte sarebbe avvenuta in circostanze ambigue. Un giornale satirico pubblicò una vignetta con un colombo che teneva nel becco una giarrettiera. L'allusione era chiarissima: il bersaglio era Attilio Piccioni, vicepresidente del Consiglio e Ministro degli Esteri del governo De Gasperi, di cui era l'erede designato.

La DC era all'apice del suo successo, anche se indebolita dalla mancata approvazione di una riforma elettorale - la cosiddetta legge truffa - sostenuta dal suo leader. L'attacco a Piccioni poteva quindi avere due mandanti: uno esterno, il PCI, uscito malconcio dalle urne del dopoguerra, e uno interno, mirante a comprometterne la successione. Si aprì così il secondo atto di quello che sarebbe stato il caso giudiziario più scandaloso del secolo. Esso catturò l'attenzione del Paese non per l'intreccio diabolico di un delitto perfetto, come sarebbe stato più tardi il caso Fenaroli, ma per la miscela esplosiva dei più torbidi componenti del moralismo giudiziario, sapientemente dosati in un'inchiesta sciagurata.

I fatti si succedettero per un anno intero tra vari colpi di scena: un giornalista spregiudicato, Silvano Muto, trovò una testimone, Adriana Bisaccia, secondo la quale Wilma era morta per overdose durante un'orgia tenuta a Capocotta nell'abitazione del marchese Ugo Montagna, un faccendiere libertino amico di Piero Piccioni, figlio del ministro. Muto fu querelato, ritrattò e poi ritrattò la ritrattazione. Ma nel frattempo il bersaglio era stato individuato.

Poi emerse un'altra super testimone, Anna Maria Moneta Caglio, aspirante attrice ed ex amante del marchese. Qui la storia diventò grottesca. La Caglio indirizzò un memoriale al Papa e lo affidò a uno zio prete, che lo fece arrivare al ministro degli Interni, Fanfani, con l'intercessione di un gesuita. Il documento confermava la versione di Muto e della Bisaccia, con l'aggiunta che Piccioni, responsabile della morte di Wilma, ne aveva portato il cadavere al mare per simulare una disgrazia.

Chiunque avrebbe capito che si trattava di mitomanie calunniose: tra l'altro Piccioni aveva un alibi di ferro. Ma ormai la politica si era impadronita del caso, e la stampa ci marciava, un po' per assecondare i padrini ideologici e un po' per aumentare la tiratura.

Fanfani affidò l'inchiesta a un colonnello dei Carabinieri che stilò un rapporto a dir poco "adattato". Emersero nuovi confidenti e testimoni, quasi tutti tristi figuri del sottobosco romano. Infine l'indagine fu riaperta, e affidata al giudice

Raffaele Sepe, che si gettò in questa melma con un fanatismo moralizzatore e auto promozionale.

L'istruttoria fu una vergogna della giustizia italiana: furono sentiti, e quel che è peggio si dette loro credito, avanzi di galera, di manicomio e di bordello. Fu trascurata qualsiasi ipotesi alternativa a quella, politicamente conveniente, prospettata da Muto e dalla Caglio; si allegarono agli atti persino lettere anonime. E alla fine Piccioni e Montagna furono arrestati. Il partito comunista si scatenò. L'on. Ingrao denunciò una "questione morale", coniando la formula che avrebbe ipnotizzato le anime belle nei decenni a seguire. Nenni, nella sua agitazione apocalittica, profetizzò contro la borghesia corrotta e moribonda; intanto Togliatti e l'Unità flagellavano quotidianamente i vizi privati e le pubbliche virtù del capitalismo clericale.

Il destino si vendicò di questa edificante prosopopea. Muto, nuovamente querelato per calunnia e diffamazione, era difeso dal prof. Giuseppe Sotgiu, principe del foro, presidente dell'amministrazione provinciale di Roma e alto esponete del Pci. L'illustre avvocato aveva un vizietto voyeuristico: frequentava un lupanare dove portava la moglie, assistendo compiaciuto alle sue prestazioni con minorenni. Una condotta (allora) penalmente irrilevante, ma poco edificante per un partito con attitudini eticamente pedagogiche. Il Pci affrontò l'imbarazzo con la consueta faccia tosta, ma il colpo fu duro, e qualcuno cominciò a dubitare che il caso Montesi fosse tutta una montatura, o una bega partitica: nel frattempo Piccioni senior si era dimesso, e si profilava l'avvento di Amintore Fanfani. Ormai l'obiettivo era stato raggiunto.

Piero Piccioni e Ugo Montagna furono rinviati a giudizio con una ordinanza di 500 pagine, un monumento all'ignoranza, o alla malafede, o a entrambe. Il processo si tenne a Venezia, perché l'ambiente romano non assicurava la necessaria serenità. Il Pubblico Ministero, Palminteri, demolì e ridicolizzò le testimonianze e le pseudo prove raccolte a Roma, e censurò severamente gli errori e anche le falsità di quella stampa che si era prestata una simile infamia. Chiese l'assoluzione piena dei due imputati, e il 28 maggio 1957 il Tribunale accolse la richiesta. Augusto Guerriero, forse il più autorevole commentatore di allora, fece un pubblico elogio della professionalità del Pm e del Presidente Tiberi, che avevano salvato l'onore della magistratura.

Un onore compromesso dal giudice Sepe sul quale Guerriero scrisse: "Errori come questo i magistrati non ne devono fare. E se ne fanno, devono pagare. La magistratura è gelosissima della sua indipendenza, ma a condizione che se ne mostri degna. E se ne mostrerà degna solo se saprà fare giustizia su sé stessa e sui suoi membri, senza riguardi umani e di casta". Parole, come si vede, di allarmante attualità.

Il processo Montesi costituì il primo esempio, nella storia giudiziaria italiana, di connubio perverso tra stampa, toghe e politica, che vi videro ciò che vi volevano vedere, secondo i propri pregiudizi e le proprie convenienze: il sesso e la droga, associate alla figura del figlio di un potente ministro, avevano acceso la fantasia morbosa del pubblico e le speranze interessate del politico. E alcuni servitori dello Stato si prestarono, con spregiudicatezza maligna, a costruire un edificio di fango, sul quale eressero la bizzarra figura del magistrato etico, che dopo trentacinque anni sarebbe riapparsa, in vesti più presentabili ma con effetti altrettanto funesti, nella babele di tangentopoli.

Il delitto di Maria Martirano

Maria Martirano fu strangolata la sera del 10 settembre 1958 nel suo appartamento di via Monaci, una zona residenziale di Roma nei pressi di piazza Bologna. Il suo corpo fu trovato la mattina seguente: la casa era sottosopra e i gioielli erano spariti. Tutto lasciava pensare a una rapina, ma la polizia non si convinse, e cominciò a sospettare del marito, l'ingegner Fenaroli. Un costruttore chiacchierato e traffichino, che aveva assicurato la vita della moglie per centocinquanta milioni, falsificandone la firma sulla clausola che prevedeva la morte violenta. Si aprì così il caso giudiziario più clamoroso del secolo scorso, dopo il processo Montesi.

La vittima aveva un passato ambiguo, e i rapporti con il marito erano da tempo deteriorati. Fenaroli era al limite del fallimento, e quella somma, allora colossale, lo avrebbe salvato. Ma aveva un alibi di ferro: la sera del delitto era a Milano, in azienda. Per di più sembrava affranto dalla morte di Maria, e al funerale svenne due volte. La commedia tuttavia non funzionò. Gli investigatori torchiarono il suo più stretto collaboratore, l'ingegner Sacchi, che sembrò reticente e ambiguo. Arrestato per falsa testimonianza, svelò l'intrigo: Fenaroli aveva spedito da Milano "un certo Raoul" preannunciandone la visita alla moglie, con il pretesto di consegnarle documenti importanti. La donna, benché sospettosa, e già vittima pochi giorni prima di un tentativo di effrazione, lo aveva accolto in casa: e lui l'aveva strangolata. Il sicario, compensato con un milione, fu identificato, in Raoul Ghiani, un robusto operaio ventisettenne, apparentemente mite e comunque incensurato.

Ghiani fu arrestato, e contro di lui le prove cominciarono a fioccare come d'incanto: fu riconosciuto da una donna come il visitatore ricevuto quella sera dalla vittima, e da un passeggero del treno con il quale era subito ritornato a Milano. Furono acquisiti i biglietti del vagone letto sul quale aveva viaggiato, a suo nome, la sera del primo tentativo, quello andato a vuoto. Furono infine trovati i gioielli della vittima, nascosti nel suo luogo di lavoro. Lui e Fenaroli negarono di conoscersi, ma furono smentiti da vari testimoni e dalla loro corrispondenza in carcere.

Il suo alibi non resse: la polizia dimostrò che, uscito di fabbrica alle 6,30, poteva arrivare alla Malpensa in tempo per prendere il volo per Roma. L'Alitalia confermò che quella sera un signor Rossi fu imbarcato all'ultimo minuto. Rossi, aveva detto l'ingegner Sacchi, era Raoul Ghiani.

Di fronte a una tale valanga di indizi e di prove, chiunque avrebbe pensato a un processo facile dall'esito scontato. Invece il Paese si divise, come mezzo secolo prima aveva fatto la Francia con l'affaire Dreyfus. Ma qui la politica non c'entrava, e forse proprio questo rendeva il caso più avvincente. Il pubblico aveva appena assistito, indispettito e deluso, all'epilogo di un processo costruito sulla morte della giovane Wilma Montesi, trovata morta qualche anno prima sulla spiaggia di Torvaianica. Si era parlato di droga, di sesso e di orge, e per un po' la morbosità collettiva aveva catturato mezza Italia.

Poi si scoprì che si era trattato di una vergognosa montatura per eliminare, per via giudiziaria, un autorevole esponente democristiano. La storia si sarebbe ripetuta, e purtroppo continua.

Il caso Fenaroli, invece, aveva tutti gli ingredienti di un giallo autentico, resi più appetibili da uno intrigante profumo di modernità: il vagone letto, l'aereo, il rapido della notte, persino l'esperimento della Giulietta della Polizia, lanciata a cento all'ora, per coprire il tragitto Milano-Malpensa in quarantacinque minuti. L'Italia rurale e semianalfabeta, che stava faticosamente uscendo dalla miseria, assistette ipnotizzata alla ricostruzione di un omicidio che imitava i più suggestivi gialli americani.

Il dibattimento davanti alla Corte di Assise di Roma ebbe un seguito mediatico da far impallidire - tenuto conto dei mezzi di allora - persino i processi di Tangentopoli, di Cogne e del mostro di Firenze. I giornali della sera riportavano, con un miracolo di tecnologia, la sintesi, e persino i resoconti stenografici dell'udienza del mattino.

I difensori, sui quali signoreggiava il Professor Carnelutti, "Maestro dei Maestri", fecero l'impossibile per screditare i testimoni, minimizzare gli indizi, e persino prospettare soluzioni alternative. Requisitoria e arringhe finirono sulle riviste di diritto, e gli addetti ai lavori si accorsero che stava finendo l'era degli avvocati agitati e un po' tromboni. La dialettica sostituì la retorica, e la cultura giuridica cominciò un faticoso percorso di modernizzazione. Il Presidente La Bua controllò in modo magistrale questo straordinario parterre di toghe, di inviati speciali e di pubblico incantato. Il giorno della sentenza, migliaia di romani bivaccarono davanti al Palazzaccio, e la radio tenne un costante collegamento, quale non si era visto neanche per l'agonia di Pio XII, pochi anni prima.

All'alba dell'undici giugno 1961 tutta l'Italia era sintonizzata sul programma nazionale, e sentì la parola "ergastolo".

Stranamente, le polemiche finirono: anche i più accaniti innocentisti accettarono disciplinatamente il verdetto. Quando, due anni dopo, la condanna fu confermata in appello, per diventare poi definitiva in Cassazione, l'Italia stava già pensando ad altro.

Fenaroli morì in carcere nel '75; Ghiani fu graziato nel 1984. Tutti si erano proclamati innocenti, ma senza troppa convinzione. Riletti a distanza, gli atti dimostravano davvero la loro colpevolezza al di là di ogni ragionevole dubbio.

Il processo Fenaroli fu una fine e un inizio. Esso costituì uno degli ultimi esempi di una cronaca giudiziaria attenta, professionale, tecnicamente preparata. Avendo il quasi monopolio dell'informazione, i giornali investivano molto in questo settore che faceva aumentare le copie in modo esponenziale. Ma questo successo decretò anche il lento declino dell'inviato speciale, esperto del settore, capace di un commento critico e indipendente. Con tangentopoli la stampa ci riprovò, ma senza grande successo. A parte qualche voce fuori dal coro, si assistette a un progressivo appiattimento del cronista sulle tesi dei dispensatori di veline, dai quali dipendeva la diffusione della notizia, spesso sapientemente confezionata. Per arrivare ai tempi attuali, dove la gran parte dei cosiddetti scoop è costituito dalla diffusione di intercettazioni, anch'esse adeguatamente tagliate e maliziosamente pilotate. Ma questa è un'altra storia.

Giovanni Battista Giuffrè, “il banchiere di Dio”

La dura lezione impartita da alcune banche italiane agli sfortunati risparmiatori è sembrata, a molti, un fulmine a ciel sereno. In realtà l’attitudine di certi finanzieri spregiudicati a incamerare, o a dissipare, i depositi altrui, è tanto antica quanto diffusa. Gli americani hanno avuto Maddoff, condannato a centocinquant’anni di galera, e spentosi in carcere pochi mesi fa. Noi abbiamo avuto Giuffrè, morto povero dopo una vita ricca di inganni e di truffe. Non pagò i conti della giustizia umana. Chissà se li ha regolati con quella divina, visti i suoi agganci privilegiati: quelli che lo fecero definire “il banchiere di Dio”.

Giovanni Battista Giuffrè era un intraprendente ragazzo romagnolo che entrò giovanissimo, tra le due guerre, al Credito di Imola, con il ruolo, apparentemente scialbo, di cassiere. In realtà si attivò in vari settori dell’Istituto, eccedendo le sue competenze, tanto da suscitar sospetti tra i suoi occhiuti superiori. Finché, nel 1949, lasciò il posto per occuparsi, come “consulente” dell’amministrazione, dei beni di vari istituti religiosi.

Era un uomo paffutello e baffuto, di scarsa cultura e di rustica furbizia. Aveva una vaga somiglianza con l’onorevole

Fanfani, che sarebbe diventato il suo peggior nemico. Assiduo praticante, mescolava sapientemente la docilità devozionale con l'ambigua disinvoltura di un consumato usuraio. Sotto il saio di San Francesco teneva la borsa di Shylock.

Dalla sua modesta esperienza bancaria aveva evidentemente appreso due cose: che non esisteva un efficace sistema di vigilanza, e che quella poca che c'era poteva esser ammorbidita da convenienti amicizie politiche. Con questo viatico non propriamente evangelico mise in piedi un sistema collaudato da secoli, e purtroppo ancora attuale: quello che la Finanza chiama "schema Ponzi" o "marketing piramidale", e che tutti conoscono come la più nota Catena di Sant'Antonio.

Il sistema Ponzi è chiamato così perché negli anni Venti Charles Ponzi, un romagnolo (anche lui) emigrato a New York, truffò milioni di americani remunerando i prestiti con i capitali di altri finanziatori. In pratica funziona così: si promettono tassi altissimi, e così si acquisiscono clienti nuovi, che versano somme con le quali il "banchiere" paga gli interessi ai clienti vecchi. Naturalmente la catena ad un certo punto si rompe, lasciando con il cerino in mano i malcapitati che ne hanno costituito l'ultimo anello: quelli cioè che chiedendo la restituzione del capitale si sentono rispondere che questo è svanito.

Giuffrè si rivolse al vasto mondo delle congregazioni e degli enti cattolici: attinse soldi da alcuni, e li distribuì (in parte) ad altri, guadagnandosene, temporaneamente, la riconoscenza e la fiducia. Gli opuscoli diocesani della zona ne magnificavano le virtù quasi teologali: l'incrollabile fede, la beata speranza e, soprattutto, la straordinaria carità. Fu definito "apostolo di Cristo" e "saggio amministratore" di "magnifica munificenza". Un bollettino proclamò che "se anche gli uomini tacessero, di lui parlerebbero le pietre".

In effetti l'Istituto dell'Addolorata di Cesena gli dedicò una lapide di marmo "a perenne gratitudine delle ancelle del Sacro Cuore".

Se l'Addolorata di Cesena si manifestò entusiasta, ben più laceranti dolori furono invece inflitti ad altri Istituti cattolici, che avevano affidato la gestione delle loro risorse a questo mite baciapile con la faccia da curato campagnolo.

La Commissione Parlamentare di Inchiesta, istituita nel 1958, fece un po' di conti: erano stati coinvolti 302 enti religiosi e 181 laici, per un giro d'affari di vari miliardi. Miliardi dell'epoca, pari a varie centinaia di milioni di euro odierni. Il nostro Ponzi di periferia aveva imparzialmente truffato membri del clero secolare e regolare: i più colpiti furono i cappuccini che gli avevano consegnato cifre colossali. La carità del "munifico amministratore" si era rivelata una gigantesca partita di giro, a beneficio di alcune tonache e a danno di molte altre.

Naturalmente molti sospettarono lo zampino politico. Si disse che dietro i denuncianti stava lo zampino di Fanfani, e che dietro Giuffrè manovrava il solito sulfureo Andreotti. Fu anche istituita una Commissione Vaticana, che naturalmente non approdò a nulla. Quanto a quella Parlamentare, come tutte le precedenti e le successive, scrisse molto e concluse poco. Alla fine ammise, costernata, che non c'era nulla da fare, e che Giuffrè non poteva nemmeno esser processato. La legge infatti puniva l'abusiva raccolta del risparmio unita alla gestione del credito. E "il banchiere di Dio" - secondo la Commissione - aveva esercitato la prima ma non la seconda. Quanto ai denari, erano tutti spariti.

Giuffrè alla fine non godette pienamente i frutti della sua monumentale bancarotta. Morì abbandonato in un ospizio, quasi in miseria, alcuni anni dopo. Ma lo Stato si attivò. Ammonito dai salutari precetti della Commissione, che aveva appunto lamentato la grave carenza normativa, sfornò leggi, regolamenti, circolari, testi unici, codicilli, conversioni, interpretazioni e integrazioni per impedire la raccolta abusiva del risparmio e potenziare la vigilanza su banche e società che ne gestivano l'erogazione. Se questo gigantesco arsenale di parole abbia funzionato, lasciamo il giudizio al lettore. Ma alla luce dei recenti avvenimenti pare proprio di no.

Il caso del bitter avvelenato

Il 24 agosto 1962 Tranquillo (Tino) Allevi, grossista di formaggi di Arma di Taggia, ricevette per posta uno strano involucro. Conteneva una bottiglietta di bitter, con un'ancor più singolare lettera di accompagnamento di una nota ditta di Milano più o meno di questo tenore: "La preghiamo di assaggiarlo; se è buono lo mettiamo in commercio, e Lei sarà il nostro rappresentante di zona".

Lo sprovveduto commerciante non sospettò nulla di losco; non lo sorprese nemmeno la confezione grossolana, priva di marchi ed etichette, con la bottiglietta chiusa a tappo in modo sommario. Tracannò il liquore assieme a due amici, che quasi lo sputarono per quanto era amaro. I due finirono all'ospedale, e se la cavarono per miracolo. Tranquillo morì quasi subito tra dolori atrocissimi. Il bitter conteneva tanta stricnina, dissero poi i periti, da fulminare due tori.

I sospetti si indirizzarono subito sul dottor Renzo Ferrari, veterinario della vicina Barengo, che da tempo aveva intrecciato una relazione con Renata Lualdi, moglie dell'Allevi. Il quale sapeva benissimo della tresca adulterina, anche perché una volta, avendo sorpreso entrambi in aperta flagranza, aveva sottratto gli indumenti del dottore che era tornato a casa seminudo. Per di più, i due non facevano nulla per nascondere il loro incontenibile trasporto, che consumavano nei luoghi più disparati: in auto, sul greto del fiume, nel fienile, in casa e altrove. Tuttavia, benché *cocu magnifique*, il marito era pur sempre un ostacolo.

E i carabinieri trovarono presto, a carico del veterinario, indizi e prove schiaccianti: la lettera scritta con la macchina dell'ufficio; l'acquisto di stricnina in dosi massicce col pretesto di curare bovini; la presenza a Milano nell'ora in cui il pacco era stato spedito, e via così. Ferrari negò tutto, anche la relazione sentimentale. Poi dovette ammetterla, ma la spacciò per una zingarata da scapolo, inadeguata a sollecitare passioni omicide. Forse fu questo atteggiamento indifferente e spavaldo, più ancora del crimine, a irritare la vedova, che diventò la sua più implacabile accusatrice.

Al processo, la donna fu ascoltata a porte chiuse. Ma ancor prima che i verbali fossero resi accessibili erano filtrate le notizie più piccanti: Renata aveva avuto relazioni plurime prima e dopo il matrimonio, prima e dopo il Ferrari. Anzi, il fatto che si fosse trovata un nuovo amichetto aveva aumentato la furia del geloso veterinario.

Questo, per la verità, avrebbe potuto costituire un elemento a suo favore, salva l'eventualità, che qualcuno adombrò, che l'ostinato veterinario intendesse avvelenare anche il nuovo rivale. Ma la Corte procedette imperterrita.

Una giudice popolare, ascoltando queste prodezze amorose, uscì sconvolta dall'udienza, e fece alcuni commenti che avrebbero potuto invalidare il processo. La Lualdi ne uscì ammaccata sotto il profilo morale, ma indenne come testimone credibile. La sentenza definitiva l'avrebbe definita "moglie esuberante, donna molto irrequieta nell'appagamento degli istinti sessuali e costituzionalmente proclive alle avventure passionali".

Tuttavia i giudici diedero atto che "aveva tenuto un atteggiamento lineare e coerente, non tralasciando, per ossequio alla verità, di mettere in luce persino gli aspetti più degenerativi di tanti intimi particolari che venivano a mortificare ancor più la sua già compromessa posizione morale". Un linguaggio che oggi farebbe rabbrividire, o forse sorridere.

Poi emersero altre prove. La più significativa fu la scoperta che l'etichetta appiccicata al pacco del bitter era stata ritagliata da una rivista medica che Ferrari riceveva regolarmente. L'imputato smentì, ma fu travolto dalle sue stesse contraddizioni. Il Presidente fu sul punto di perdere la pazienza, ma il roccioso veterinario mantenne una calma olimpica, ai limiti della sfrontatezza. Più volte si dichiarò tranquillo, giocando, con pessimo gusto, sul nome del marito avvelenato.

Dopo le consuete udienze dove sfilarono soprattutto periti tossicologi, la Corte condannò il Ferrari a trent'anni di reclusione. Gli concesse alcune attenuanti compresa quella di un deficit mentale dovuto alla sua insana e ossessiva passione per la Lualdi, e quella di essersi sempre dichiarato innocente.

La Pubblica accusa fumò di irritazione per un verdetto così sconcertante. Ferrari aveva architettato un delitto in modo goffo, ma non per questo era mezzo scemo. Quanto all'ostinazione del negare anche l'evidenza, questo era semmai un elemento aggravante. La Corte d'Assise d'Appello rinnovò in parte il dibattimento, e alla fine concordò con la Procura Generale. Ritenne l'imputato colpevole di omicidio premeditato, non gli concesse alcuno sconto e lo condannò all'ergastolo. La sentenza fu confermata in Cassazione, e divenne definitiva.

Visto retrospettivamente, forse il caso non meritava l'attenzione che suscitò. Il piano sarà anche stato diabolico, ma era stato male progettato e peggio eseguito. E anche se i potenziali colpevoli potevano essere molti (la moglie, il suo nuovo amante, i creditori) l'imputato aveva disseminato il percorso omicida di una serie impressionante di tracce univoche. L'idea di ritagliare l'etichetta della ditta da una rivista cui era abbonato non deponeva a favore di una brillante intelligenza criminale. Tuttavia questa approssimazione dilettantesca fu compensata dall'abbondanza degli ingredienti che eccitano la morbosità popolare: una girandola di tradimenti e di situazioni boccaccesche, con un epilogo da basso impero orientale: l'avvelenamento e la morte tra gli spasimi. Il tutto in un'apparente atmosfera di normalità, nella tranquilla campagna ligure, tra protagonisti di estrazione non propriamente regale.

Il pubblico, che affollava l'aula della Corte, subì il fascino dell'orrore in casa propria. Quel misto di attrazione e di brivido che un letterato definì la *volupté de la peur sans le danger*. La voluttà della paura senza il pericolo.

Nel 1986 Ferrari fu graziato. Morì due anni dopo, sempre proclamandosi innocente. Ad Arma di Taggia, nel locale dove la vittima assaggiò il bitter, oggi c'è un noto ristorante.

Il caso Bebawi

La funzione della giustizia penale, dicevano i romani, è duplice: impunitum non relinqui facinus, innocentem non condemnari. Cioè, non lasciare impunito il delitto, e non condannare l'innocente. È una bella frase, ma contiene una verità scomoda e dolorosa: che l'impresa enunciata è assai difficile quando devi giudicare un imputato, e lo è ancora di più quando devi giudicarne due o tre.

Facciamo un esempio. In una stanza chiusa sono a tavola tredici persone. Improvvisamente la luce si spegne, e quando si riaccende troviamo un ospite pugnalato. Abbiamo così una vittima, un sicuro assassino, e undici probabili innocenti. Dico probabili perché, come nel noto romanzo di Agatha Christie, potrebbero anche essere stati tutti d'accordo. Ebbene, se noi volessimo privilegiare la prima parte del citato motto latino, potremmo incatenarli tutti e dodici: così saremmo sicuri che il delitto non resterebbe impunito. Se invece vogliamo evitare la condanna anche di un solo innocente, li assolviamo in blocco, e stiamo tranquilli.

L'abilità dell'investigatore, consiste, naturalmente, nel trovare il vero e solo responsabile. Ma se questo non è possibile, la scelta del legislatore, in tutti i paesi civili, è obbligata.

Meglio un colpevole fuori che un innocente dentro.

Questo principio ha ispirato non solo centinaia di eruditi trattati, ma anche libri e film. E in Italia ha avuto un'applicazione famosa e per certi aspetti sorprendente. Quella del caso Bebawi.

Tutto iniziò il 18 gennaio 1964 con la scoperta del cadavere di Farouk Courbagi, un ventisettenne egiziano, donnaiolo ricco e gaudente. Il corpo giaceva in un appartamento di Roma, vicino a via Veneto, ed era crivellato di colpi di pistola. Il volto era stato sfigurato dal vetriolo e la morte risaliva a un paio di giorni prima. Le indagini sembrarono facili. Si scoprì che il dongiovanni aveva avuto una relazione con Claire Ghobrial, fascinosa moglie di Youssef Bebawi, anche lui ricco egiziano. La coppia era arrivata a Roma dalla Svizzera, dove viveva, e si era fermata qualche ora in una pensione poco lontana dal luogo dell'omicidio.

Poi i due erano partiti per la Grecia. La polizia italiana telegrafò ad Atene. I due furono individuati, interrogati e, davanti a quella che sembrava una prova evidente, rispediti in Italia senza indugio. E qui cominciò la loro sorprendente avventura giudiziaria.

In teoria, la coppia diabolica non rischiava nemmeno tanto. A quell'epoca il nostro codice prevedeva il delitto d'onore, e comminava pene irrisorie al marito che avesse ucciso l'amante della moglie. Se Youssef avesse confessato di aver agito "nello stato d'ira derivante dall'illegittima relazione carnale", se la sarebbe cavata con poco. E questa fu, pare, la strategia che i difensori gli consigliarono davanti all'evidenza della prova. Ma i due scelsero un'altra strada, che al momento sconcertò (o sembrò sconcertare) anche principi del foro come Giovanni Leone e Giuliano Vassalli, destinati ad assumere in seguito le più alte cariche politiche, e che all'epoca patrocinarono i due davanti alla Corte d'Assise.

Claire disse che ad uccidere Farouk era stato il marito, geloso e inferocito per il tradimento. Youssef replicò che era stata la moglie, abbandonata dal volubile amante. La difesa di lei sostenne che i colpi erano stati sparati da una mano ferma, e che Bebawi era un buon tiratore. Quella di lui rispose che lo sfregio col vetriolo era un atto squisitamente femminile. E così via, per centoquaranta udienze, due anni in tutto.

I due imputati non parlavano l'italiano. Anni dopo si scoprì che Claire lo parlava benissimo, e finse il contrario per complicare le cose. In effetti le cose si complicarono fino al grottesco. Youssef si esprimeva in francese, ma quando riferiva i discorsi della moglie li riportava in inglese. Gli interpreti si confusero spesso, e dovettero essere corretti dai difensori e persino dai giudici. Sfilarono 120 testimoni, con il solito contorno di vallette televisive e personaggi improbabili. Claire sibilò contumelie contro l'amante del marito coimputato - che forse non aveva invocato il delitto d'onore proprio perché di onore ne aveva ben poco - e svenne con grazia.

Oriana Fallaci, sull'Europeo, strapazzò secondo il suo stile questa babele indecorosa. I cronisti giudiziari più esperti, d'altro canto, stigmatizzarono le deficienze delle indagini e dell'istruttoria. Forse perché la soluzione, al momento, era sembrata evidente, non erano state raccolte subito, con la necessaria accuratezza, le prove più elementari. Un errore che si sarebbe ripetuto, quaranta anni dopo, nel caso di Cogne. Alla fine il professor Sotgiu (che aveva sostituito Leone) e Vassalli conversero su un punto: il colpevole era certamente uno dei due imputati: ma quale? Impossibile determinarlo al di là di ogni ragionevole dubbio.

La Corte d'Assise, presieduta dallo stesso dottor La Bua che qualche tempo prima aveva inflitto due ergastoli nel caso Fenaroli, stavolta esitò: e nel dubbio assolse entrambi per insufficienza di prove. Il pubblico applaudì, Sotgiu si esibì sui rotocalchi, esultante accanto all'elegantissima cliente che comunque, per prudenza, se la filò poco dopo, come aveva fatto il marito.

Il mondo dell'avvocatura (con qualche voce incredula e dissidente) manifestò soddisfazione per la riaffermazione del principio latino che abbiamo citato all'inizio. Un principio che però fu rovesciato due anni dopo, quando in appello i due furono condannati a ventidue anni di reclusione per concorso in omicidio. La Cassazione confermò, e la sentenza divenne definitiva. Ma né Youssef né Claire furono estradati per scontare la pena: divorziarono, e di loro non si ebbe più notizia.

Il pruriginoso caso del marchese Casati

La sera del 30 agosto 1970 il marchese Camillo Casati Stampa di Soncino, ricco rampollo di una illustre famiglia, ritornò nella sua elegante abitazione di via Puccini a Roma, e congedò la servitù; poi entrò nella stanza dove la moglie Anna stava in compagnia di Massimo Minorenti, un giovane di aspetto gradevole e di attitudini incerte, e sparò ad entrambi con il suo fucile Browing calibro12. Quindi, imitando Hemingway, si sparò in bocca. Gli investigatori trovarono materia cerebrale fin sui preziosi dipinti del '600.

Camillo Casati - Camillino per gli intimi - aveva sposato dieci anni prima Anna Fallarino, una procace e vistosa trentenne, già maritata con un ingegnere, che a sua volta l'aveva tratta da una famiglia assai modesta. I pettegoli dicevano che Camillino avesse speso più di un miliardo per ottenere dalla Sacra Rota l'annullamento del matrimonio. Circostanza forse non vera, ma purtroppo verosimile.

Il quarantenne marchese era un raffinato nullafacente. Apparteneva a quella schiera di eccentrici annoiati che Joris Huysmans aveva effigiato quasi un secolo prima in Jean Floressas Des Esseintes, protagonista del suo noto romanzo *À rebours*. Ma mentre la noia dell'aristocratico parigino derivava da uno sfinimento culturale che ne aveva esaurito le raffinatezze estetiche, quella di Camillino era una più modesta sbornia di vizi, che il nobiluomo cercava di vincere con la caccia, le feste, e soprattutto le sfrenatezze sessuali. L'amore per Anna era certo sincero e profondo, come i fatti avrebbero dimostrato. Ma era un sentimento singolare: il marchese si divertiva a raccattare giovanotti nei luoghi più improbabili per assistere alle loro esibizioni con la moglie consenziente. Ne teneva un conto maniacale, annotandone i particolari in un'agenda di raso, e documentandone la dinamica con minuzia ossessiva: gli investigatori trovarono, nella sua *bibliotheque aux enfers*, più di mille fotografie della moglie nelle pose più disparate.

C'era, per così dire, del metodo nella sua perversione. Una perversione peraltro innocua, che si riteneva monopolio esclusivo della nobiltà degenerata. In realtà era un vizio equamente diffuso tra tutte le classi sociali, come sapevano gli addetti ai lavori e come sarebbe emerso alcuni decenni dopo, con la massificazione dell'erotismo, nel proliferare di periferici club di scambisti. Ma allora era comodo credere che le cosiddette classi popolari fossero immuni da simili porcherie.

Il catalogo di amanti, che questo don Giovanni a rovescio teneva con tanta cura, ebbe tuttavia una inattesa intrusione. Anna si dimostrò troppo entusiasta di Massimo Minorenti, di quindici anni più giovane, e forse se ne innamorò. Ebbe l'infelice idea di dirlo al marito, prospettando addirittura una separazione. Camillino ne rimase sconvolto: il suo diario testimonia la delusione per il tradimento coniugale, e il desiderio di farla finita. Forse per morbosa gelosia, forse per l'orgoglio ferito, o per tutte queste cose, reagì in modo inconsulto, mantenendo tuttavia l'aplomb aristocratico. Probabilmente aveva letto Brantome e la sanguinaria vendetta che il principe Gesualdo da Venosa aveva consumato sulla moglie Maria D'Avalos, pugnalata assieme all'amante durante un amplesso.

Sta di fatto che, senza tanto strepito, prese lo schioppo, e sistemò l'affare.

La vicenda suscitò le più diverse reazioni: alcuni vi videro la giusta punizione divina per una condotta scellerata; altri - intimamente - si rallegrarono di un epilogo che squadernava il marciume di una casta corrotta; pochi manifestarono pietà, ed ancor meno furono quelli che la provarono sul serio.

La cronaca nera, soprattutto quando coinvolge i ricchi e i potenti, evoca sempre una sorta di compiacimento rancoroso. Tra i vari effetti più singolari, vi fu il fiorire delle consuete interpretazioni di sessuologi, psichiatri, psicologi e psicanalisti, come sempre in contrasto tra loro. Per alcuni tutto nasceva dalla donna: ninfomane, frigida, o entrambe le cose. Per altri bisognava guardare il marito: impotente, edipico, satiro. Un delirio di aggettivi e sostantivi mescolati a caso, per impressionare il popolino. Purtroppo chi ha esperienza giudiziaria sa che non vi è nulla di più evanescente e volatile delle perizie sulla psiche. Se nemmeno la radiologia - come ammoniscono gli esperti - è una scienza esatta nonostante le strumentazioni più raffinate, è lecito dubitare sullo studio della mente umana, per la quale possiamo formulare soltanto ipotesi. Come insegnava Popper, non essendo dimostrabili, né tantomeno falsificabili, restano soltanto teorie.

Probabilmente la storia di Camillo e Anna Casati è più semplice: fu una furiosa passione funestata dal caso. Noi oggi abbiamo abbandonato molti concetti tradizionali per sostituirli con definizioni apparentemente più rigorose e scientifiche. La stessa terminologia è cambiata: sostantivi come vizio e cattiveria, e aggettivi come depravato e malvagio sono spariti dal vocabolario, e suonano come ignoranza retrograda. Sarà. Ma nella realtà non cambia nulla. Perché la personalità umana è così varia e complessa che si fa beffe delle definizioni erudite. La vicenda Casati è una delle tante di ogni tempo e luogo, dove si sono incrociati i destini di caratteri eccentrici, che in circostanze diverse avrebbero al massimo suscitato una piccante curiosità: un ricco libertino, una donna bella e ambiziosa, un giovanotto gaudente e spregiudicato. Fu il loro incontro a determinare la loro sorte, e fu la concomitanza di fattori occasionali a trasformare un triviale divertimento in una tragedia quasi shakespeariana. Davanti alla quale possiamo reagire secondo le nostre inclinazioni, ma con la consapevolezza della insondabilità della nostra imprevedibile natura.

“L’innocente morte” per autoaccoltellamento

Questa vicenda non ha costituito, a differenza di altre che abbiamo rievocato, une cause célèbre. Essa tuttavia rappresenta un evento così straordinario e significativo che la si inserisce tra i misteri più affascinanti della mente umana. Benché i fatti risalgano a molti anni fa, alcuni parenti dei protagonisti sono ancora vivi, e poiché il delitto non è mai stato reso pubblico in dibattimento, useremo, per discrezione, dei nomi di fantasia.

Siamo a Venezia alla fine degli anni Settanta. I coniugi Rossi sono una coppia molto anziana, apparentemente del tutto normali. Non hanno problemi economici né malattie incurabili; l’età, e l’isolamento sociale, non favoriscono relazioni adulterine. Lui è un pensionato un po’ depresso, lei una mite casalinga abitudinaria. Non hanno litigato quasi mai.

Una notte, il figlio che vive in famiglia è svegliato da un rantolo soffocato. Si precipita nella camera dei genitori e vede il padre a letto con la gola tagliata. La madre impugna un coltello, e ha un’aria assente. L’uomo dice due parole, e muore dissanguato.

Maria Rossi viene interrogata, e ammette di aver ucciso il marito, senza nemmeno saperne il perché. Figli e investigatori sono increduli, non hanno mai visto nulla del genere. Non ci sono tracce di colluttazione, e nessuno ha sentito urla o rumori sospetti. D'altro canto, anche l'ipotesi del suicidio sembra incredibile. L'uomo non aveva mai manifestato simili propositi, e comunque un "autoaccoltellamento" appare surreale.

Interrogata con più calma, Maria cambia versione. Dice di aver visto il marito tagliarsi la gola; e per un complesso di colpa, non essendo stata in grado di fermarlo, se ne è addossata la responsabilità. Parenti e amici confermano che non può esser andata che così. I due coniugi si volevano bene, forse lui era un po' preoccupato per i primi acciacchi dell'età: un suicidio è possibile, un omicidio è da escludere. Il magistrato intanto dispone una perizia psichiatrica sulla moglie: era capace di uccidere? E in caso contrario, è plausibile aver confessato un delitto non commesso?

Il risultato dell'esperto è senza incertezze: la donna ha ammesso una colpa inesistente per una introitazione puramente soggettiva. Né fisicamente né psichicamente sarebbe mai stata in grado di ammazzare il marito in modo così brutale.

Maria viene liberata, torna a casa, e il fascicolo segue l'ordinaria procedura. Intanto il giudice istruttore è stato trasferito. Passano alcuni anni, e l'indagine deve essere chiusa, anche se tutto sembra chiaro: l'uomo, depresso, si è suicidato. Il giovane magistrato che eredita l'inchiesta vuole però fare un'ultima verifica: troppe cose sembrano non quadrare. In ogni caso tre teste ragionano - pensa - meglio di una: convoca un collegio di docenti universitari di scuole psichiatriche differenti. Il quesito è lo stesso. E la diagnosi anche. Nella voluminosa superperizia i tre cattedratici ribadiscono le conclusioni del precedente collega. La donna è sana di mente, ed era sincera quando ha affermato che la prima confessione era una espiazione autopunitiva. Maria è una persona mite, e niente affatto pericolosa. La vicenda può esser chiusa.

Quello che pomposamente si chiama "elaborato peritale" viene depositato nella cancelleria del giudice alle dieci del mattino. Alle undici arriva una telefonata dalla casa di riposo dove Maria Rossi è a pensione. Il direttore comunica che la venerabile ultraottantenne è scesa di notte in dispensa, ha afferrato un coltellaccio, e ha tentato di tagliare la gola alla novantenne che dormiva nel letto vicino. Fortunatamente la vittima ha reagito chiamando soccorso, e non versa in pericolo di vita.

Maria Rossi viene interrogata subito, e stavolta non ha scampo. Lei stessa se ne rende conto, e con un sorriso amabile ammette di aver ucciso il marito. Il motivo? "Mi sono svegliata di notte, ho visto questo poveretto, un tempo così gagliardo e robusto, ora malaticcio e invecchiato. Mi sono chiesta: perché deve restare al mondo a soffrire? E così l'ho fatta finita".

"Allora - le contesta il giudice - ha mentito a tutti! Ai suoi figli, a noi, e anche ai medici che l'hanno visitata!"

"Certo - risponde Maria - non volevo andare in prigione, e non mi sembrava nemmeno di aver fatto nulla di male. Il mio povero marito aveva davanti solo anni dolorosi. Gli ho risparmiato le umiliazioni di un inutile calvario. Quanto agli psichiatri - conclude soave - anche loro mi facevano pena. Continuavano a farmi domande e si davano le risposte da soli. Non hanno capito niente, e mi sono divertita a prenderli in giro".

"Quindi - conclude il magistrato - anche l'accoltellamento di ieri ha seguito la stessa logica?"

Maria si asciuga gli occhi: "Sì, quanta sofferenza c'è a questo mondo, e senza nessun motivo".

Il giudice sta per chiudere il verbale, ma vuole soddisfare

una curiosità. "Lei - chiede a Maria - ha la camera piena di crocifissi. Non crede che quello che ha fatto sia un grave peccato?"

La vecchierella lo guarda con stupore: "No. Gesù è stato un grande uomo, ma niente di più. Dopo la morte non c'è nulla, e la croce rappresenta solo la tragedia di vivere".

Maria Rossi non aveva letto Renan, che aveva di Gesù la stessa opinione. E nemmeno Shakespeare, secondo il quale l'intellettuale è un sordo che risponde a domande che nessuno gli pone: più o meno come gli psichiatri che l'avevano visitata, e che lei aveva turlupinato. In realtà Maria non aveva letto mai niente, aveva la quinta elementare. Non venne processata. Dopo poco tempo si ammalò e anche le sue sofferenze finirono, questa volta per vie naturali.

La normale follia di Roberto Succo

La sera del 9 aprile 1981 Nazario Succo, poliziotto in servizio a Venezia, ritornò nella casa di via Terraglio, dove viveva con la moglie Marisa e il diciannovenne figlio Roberto. Qualcosa deve essergli apparso strano, perché nessuno rispose al suo saluto. Ma Nazario non ebbe il tempo di capirne la ragione: fu subito aggredito e trafitto da vari colpi di accetta, che il ragazzo gli inferse con violenza inaudita. Poi l'assassino, con calma e metodo, depose il cadavere accanto a quello della madre, che aveva accoltellato qualche ora prima. Quindi prese l'automobile e se ne andò. I due corpi furono trovati il giorno dopo nella vasca da bagno, in un lago di sangue.

L'indagine fu breve, si capì subito che il colpevole era lui. Roberto fu arrestato poco dopo, in Friuli. Nacque così un caso che superò i confini nazionali, ispirando libri, film e persino un musical. Gli ingredienti consueti dei delitti celebri, il denaro, il sesso, il potere, furono sostituiti da quelli, ancora più intriganti, di un omicida seriale giovane, bello e virtualmente imprendibile, che tenne in sospeso, per vari mesi, le polizie di mezza Europa. Non c'era mistero nei suoi crimini: l'unico mistero era quello della sua mente.

Davanti ai magistrati l'imputato si spiegò così: "Ho ucciso mia madre perché mi opprimeva, e la mia vita in casa era diventata difficile: o lei o io dovevamo scomparire. Se avessi eliminato solo lei, mio padre sarebbe impazzito di dolore, con una moglie morta e un figlio assassino: quindi ho ammazzato anche lui. In alternativa, avrei potuto suicidarmi, ma loro avrebbero sofferto ancora di più. Non avevo altra scelta, e ora mi sento bene".

Roberto fu sottoposto all'ordinaria perizia collegiale: uno psichiatra, uno psicologo, e un medico legale. Le conclusioni furono unanimi: schizofrenia e alta pericolosità sociale. Dichiarato incapace di intendere e di volere, il ragazzo fu internato al manicomio criminale (pomposamente chiamato OPG, Ospedale Psichiatrico Giudiziario) di Reggio Emilia.

Qui si comportò bene, studiò, si diplomò, tenne la contabilità degli altri detenuti, e per cinque anni fu considerato un ricoverato modello. Leggeva molto, si esprimeva con proprietà, era gentile, efficiente e benvoluto, benché si tenesse appartato, forse per timidezza, forse per diffidenza verso gli altri. I medici dell'Istituto cominciarono a formulare diagnosi incoraggianti: il ragazzo migliorava, e poteva frequentare corsi di studio esterni.

Così gli furono concessi permessi crescenti in numero e durata. Lui usciva regolarmente, altrettanto regolarmente rientrava. Poi, il 17 maggio 1986, dopo aver riscosso centomila lire dalla cassa, sparì.

Da qui cominciò la sua avventura europea. La sua ricostruzione fu, ed è ancora, difficile e incompleta, perché il ragazzo cambiò generalità e sembianze varie volte.

Quel che è certo, è che lasciò dietro di sé una catena di omicidi, stupri, rapine e altri reati, in Francia, in Svizzera e altrove. A Tolone uccise un ispettore di polizia, che l'aveva rintracciato: si impossessò della sua pistola, che gli fu trovata addosso al momento del secondo arresto. Ma non ammazzò soltanto per sottrarsi alla cattura. Lo fece talvolta per puro piacere, talvolta per denaro, talvolta senza un'apparente ragione.

I periti di Venezia avevano messo bene in chiaro che la sua schizofrenia poteva condurlo, di tanto in tanto, ad atti crudeli. Il suo rapporto di odio e amore con la madre, che lo aveva cresciuto sotto un ferreo dominio, ne aveva forse minato l'evoluzione sessuale: benché bello e corteggiato, non aveva mai avuto una fidanzata, e nemmeno relazioni occasionali. Si prese la rivincita violentando, con la minaccia delle armi, varie ragazze.

Tuttavia queste teorie freudiane non erano spiegazioni soddisfacenti, anche perché la sua virilità si assestò nel modo più normale, quando si innamorò di una coetanea italiana, che naturalmente ignorava la sua identità e i suoi precedenti, e, quel che è più singolare, non trovò in lui nulla di equivoco o di pericoloso. Paradossalmente fu proprio questa recuperata "normalità" a perderlo. La polizia di Treviso scoprì la relazione, pedinò la ragazza, tese una trappola al fidanzatino e lo catturò con una brillante operazione rapida e indolore.

Succo fu portato al carcere locale, in attesa della risoluzione dei vari conflitti di competenza. Avendo commesso reati un po' dappertutto, non era una questione facile. Per di più i francesi, che avevano subito le perdite maggiori, fremevano e premevano per ottenerne l'estradizione, peraltro non consentita, in quel caso, dalla legge italiana.

Nel frattempo il ragazzo diede spettacolo. Durante l'ora d'aria, con un balzo da atleta scavalcò un muro e salì sul tetto della prigione, da dove cominciò a offendere le istituzioni e minacciare i presenti. Arrivò la televisione, e il gagliardo ventisettenne esibì il suo corpo apollineo in una sorta di macabro strip tease.

Qualcuno della folla applaudì; altri inorridirono; magistrati e poliziotti esitarono, non sapendo che fare. Improvvisamente l'acrobata, volontariamente o per errore, piombò al suolo, sei metri sotto. Come spesso accade ai malandrini, rimase incolume.

Fu di nuovo esaminato da altri psichiatri che confermarono la diagnosi originaria: schizofrenia e alta pericolosità sociale. Quindi niente prigione, ma di nuovo il manicomio criminale. I francesi si infuriarono, mossero la politica, la stampa e la diplomazia. Ma Roberto Succo risolse d'un tratto tutti i problemi: la sera del 22 maggio 1988, dopo aver metodicamente accumulato varie bombolette di gas del fornelletto della cella, infilò la testa in un sacco di plastica, aprì le valvole, e raggiunse, come aveva scritto il giorno prima, finalmente la libertà.

Fu sepolto lontano dai suoi genitori, e sulla sua tomba, per lungo tempo, furono depositati lumini, fiori e bigliettini. E non solo per pietà: la sua storia e la sua esibizione dai tetti del carcere avevano eccitato la fantasia di varie adolescenti, che lasciarono incredibili dichiarazioni di amore. Su di lui furono anche scritte canzoni e storie romanzate. Alla fine, per fortuna, un'autorevole giornalista francese, Pascale Froment, ricostruì la storia in modo serio e completo in un libro che oltralpe divenne un best seller.

A parte queste divagazioni, la figura di Roberto Succo ha posto, e continua a porre, l'insolubile dilemma della schizofrenia. Una malattia che affligge persone apparentemente normali, fino a quando scatta quella scintilla fatale che le induce a gesti inspiegabili e crudeli. Questo ragazzo era stato come tanti altri. E durante i cinque anni di Reggio Emilia era ritornato apparentemente innocuo e ragionevole. È comprensibile che i medici e magistrati locali abbiano ritenuto inumano tenerlo sempre segregato.

Ma le vittime che l'omicida ha lasciato dopo la sua evasione, sono testimoni - alcuni eternamente muti, altri ancora inchiodati al dolore - di una scelta che, a posteriori, si è rivelata dannosa. E la cosa più triste è che nessuno può dire, ancora oggi, se sia stata giusta oppure no.

La Dolce Vita riceve la Palma d'oro

Il 20 maggio 1960 Federico Fellini ricevette la Palma d'Oro al Festival del cinema di Cannes con il film "La Dolce Vita". La giuria, presieduta da George Simenon, fece una buona scelta. Ancora oggi, il film è considerato un affresco inimitabile della Roma anni '50 e, più in generale, di alcune caratteristiche eccentriche della natura umana. Se infatti l'ambiente è limitato alla Capitale, e soprattutto alla sua fauna decadente e viziosa, alcuni spunti rivelano i segreti di ciascuno di noi: nel che consiste l'universalità di un'opera, tale da renderla, almeno in alcune sue parti, duratura.

Il film non fu (come fingeva di sostenere il suo creatore) un'improvvisazione capricciosa, anche se la sua sceneggiatura fu sommaria e più volte riveduta in corso d'opera. Fu al contrario il frutto di un lavoro paziente e certosino, che Fellini conduceva da anni sulla Roma dei ricchi e degli aristocratici "interrogando attori, giornalisti e fotografi - così scrisse Oriana Fallaci - con la pazienza di un confessore". Il progetto era tanto ambizioso da prevedere la presenza di attori come Barbara Stanwyck, Peter Ustinov, Laurence Olivier e persino la vecchia gloria Maurice Chevalier. Alcuni rinunziarono per precedenti impegni, altri per ragioni di compenso. A parte

Anita Ekberg, già famosa a Hollywood, gli altri non erano propriamente dei divi. Tutti comunque, sotto la sapiente regia del Mago, si resero credibili: persino un giovanissimo Celentano, che si esibisce in un rock sfrenato.

Il soggetto non era né unitario né coerente, cucendo vari episodi collegati solo dalla presenza di Mastroianni, cronista disincantato a caccia di eventi sensazionali. Alcuni furono tratti dalla cronaca: lo spogliarello di Nadia Gray rievoca lo scandalo del Rugantino, dove alcuni protagonisti della "jeunesse dorée" indussero una ballerina turca a danzare senza reggiseno. E l''orgia' finale, con un epilogo in spiaggia, fu ispirata dalla vicenda di Wilma Montesi, quando Piero Piccioni - figlio di un alto esponente democristiano - fu accusato di aver provocato la morte della ragazza durante un festino infame. L'accusa si rivelò una bufala strumentalizzata dalla politica, e il processo finì con un'assoluzione generale.

Il film fu dominato da due personalità: quella del regista, con la sua geniale stravaganza satirica, e quella di Anita Ekberg, con la sua esuberante avvenenza boreale. Tutto il mondo ha visto il suo giunonico incedere nelle fredde acque della fontana di Trevi, da cui derivò l'ossimoro di 'ghiaccio bollente' per la traboccante sensualità che quel corpo sprigionava. Tuttavia non fu questa scena, dove peraltro le forme dell'attrice sembrano confondersi con i marmi tardobarocchi di Pietro Bracci, a suscitare le ire dei moralisti. Fu piuttosto la descrizione spietata di un certo ambiente romano formalmente benpensante e sostanzialmente imputridito. Una descrizione che, nell'estro deformante del regista, includeva omosessuali untuosi e travestiti, aristocratiche decrepite e pedofile, arrivisti ruffiani e ambigui, e tutta una serie di caricature circensi poi consolidate nell'aggettivo di 'felliniane'.

La Chiesa fulminò il film e il suo autore con gli anatemi più severi, compresi quelli di comunista e ateo. Ma vi fu anche qualche eccezione: i gesuiti, sempre più cauti e avveduti, vi lessero una denuncia della decadenza di una società amorale, e Pasolini definì il film profondamente cattolico.

Il Partito Comunista, compiaciuto di tanta fustigazione democratica, giunse ad arruolare Fellini tra i militanti rivoluzionari. In realtà il regista non aveva intenti politici né pedagogici, e nella sua esaltazione onirica mirava solo a baloccarsi delle stranezze della nostra imperfetta natura. Come Balzac, monarchico e legittimista, e nondimeno spietato censore di una nobiltà traviata, anche Fellini descrisse quella parte di società viziosa che appassiva nella stravaganza e nella noia. L'Italia ne fu scossa, e sotto questo profilo l'analisi dei gesuiti non fu del tutto arbitraria.

Tuttavia l'affresco de "La dolce vita" è troppo limitato per essere attuale, e oggi a stento arriviamo alla fine di un film che dura tre ore e a tratti è noioso e ripetitivo. Le sue ripugnanti caricature sembrano un sottoprodotto di Brueghel e di James Ensor, senza il tratto artistico del primo e le lugubri allegorie del secondo. Anche i vizi dei protagonisti, - che tanto scandalizzarono i benpensanti dell'epoca - sono fondamentalmente banali e mediocri, senza le pulsioni blasfeme di Baudelaire o l'erotismo esasperato di George Bataille. Se dunque l'opera ha ancora una sua certa universalità, è perché tutti noi ci riconosciamo in alcuni di quei peccatucci, che sono, appunto, modesti ed emendabili.

Ma l'ossessionante insistenza con la quale Fellini ritorna sull'aspetto caricaturale dei burattini di un teatro decrepito si rivela alla fine inconsistente e stucchevole. Anche ammettendo che la vita sia, come dice Macbeth "una favola vuota, piena di furore e di odio, che non significa nulla" è proprio questa complessità a renderla tutto tranne che ridicola.

E nondimeno quelle sequenze, una volta depurate delle loro esagerazioni, ci riportano con nostalgia a una Roma ormai scomparsa, dove in realtà si respirava un'aria di ottimismo e di fiducia. L'Italia, e la sua capitale, si aprivano alla modernità con un genio operoso quale mai s'era visto dai tempi del Rinascimento. L'Autostrada del Sole, costruita in pochi anni, suscitava l'ammirazione generale con le sue interminabili gallerie e i suoi arditi viadotti. L'Arlecchino e il Settebello rivaleggiavano in lusso con l'Orient Express e lo superavano in velocità ed efficienza. Nervi elevava gli impianti sportivi al rango di gioielli architettonici, in vista di un'olimpiade che ancor oggi è ricordata come la più bella della Storia.

E infine, per ultima ma non ultima, la nostra produzione industriale rivaleggiava in qualità e quantità con i più blasonati concorrenti europei, mentre la lira insidiava in stabilità il dollaro, dopo aver superato quella della sterlina. La stessa Via Veneto, che Fellini ricostruì sapientemente a Cinecittà, non era soltanto un ricettacolo di divi alcolizzati, di paparazzi invadenti e di attricette accessibili, ma ospitava poeti come Cardarelli e intelligenze sovrane come quella di Ennio Flaiano e di Panfilo Gentile.

Quanto ai politici di allora, essi possono oggi sembrarci mummie ingessate nel loro doppiopetto cenerino, ma dobbiamo loro riconoscere la competenza e l'energia che fecero risorgere un Paese sconfitto e devastato dalla guerra. Queste nostre virtù sono assopite, ma non sono scomparse. E il ponte di Genova, costruito alla velocità dell'Autostrada del Sole, dimostra che possiamo ancora aspirare a quell'età aurea, benché rudemente strapazzata dal genio di Federico Fellini.

Joe Frazier vs Cassius Clay e l'incontro del secolo

Cinquant'anni fa, l'8 marzo 1971 si svolse sul ring di New York un incontro di pugilato definito "Il match del secolo". Il detentore del titolo dei pesi massimi, Joe Frazer combatteva contro Muhamadd Alì, la leggenda vivente della boxe. Frazer era massiccio e roccioso, Alì agile e scattante. Ma le centinaia di milioni di spettatori che in tutto il mondo seguirono la partita non erano interessate soltanto alle virtù tecniche e alle doti fisiche dei contendenti: si scontravano due mondi, e apparentemente due ideali. Entrambi erano afroamericani e provenivano da famiglie modeste. Ma le analogie finivano lì. Frazer era cristiano battista, e buon patriota. Il suo avversario era stato processato per renitenza alla leva, aveva perso il titolo, si era convertito all'islamismo e aveva persino cambiato nome: da Cassius Clay a Muhammad Alì. Ce ne'era abbastanza perché la gran parte degli americani, non solo i più conservatori, sperassero di vederlo spedito al tappeto. Ma chi era questo colosso alto come un armadio, potente come un toro e agile come una gazzella?

Era nato a Louisville, il 17 gennaio 1942. La segregazione razziale, il carattere ribelle, il desiderio di rivincita e il fisco possente l'avevano orientato alla boxe, sport che almeno tra i pesi massimi, sembrava appannaggio dei "coloured". C'erano state delle rare eccezioni, dal nostro Carnera a Rocky Marciano allo svedese Ingmar Johansson, che aveva strappato il titolo a Floyd Patterson salvo riperderlo poco dopo, tra i sospetti di trucchi mafiosi. Ogni dubbio fu fugato quando il 25 settembre del '62 Sonny Liston disintegrò Patterson dopo due minuti e 10 secondi: gli esperti, impressionati, scrissero che Liston era imbattibile.

Nel frattempo Clay, vincitore della medaglia d'oro dei mediomassimi alle olimpiadi di Roma, dove trionfava anche il nostro Nino Benvenuti, era passato al professionismo nella categoria superiore. Dopo una serie ininterrotta di vittorie, Clay sfidò l'erculeo detentore e i due si trovarono di fronte, il 25 febbraio del 1964, arcigni e sicuri di demolire l'avversario. Gli appassionati di boxe, e non solo quelli, si accorsero di assistere a una rivoluzione. Non più due lenti pachidermi che cercavano di fiaccarsi con botte micidiali, ma una libellula di muscoli e nervi che danzava davanti al campione in carica, lo provocava a gesti e a parole, teneva bassa la guardia e sembrava, come Achille, irraggiungibile e invulnerabile. Al settimo round Liston dovette ritirarsi, e Clay entrò nella leggenda. Il giorno dopo si convertì all'islamismo, ed entrò nella polemica.

L'America stava impantanandosi nel Vietnam. La coscrizione obbligatoria chiamava alle armi tutti i giovani sani: alcuni la ritardavano traccheggiando nelle università; altri ripiegavano nella Guardia Nazionale; altri ancora sconfinavano in Canada, ma la gran parte rispose all'appello. Agli americani sembrava una guerra giusta, come quella di Corea, per arginare il comunismo in Asia. Di lì a qualche anno sarebbe diventata una guerra "sporca", inutile, costosa e detestata.

Ma nel 1967, quando Alì stracciò la cartolina precetto, fu quasi unanimemente criticato. Fu arrestato e processato, privato del titolo e allontanato da ogni attività sportiva. Altri presero il suo posto, e nessuno più si ricorda più di loro. Finchè, appunto, arrivò Joe Frazer. Quando nel 1971 la Corte Suprema annullò la condanna, e Alì fu riammesso in gioco, molti pensarono che il tempo, la mancanza di esercizio e le polemiche lo avessero fiaccato, o comunque reso inidoneo ad affrontare il nuovo campione dei pesi massimi. Invece fu l'incontro, a detta di tutti, più bello del secolo. Quindici riprese fatte di tecnica, di potenza, di eleganza e determinazione. Frazer vinse ai punti, ma Alì perse con onore.

Il resto fu un seguito di sfide e rivincite: Frazer perse con Foreman, e Foreman fu battuto da Alì. Ma il pubblico ebbe l'impressione che tutti avessero perso lo smalto degli anni d'oro. Quando i due si ritirarono, la boxe internazionale decadde. Credo che pochi, o forse nessuno, ricordino i nomi dei titolari dei pesi massimi di questi ultimi decenni. Alcuni sport, come le arti in genere, hanno la lora età di Pericle e i loro secoli bui. E quando, nel 1984, si diffuse la notizia che Alì era afflitto dal Parkinson, il mondo vide incredulo il faccione di un buon uomo impacciato nei movimenti e quasi inebetito dai farmaci. I macabri "ubi sunti nunc" della parenetica medievale non si applicano soltanto ai defunti. La decadenza visibile di chi un tempo simboleggiò la forza e l'astuzia può esser anche più straziante della sua morte prematura.

Il 9 novembre 2005 il presidente George W. Bush, repubblicano del Texas, gli conferì, davanti a una platea di austere personalità civili e militari la "Medal of freedom", la più alta onorificenza civile americana. Lo abbracciò tre volte, definendolo "un fiero combattente ed un uomo di pace". L'esausto campione ricambiò riconoscente, anche se, rivedendolo in quei momenti, la sua immobile atarassia dovuta all'avanzare del morbo ci commuove e ci ammonisce sulla futilità delle nostre ambizioni. Comunque il suo compiacimento è sincero, e la riconciliazione con il suo Paese totale. Anche Bush ne era convinto: dopo la morte di Alì ne rievocò l'"anima bella" con evidente simpatia.

"*Old men forget*" dice Enrico V prima della battaglia di Azincourt. "I vecchi dimenticano, ma quelli che hanno combattuto con noi resteranno sempre una banda di fratelli". Probabilmente i generali che assistettero alla cerimonia, molti dei quali erano reduci da quella guerra disastrosa, si saranno domandati se fosse giusto onorare un disertore. Domanda legittima, ma senza risposta. Così come il confine tra l'eroismo e la dissennatezza è spesso labile e sfumato, così quello tra il dovere verso la Patria e quello verso i propri ideali è opinabile, e soggetto alle oscillazioni tra la coscienza e la convenienza.

Ma in fondo quella medaglia era meritata. Alì non aveva disertato per paura: avrebbe potuto vestire la divisa, anche tra le giungle indocinesi senza rischiare la vita, perché il suo sacrificio sarebbe stato, in quel momento, politicamente intollerabile: i suoi comandanti lo avrebbero esibito orgogliosi, come avevano fatto dieci anni prima con Elvis Presley, e la sua popolarità sarebbe aumentata. Clay scelse il processo, il disprezzo pubblico e la perdita di enormi guadagni. E anche se non poté esibire le sue ferite, davanti ai perplessi reduci di quella strana guerra, esibì la sua umiliante mutilazione psicofisica con le armi che aveva sempre usato sul ring contro avversari anche più giganteschi di lui: la sfida, l'ironia, e una sostanziale bontà.

Il caso Watergate

Nel pieno della disastrosa guerra del Vietnam, gli Stati Uniti attraversarono la crisi istituzionale più lunga e lacerante della loro storia. Il 23 ottobre 1973 Richard Nixon accettò di consegnare alcune delle registrazioni delle conversazioni tenute alla Casa Bianca sul caso Watergate. Fu la fine dell'inizio dello scandalo, e l'inizio della fine del Presidente.

L'inizio risaliva al 17 giugno del 1972, quando a Washington cinque individui, assoldati da alcuni collaboratori di Nixon, erano entrati abusivamente al sesto piano del palazzo Watergate, dove aveva sede il Comitato dei democratici, per carpire informazioni sulla loro strategia elettorale. Gli intrusi erano stati scoperti, e si cercò di risalire ai mandanti.

Le indagini furono difficili per i vari tentativi di insabbiamento, finché due giornalisti del Washington Post, Carl Bernstein e Bob Woodward, con molta abilità e l'aiuto di una "Gola profonda" (poi rivelatasi il vice direttore dell'FBI) risalirono al Presidente. Peggio ancora, si scoprì che quest'ultimo registrava tutte le conversazioni tenute nel suo studio della sala ovale. Giudici e Congresso chiesero la consegna delle bobine.

Nixon dapprima ne negò l'esistenza; poi, come s'è detto,

ne consentì una diffusione parziale. E quello fu l'inizio della sua fine.

L'effrazione del Watergate era stato un crimine tanto odioso quanto inutile. Il partito democratico aveva candidato George McGovern, un progressista con le basette lunghe e un improbabile riporto, che proponeva riforme ultra radicali. Era lo stesso errore commesso, all'incontrario, otto anni prima dai repubblicani, che avevano opposto a Lyndon Johnson l'estremista Barry Goldwater. Questo reazionario senatore dell'Arizona fu strapazzato dall'erede di Kennedy che vinse con il 61 per cento dei voti popolari. A McGovern andò anche peggio: perse in 49 dei 50 Stati dell'Unione. Le elezioni in America, come in quasi tutte le democrazie mature, si vincono con programmi essenzialmente moderati, serrando al centro. Se Joe Biden, che non sembrava brillare di particolare carisma, ha sconfitto Trump, una delle cause è che l'effervescente miliardario ha esagerato nei toni e nei contenuti.

Con queste prospettive - poi confermate - di una schiacciante vittoria, Nixon non aveva alcun bisogno di ricorrere a mezzucci sleali per battere l'avversario. E tuttavia, per quel misto di arroganza e di intrigo che si insinua nei detentori del potere, avallò, o comunque non impedì, questa impresa sciagurata. Quando i cinque furono arrestati minimizzò il caso, negando ogni coinvolgimento. Poi, a mano a mano che lo scandalo montava, lo gestì in modo sempre più ambiguo e impacciato. Non ebbe nemmeno la spregiudicatezza del principe machiavellico: le registrazioni non erano documenti ufficiali della Casa Bianca, ma il frutto di una sua personale iniziativa a fini cautelativi, e avrebbe potuto distruggerle. Alla fine, dopo l'ultima consegna imposta dalla Corte Suprema, emerse la "smoking gun", la pistola fumante: si capì che Nixon forse non aveva deciso l'intrusione, ma aveva cercato di inquinare le indagini. Gli americani furono indignati dalle menzogne del loro presidente, e ancor più dal suo linguaggio sboccato. Per salvare un residuo di dignità personale, il Congresso accettò la versione che 18 minuti di colloqui, quelli più volgari, fossero stati accidentalmente cancellati, come è avvenuto di recente per alcune significative intercettazioni del dottor Palamara. Nulla di nuovo sotto il sole. Quando conviene a tutti nascondere la polvere sotto il tappeto, un "*gentleman's agreement*" si trova comunque.

Oltre a questa ingarbugliata matassa di meschini complotti, maldestre manipolazioni e sbugiardate menzogne, gravava su Nixon il vero cancro che minava allora l'America: la guerra nel Vietnam. Come spesso accade nella storia, qualcuno paga per le colpe altrui. Era stato Kennedy a impelagare gli Usa in Indocina, inviando oltre diecimila "consiglieri" per combattere la guerriglia comunista: pochi per combattere, troppi per consigliare. Ed era stato Johnson a impantanarsi fino al collo, con la cosiddetta escalation contraria a ogni principio militare, mandando cioè un po' alla volta, e sempre in ritardo, i soldati necessari. Le guerre non si fanno, come disse il generale Gallois, "*à petits paquets*".

Il secondo governo Conte, che adottò una simile strategia contro il Covid, enunciando settimanalmente provvedimenti quando ormai erano inadeguati, avrebbe dovuto imparare la lezione.

Lacerata e ferita dall'interminabile salasso di vite e di risorse in quel paese lontano, l'America voleva un responsabile, e lo trovò in Richard Nixon che, per ironia della sorte, stava attuando un graduale ritiro delle truppe. Così, abbandonato dai collaboratori inquisiti, sconfessato dal suo stesso partito, aggredito e dileggiato da stampa e tivù che lo chiamavano "Tricky Dick", (Riccardino dei trucchi) Nixon annunciò, l'8 agosto 1974, le proprie dimissioni. Una flebite lo salvò da una cattura imminente, finché il suo successore, Gerald Ford, gli concesse la grazia.

Pochi mesi dopo la guerra finì, l'America sospirò, e si affidò a Jimmy Carter, tanto onesto nei propositi quanto incapace nell'attuarli, come si vide con il sequestro dei 52 ostaggi a Teheran e il disastroso tentativo di liberarli. Dopo quattro anni Carter fu spazzato via da Ronald Reagan, e l'America riacquistò potere e prestigio, culminato con la caduta del muro di Berlino e dell'"Impero del Male": la realpolitik di Nixon, più volte discretamente interpellato dal nuovo inquilino della Casa Bianca, si era presa la rivincita sui velleitarismi delle utopie progressiste.

L'ex presidente ebbe anche una parziale riabilitazione: Bernstein e Woowdard ammisero che non avevano inventato nulla ma avevano deformato tutto. Il che dimostra, scrisse Montanelli, che anche dicendo la verità si può mentire. Più in generale, si riconobbero i meriti di Nixon in politica estera: la normalizzazione dei rapporti con la Cina, l'accordo sulle limitazioni delle armi strategiche con la Russia, le iniziative di pace tra Arabi e Israeliani, e naturalmente la fine della guerra del Vietnam.

Infine, anche gli avversari più accaniti riconobbero che durante il suo mandato era stato legalizzato l'aborto e sospesa la pena di morte. Quando Nixon morì, nel 1994, Bill Clinton partecipò alla cerimonia funebre, e pronunciò un'orazione nobile e riconciliativa. In effetti, se si guarda all'etica, Nixon fu un po' troppo spregiudicato. Ma se si guarda ai risultati, unico criterio di giudizio politico, egli fu uno dei più importanti presidenti americani.

L'attentato palestinese di Fiumicino

La mattina del 17 dicembre 1973 cinque terroristi palestinesi, probabilmente appartenenti all'organizzazione "Settembre Nero", fecero irruzione nel varco di sicurezza dell'aerostazione di Fiumicino. Qui si divisero in due gruppi. Il primo, sotto la minaccia di mitra e bombe a mano, disarmò e sequestrò sei nostri poliziotti; poi si diresse verso un aereo della Pan Am in procinto di decollare per Teheran, salì a bordo e fece esplodere alcune bombe al fosforo. Ventotto passeggeri e una hostess morirono carbonizzati, e decine furono i feriti di cui uno spirò poco dopo. Il secondo gruppo si diresse verso un aereo della Lufthansa, raccogliendo altri ostaggi e uccidendo a freddo il ventenne finanziare Antonio Zara, che si trovava sulla loro strada.

Assieme agli altri componenti, il commando fece rotta verso Atene, dove atterrò poco dopo, intimando subito al governo locale la liberazione di due compagni detenuti nelle carceri greche. Il Governo ellenico rifiutò. I terroristi uccisero un altro ostaggio, il giovanissimo caposquadra Domenico Ippoliti, gettarono il cadavere sulla pista, e fecero ripartire il velivolo.

Qui iniziò il solito calvario di richieste e rifiuti. Beirut e Cipro negarono l'atterraggio, che fu invece concesso da Damasco. Da lì l'aereo ripartì per il Kuwait, dove il giorno dopo i dirottatori liberarono gli ostaggi e si arresero. Furono arrestati e consegnati all'Organizzazione per la Liberazione della Palestina (Olp). Di loro poi non si seppe più nulla.

L'attentato era il più grave mai commesso nel nostro territorio, con un numero di morti superiore a quello di Piazza Fontana. Tuttavia non produsse lo stesso effetto emotivo. Forse perché molte vittime erano straniere; forse perché vi era meno spazio per la polemica politica interna, che aveva invece avvelenato le indagini di Milano; o forse perché nessuno in Italia, e tantomeno il governo, aveva interesse a parlarne, in quanto si procedeva su un terreno minato.

L'operazione non era infatti un sanguinario sfogo di fanatici isolati. Essa si inseriva nel complesso gioco delle parti che da mezzo secolo caratterizza il conflitto arabo-israeliano, e dove l'Italia occupa, o almeno allora occupava, una posizione geografica cruciale.

La nostra politica era ufficialmente atlantica e filoisraeliana, ma nel Paese vi erano forti simpatie palestinesi alimentate da una estrema sinistra antisionista, da un'estrema destra filonazista, e da una parte della Chiesa ancora vincolata al pregiudizio del popolo deicida. Per di più gli interessi economici che ci legavano al mondo arabo suggerivano un atteggiamento di prudente equidistanza, di cui l'onorevole Moro, con la sua soave eloquenza vescovile, era indiscusso e insuperato maestro.

Dell'attentato vi erano state avvisaglie. Tre mesi prima, cinque palestinesi erano stati arrestati a Ostia, probabilmente su indicazione del Mossad, mentre trasportavano dei micidiali missili Strela di fabbricazione sovietica, in grado di abbattere gli aerei sulla rotta di Fiumicino. Pare che intendessero colpire l'aereo di Golda Meir di cui era prossima una visita ufficiale in Italia. Per di più i nostri servizi di informazione avevano allertato le autorità di una nuova possibile azione di gruppi mediorientali, più o meno controllati dall'Olp. Il nostro governo non aveva fatto nulla. O meglio, si era attivato per liberare parte dei palestinesi arrestati: alla fine, sia pure a rate, se la squagliarono tutti, con l'ausilio dei servizi segreti e di un'indulgente distrazione della magistratura.

Sta di fatto che su questi due episodi, e soprattutto sulla strage di Fiumicino, cadde un significativo silenzio, ed in effetti ancor oggi quasi nessuno se ne ricorda, salvo i parenti delle povere vittime: una delle vergogne del nostro infelicissimo e bellissimo Paese è di aver sempre distinto, tra commemorazioni ampollose e retoriche infantili, le vittime di serie A da quelle di serie B.

Le stragi dei palestinesi appartenevano a queste ultime, ed erano viste con un misto di timore, di incredulità e quasi di fastidio, come lo erano i primi attentati di matrice rossa che venivano genericamente attribuiti a "provocazioni fasciste". Di lì a poco si sarebbe capito, e l'onorevole Moro lo avrebbe capito sulla propria pelle, che era stato quantomeno un errore mortale.

Non è ancora chiaro, e forse non lo sarà mai, il nesso tra i terroristi di Ostia e quelli di Fiumicino. Probabilmente appartenevano a gruppi diversi e antagonisti, e pare che, alla fine, abbiano regolato i conti tra di loro. Quello che invece è certo, è che il governo italiano trattò con l'Organizzazione per la Liberazione della Palestina, e concluse il cosiddetto "Lodo Moro" nei termini seguenti: noi lasciamo transitare nel nostro territorio i vostri gruppi armati, e voi ci garantite che non farete attentati in Italia. Insomma una tacita complicità in cambio della quiete. Naturalmente il Paese non ne seppe nulla, anche se le voci circolarono, metà scandalizzate per il patto scellerato, metà sollevate per lo scampato pericolo.

Quando l'on. Moro fu rapito e, chiedendo di trattare con i brigatisti la propria liberazione, inondò colleghi e amici di una copiosa corrispondenza dalla "prigione del popolo", fece riferimenti specifici a questo accordo riservato. Egli affermò, tra l'altro, che "in moltissimi paesi civili si hanno scambi e compensazioni, e che in Italia stessa per i palestinesi ci siamo comportati in tutt'altro modo": in modo opposto, cioè, rispetto alla fermezza con cui in quel momento il governo stava respingendo ogni compromesso con i suoi sequestratori.

E in un'altra lettera Moro concluse, significativamente, che talvolta per salvare vittime innocenti vi è "la necessità di fare uno strappo alle regole della legalità formale". E infine, ancora più esplicito in una missiva al sottosegretario della Giustizia: "Tu forse già conosci chiaramente le vicende dei palestinesi all'epoca più oscura della guerra. Lo scopo di stornare grave danno minacciato alle persone, ove essa fosse perdurata".

Sono parole che, pur provenendo da un ostaggio sotto gravissime pressioni fisiche e psicologiche, esprimono tuttavia un principio abbastanza elementare, seguito da tutti i governi del mondo: che quando l'interesse dello Stato esige scelte difficili per tutelare l'incolumità pubblica, il confine tra legalità e illegalità sfuma fino a dissolversi, e talvolta è consentito, e forse necessario, venire a patti con i delinquenti. Sarà interessante, leggendo la motivazione della recente sentenza di Palermo sulla cosiddetta trattativa Stato-mafia, se questi principi siano stati tenuti in considerazione, o se si debba instaurare a carico del compianto onorevole Moro un processo postumo, come avvenne per Papa Formoso più di mille anni fa.

La prematura scomparsa di Pier Paolo Pasolini

Nella notte tra il 1 e il 2 novembre del 1975 Pierpaolo Pasolini fu ucciso in modo brutale sulla spiaggia dell'idroscalo di Ostia. L'Italia inorridì, e il mondo intellettuale insorse indignato. Solenni "Oraisons Funèbres" furono declamate durante la cerimonia laica. Il 6 novembre a Casarsa nel Friuli furono celebrate le esequie religiose, con un più intimo ricordo di Padre Turoldo. Le circostanze della sua morte furono, ovviamente, trascurate: "de mortuis nihil nisi bonum".

Erano circostanze quantomeno imbarazzanti. Dalle prime indagini risultò che Pasolini, avvezzo a frequentare "ragazzi di vita", aveva imbarcato in auto un diciassettenne, Pino Pelosi, per contrattare una prestazione, si diceva allora, contraria ai buoni costumi. Messo alle strette, il ragazzo confessò di aver ammazzato a bastonate il suo cliente per un malinteso sorto sulla natura dell'attività concordata; per disprezzo o per sovrapprezzo, gli era passato sopra con il veicolo, straziandone il corpo. L'orrore collettivo si scompose in diverse reazioni.

Alcuni predicarono che il defunto, in quanto artista e raffinato intellettuale, godeva del privilegio di essere svincolato dalla corrente morale bigotta; altri, all'opposto, riversarono sulla vittima le contumelie di un moralismo sospetto; altri, di animo più silvestre, dissero semplicemente che se l'era cercata. Al di là delle dichiarazioni ufficiali, comunque, molti mugugnarono in silenzio: Pasolini non aveva molti amici, soprattutto tra i politici. A cominciare dal PCI che lo aveva espulso anni prima per "indegnità morale".

In effetti, nella sua multiforme produzione artistica, letteraria e cinematografica Pasolini aveva dimostrato una versatilità che ne rendeva impossibile la classificazione ideologica. Era un uomo di sinistra, ma un eretico di cui tutti diffidavano: oltre ai benpensanti scandalizzati dai suoi costumi eterodossi, polemizzavano con lui i radicali per il suo antiabortismo, i comunisti per la sua indipendenza, i gruppettari per le sue sferzate, gli anarchici per le sue frequentazioni salottiere, e tutti per queste sue apparenti incoerenze. In realtà, come tutti gli spiriti liberi e trasgressivi, disprezzava le convenzioni borghesi quanto i diktat dei partiti: durante gli scontri tra gli extraparlamentari e i poliziotti aveva parteggiato per questi ultimi, rimproverando i primi di esser dei figli di papà che giocavano alla rivoluzione.

Anche con la religione i suoi rapporti erano complessi. Nel suo "Vangelo secondo Matteo" sconvolse i tradizionali canoni oleografici per rappresentarci Gesù con umano realismo. Molti cattolici protestarono, altri plaudirono. Zeffirelli, anni dopo, si sarebbe preso la rivincita ritornando alle immagini di Grunwald e a una Gerusalemme erodiana, diversa dai ruvidi sassi di Matera ripresi da Pasolini. Ricostruire il cosiddetto Gesù storico è una tentazione comune, da Reimarus a Renan ad Albert Schweitzer. Tuttavia, come concluse quest'ultimo, è impresa impossibile, e comunque abusiva. Ma torniamo al nostro poeta e alle sue tendenze che lo portarono alla morte.

Ancora negli anni '70, quando già erano stati introdotti il divorzio e l'aborto, l'omosessualità era vista con un misto di ripugnanza e sospetto, ed era apostrofata, tra le persone più grossolane, con epiteti di pittoresca volgarità. Essa era tollerata, ed anche accettata, come una perdonabile eccentricità estetizzante di alcuni signori delle arti e della moda, purché fosse mantenuta nei limiti di una riservatezza educata. In sé stessa non era punibile, ma talvolta arrivava nelle aule giudiziarie perché connessa a reati di contorno, come gli atti osceni e la corruzione di minorenni. Processi subiti anche da Pasolini, che comunque ne era uscito quasi sempre indenne.

Oggi la situazione è più complicata, ai limiti del paradosso. Da un lato, infatti, l'omosessualità è accettata dalla Chiesa, protetta dalla società e disciplinata dalle norme sulle unioni civili; dall'altro, i rapporti retribuiti con i minori di diciotto anni sono severamente sanzionati. Se il (o la) partner viene pagato (a) in qualsiasi forma scatta il reato di prostituzione minorile. Non ha importanza che la ragazza, o il ragazzo, siano sessualmente e psichicamente maturi, e magari "adusi", come si diceva un tempo, a simili esperienze: la maestà della legge è oggi implacabile.

Ma nel 1975 questa legge non esisteva. In conclusione, non sappiamo con certezza se Pasolini avesse adescato "*er rana*" con denaro o altri regali. Ma se così fosse stato, quel comportamento, allora penalmente lecito, oggi costerebbe al suo autore una dura e infamante condanna. Le leggi, come i costumi e la morale, sono relative.

Alcune circostanze di questo presunto adescamento e di quel che ne seguì non furono mai completamente chiarite, e questi dubbi fecero fiorire negli anni seguenti, come di consueto, le ipotesi più fantasiose. Si disse di tutto: una rapina di balordi, un'orgia degenerata, un regolamento di conti, via via fino agli immancabili complotti: quello economico, attribuito ai petrolieri, quello politico, attribuito allo stragismo fascista, e quello internazionale ovviamente riferibile alla Cia e magari al Mossad. Tutte illazioni arbitrarie, derivate dalla pergamena marcita della più rozza dietrologia.

In realtà la sentenza finale della Cassazione, che confermò la condanna del Pelosi è sostanzialmente convincente. Non pretende di arrivare a una certosina descrizione dell'omicidio, dei suoi moventi intimi e dei suoi antecedenti ambientali, e del resto bisogna guardarsi dai verdetti di largo respiro etico, sociologico o metafisico, che spesso tradiscono i pregiudizi di magistrati fanatici. La Cassazione ribadisce piuttosto alcuni punti fermi, che ricostruiscono la morte di una vittima senza indugiare sull'apologia del sottostante poeta. Una sentenza sull'oscenità di un'opera può anche sconfinare nell'estetica, come quella sull'eutanasia può introdurre concetti etici. Ma il verdetto sulle modalità di un omicidio dev'essere asettico come un'autopsia e limitarsi ai fatti. E questi, come ricostruiti dalla magistratura, sono abbastanza semplici. Pasolini fu ucciso da un diciassettenne omosessuale, avvicinato per uno dei tanti incontri che entrambi erano soliti fare. Questo non toglie nulla a Pasolini artista, e nessuno può moralizzare sulle sue inclinazioni e sui suoi comportamenti, anche se questi, come s'è detto, oggi costituirebbero un grave reato.

Possiamo solo provare rimpianto per un'intelligenza così vivace spenta prematuramente, e pietà per una morte così squallida e brutale. Ma non tutti i poeti maledetti hanno la fortuna di morire, come lord Byron, sul campo dell'onore.

L’impresa di Entebbe

Fu la più audace e brillante azione militare del ventesimo secolo. Più rischiosa di quella di Eban Emael, dove un pugno di paracadutisti tedeschi conquistò, nel 1940, l’inespugnabile fortezza del Belgio; più fortunata di quella di Saint Nazaire, dove i commandos britannici fecero incagliare ed esplodere un loro cacciatorpediniere bloccando il porto; e più complessa di quella dei nostri incursori ad Alessandria, quando sei uomini e tre “maiali” distrussero mezza flotta inglese.

Il mondo rimase annichilito dall’ammirazione e dallo stupore quando, la domenica del 4 luglio 1976, un gruppo di israeliani, dopo un volo di duemila miglia, atterrò all’aeroporto di Entebbe in Uganda, neutralizzò le guardie di Amin Dada, eliminò otto terroristi e liberò più di cento ostaggi destinati a morte sicura. Quando i soldati rientrarono in patria furono accolti da un’ondata di emozione quale mai era stata vista in Israele dai tempi di Giuda Maccabeo. Una vittoria pagata con la vita del loro comandante, il colonnello Yonathan (Yoni) Netanyahu, di 30 anni: un volto di attore, un cervello di filosofo e un cuore di leone. Molti, ancora oggi, si domandano se la carriera politica di suo fratello Benjamin sia stata facilitata da questo nome glorioso.

Tutto era cominciato una settimana prima quando un Airbus 300 della Air France, con 248 passeggeri e 12 membri dell'equipaggio era stato dirottato da quattro terroristi, due tedeschi e due palestinesi, e dopo una sosta in Libia era atterrato ad Entebbe. Le richieste furono immediate: la liberazione di 53 militanti detenuti in Israele e altrove o la soppressione degli ostaggi. Incidentalmente, si chiedeva la scarcerazione del famigerato Kozo Okamoto, un fanatico giapponese che aveva assassinato 26 civili all'aeroporto di Lod.

Il governo di Itzak Rabin sulle prime esitò. La politica di Tel Aviv era sempre stata chiara: nessuna trattativa con i terroristi, anche a costo di perdite umane. Ma stavolta la cosa era diversa. L'aereo era francese, gli ostaggi di varie nazionalità, la distanza troppo lunga e il tempo troppo breve. Rabin, il generale protagonista della vittoria del '67, non era un ottuso guerrafondaio. La sua opera sarebbe stata coronata anni dopo dal premio Nobel per la pace, e dal successivo martirio ad opera di un altro fanatico: in quel momento una trattativa sembrava il male minore.

Tuttavia le speranze svanirono quando fu chiaro che l'Uganda, e il suo pittoresco dittatore erano complici dei dirottatori, che nel frattempo erano raddoppiati di numero e avevano liberato gli ostaggi non ebrei. L'aeroporto di Entebbe era protetto dall'esercito, non per sorvegliare i banditi, ma per evitare la fuga dei prigionieri. Rabin e il suo ministro della difesa, Shimon Peres, consultarono i militari. Era possibile un intervento risolutore?

Il capo di stato maggiore, Mordecai Gur, convocò i vertici dell'aviazione, dell'esercito e delle forze speciali. Furono esaminate molte possibilità: un'incursione con canotti attraverso il lago Vittoria, un lancio in grande stile di paracadutisti sull'aeroporto, o un intervento più mirato. Quest'ultima opzione era più realistica, le altre avrebbero richiesto più tempo, e uno spiegamento logistico imponente. Inoltre sarebbe mancata la sorpresa, e probabilmente sarebbe stata una carneficina.

Si decise di mandare l'unità di élite, la Sayeret Matkal, rinforzata da elementi di paracadutisti e membri della brigata Golani: "il meglio del meglio", come disse il loro comandante e come le circostanze avrebbero rivelato.

Le truppe si imbarcarono in quattro aerei Hercules, ed arrivarono in piena notte nell'aeroporto semideserto. I terroristi avevano ammassato i passeggeri nel vecchio terminal, tenendoli costantemente sotto controllo armato. Due degli ostaggi, reduci dall'Olocausto, avevano mostrato ai nuovi sgherri tedeschi il tatuaggio fatto ad Auschwitz, ricevendone in cambio ingiurie e minacce. Non si facevano illusioni, ma si comportarono con grande dignità. Il comandante dell'aereo, Michel Bacos, aveva voluto restare, con tutto il suo equipaggio, assieme a loro.

Improvvisamente si scatenò l'inferno. Netanyahu aveva portato i suoi uomini all'ingresso della prigione con uno stratagemma, guidando una sontuosa Mercedes nera solitamente usata dal balordo dittatore. Eliminate le guardie, i commandos irruppero all'interno, individuarono e uccisero i terroristi e liberarono i prigionieri. Nel frattempo dagli altri tre aerei erano sbarcati i rinforzi, incaricati di coprire la ritirata e di distruggere i Mig che avrebbero potuto inseguirli. In meno di un'ora tutto era finito.

Il viaggio di ritorno fu straziato dall'agonia e dalla morte di Yoni, colpito da una fucilata mentre dirigeva lo sgombero. Un altro soldato, Sorin Mershko era gravemente ferito alla spina dorsale. Ancora oggi è completamente paralizzato, e si occupa di malati e invalidi. Una recente foto lo mostra sorridente, sulla sedia a rotelle, mentre riceve l'omaggio del primo ministro, fratello del suo commilitone caduto. Furono due perdite dolorose, ma straordinariamente esigue rispetto alle previsioni. Anche tra gli ostaggi, le vittime erano state solo tre.

L'operazione di Entebbe ebbe importanti conseguenze politiche e militari. Dimostrò l'efficacia dell'intransigenza nei confronti del terrorismo, quando essa si coniuga con una riflessione ordinata e una corrispondente efficienza operativa; evitò una catastrofica sequenza di ricatti, che avrebbero logorato altri paesi meno uniti e determinati di Israele; impose un potenziamento dei controlli aeroportuali, che ridussero, almeno fino all'11 settembre di venticinque anni dopo, il numero dei dirottamenti e delle vittime. E soprattutto esaltò la forza morale e militare di Israele, una piccola democrazia in quel territorio martoriato, che seppe reagire con fantasia, coraggio e ingegno davanti ad un'aggressione vile e a un isolamento vergognoso. L'Onu infatti si distinse per la sua ordinaria inettitudine. Le democrazie occidentali oscillarono tra un sostegno di facciata e un'ammirazione un po' invidiosa. Il mondo comunista schiumò di rabbia, ma ingoiò il rospo e imparò la lezione.

Israele fece buon uso del successo. Negoziando da posizioni di forza, condusse molti paesi arabi al tavolo delle trattative. Rabin e Sadat pagarono con la vita questo processo di pace. Il resto è cronaca, per lo più dolorosa: in Medio Oriente, come altrove, l'aggressività della nostra natura è soltanto temporaneamente, e forse casualmente, mitigata dal buon senso. Yoni Netanyahu, studioso di filosofia, lo sapeva perfettamente. In una lettera alla moglie, anni prima, aveva scritto: "Che strano animale è l'uomo. Questo è un mondo di matti".

Il caso Tortora

Il 17 giugno corre l'anniversario di una delle ore più buie della nostra giustizia. Perché quella mattina del 1983 la Procura di Napoli ordinò l'arresto di 856 appartenenti alla Nuova Camorra Organizzata. Tra questi c'era uno dei volti televisivi più noti ed amati: Enzo Tortora, accusato di associazione per delinquere e traffico di stupefacenti. Il blitz fu condotto sotto gli occhi delle telecamere, opportunamente convocate per l'orrendo spettacolo: benché ammanettato il presentatore manifestò serenità che alcuni sciacalli interpretarono come arrogante manifestazione di colpevolezza. Questo chiasso indecente avrebbe dovuto farci subito capire che l'inchiesta era partita male.

In realtà proseguì assai peggio. Per pura omonimia, furono arrestate decine di persone sbagliate: una sciatteria che, invece di allarmare chi di dovere, fu sommariamente licenziata come scusabile danno collaterale. Altri imputati furono scarcerati poco dopo per assoluta mancanza di indizi. Gli avvocati dei restanti detenuti dovettero accontentarsi, per preparar le difese, della lettura dei giornali. Erano aberrazioni indegne di un paese civile. Ma se non avevano una giustificazione, avevano una causa: lo strapotere della Magistratura.

La Magistratura era allora all'apice del suo prestigio, guadagnato sul campo nella lotta contro il terrorismo. Non solo perché aveva avuto un numero di morti di gran lunga superiore - in proporzione - a qualsiasi altra categoria, ma perché aveva contribuito in modo determinante alla legislazione premiale che si era dimostrata efficace e risolutiva. Sembrava impossibile che le stesse toghe che avevano acquisito tante benemerenze potessero ora precipitare nell'abisso di errori clamorosi o peggio, di pregiudizi persecutori.

A questo equivoco contribuì molto la stampa: i cronisti giudiziari sposarono quasi unanimemente la tesi accusatoria e dipinsero gli inquirenti come gran lavoratori onesti e preparati. Solo alcuni commentatori manifestarono perplessità. Ma Tortora era un boccone troppo ghiotto: era un liberale, non godeva delle consuete protezioni cattocomuniste e dietro la sua elegante ironia, che taluno confondeva con l'affettazione stucchevole, nutriva una solida e estesa cultura di tolleranza e insieme di rigore. Se c'era un personaggio sul quale potessero concentrarsi tutte le sataniche eumenidi dell'invidia sociale, era proprio Tortora. Così il linciaggio continuò.

Tortora scrisse dal carcere delle lettere commoventi per sensibilità e coraggio: la sua compagna, Francesca Scopelliti, le ha raccolte qualche anno fa in un libro che dovrebbe figurare tra i testi obbligatori per il concorso di magistratura. Dopo un anno di calvario, fu eletto al Parlamento europeo nelle liste radicali, superando lo stesso Pannella con 485.000 preferenze.

Una volta liberato, affrontò il processo, e finalmente potè prender visione delle prove. Erano stracci maleodoranti di individui miserabili e ambigui, che avevano accusato Tortora in momenti diversi, tra contraddizioni palesi e in vista di cospicui benefici. Gli avvocati Dell'Ora e Della Valle si batterono come leoni per demolire questo castello di calunnie e di stupidità: il tribunale condannò "il trafficante di morte" a 10 anni di reclusione.

Sembrava una turlupinatura metafisica. A motivare la condanna non c'era quasi nulla, e quel poco che c'era puzzava di menzogna e di balordaggine. Ma Tortora fece come Socrate, manifestò il suo rispetto per la legge e il suo disprezzo per i giudici. Dopo un nobile discorso tenuto a Strasburgo il 10 dicembre, "giornata dei diritti dell'uomo", si dimise dalla carica, ritornò in Italia e fu di nuovo arrestato. Finalmente arrivò l'appello, e questa volta anche giustizia. La Corte smontò e ridicolizzò le accuse, censurando in modo spietato gli errori, le omissioni, le contraddizioni di un'impalcatura costruita sulla calunnia dei criminali e l'incompetenza degli inquisitori. Dopo una simile strapazzata, in un paese normale quei giudici avrebbero dovuto cambiar mestiere: da noi furono promossi. Il 13 giugno 1987 la Cassazione confermò la sentenza di Appello. Un anno dopo, il 18 maggio 1988, Enzo Tortora morì stroncato dal cancro.

Visto retrospettivamente, e prescindendo - con fatica - dal suo immenso strascico di dolore, possiamo dire che il caso Tortora rivelò il pericolo di una magistratura accecata dall'esaltazione della vittoria sul terrorismo, e fece emergere l'equivoco tra il pentito brigatista e quello mafioso. Il primo era un rivoluzionario deluso, un combattente sconfitto, al quale lo Stato offriva una resa conveniente e per certi aspetti addirittura onorevole. Le sue dichiarazioni, benché non spontanee né disinteressate, erano comunque credibili. Camorra e mafia erano invece un altro pianeta, dove l'amoralità dei componenti si coniugava con l'assenza di ogni motivazione ideologica.

L'errore della magistratura fu di applicare il criterio dei riscontri in modo improprio, fondandoli su elementi omogenei a quelli da riscontrare: pretendendo cioè di provare la credibilità di un mafioso con le affermazioni di un altro mafioso, senza contare che come due cretini non fanno un intelligente, così due delinquenti inaffidabili non fanno un testimone credibile.

Davanti a un simile scandalo la politica corse ai ripari con due provvedimenti: il referendum sulla responsabilità civile dei magistrati e il nuovo codice di procedura penale. Entrambi si rivelarono fallimentari, e non poteva essere altrimenti. Il primo, perché era così pasticciato da sembrare più un simbolico ammonimento che una compiuta edittazione sanzionatoria. Il secondo, perché il processo alla Perry Mason, senza un'adeguata riforma costituzionale, sarebbe stato monco e imperfetto, ed infatti fu subito demolito dalla Corte Costituzionale che, unitamente alla schizofrenia bustrofedica del legislatore, lo ridusse a un'incomprensibile arlecchinata.

Commentando il calvario di Tortora, Marco Pannella disse una grande verità: "che il diritto alla vita e la vita del diritto non sono indissolubilmente legati, ma sono la stessa cosa". Purtroppo nemmeno la sua voce fu ascoltata, e la politica continuò ad arretrare davanti allo strapotere della magistratura, alimentato a sua volta dagli scandali e dalle corruzioni dei partiti. Tangentopoli rappresentò l'esasperazione delle anomalie emerse nel caso Tortora, e il definitivo sgretolamento delle garanzie individuali.

La stampa continuò nella sua riverente attitudine adesiva alle procure, viste come fonte inesauribile e indispensabile per la sapiente diffusione di notizie pilotate. Unica voce di dissenso, a denunziare il pericolo di un governo di toghe, fu il presidente Cossiga, che predisse che questa porcheria sarebbe cessata solo quando i magistrati si fossero arrestati tra loro. Una circostanza che ora pare vicina.

L’unificazione delle due Germanie

Il 23 agosto 1990 i parlamenti delle due Germanie allora esistenti annunciarono la volontà, e la fattibilità, delle loro riunificazione. Fino a quel momento, erano state divise praticamente in tutto, tranne la lingua e i ricordi. Da una parte, la Repubblica Federale Tedesca (RFT), libera e nostra alleata. Dall’altra, la Repubblica Democratica (DDR) comunista e satellite dell’Unione Sovietica. Il popolo tedesco, in larga maggioranza, esultò. Le cancellerie occidentali furono più caute. Anche se Ronald Reagan, ormai in pensione, poteva ritenersi soddisfatto della caduta dell’“Impero del Male” e dei suoi manutengoli, le ferite inferte dal nazismo all’umanità non si erano del tutto rimarginate, e qualcuno si domandò se questa decisione non fosse prematura.

La divisione delle due Germanie risaliva alla fine della seconda guerra mondiale, e rispecchiava le conquiste territoriali degli Alleati. Stalin e Roosevelt avevano comunque deciso a Yalta le rispettive zone di influenza, esimendo il generale Eisenhower dal marciare su Berlino. Questo gravoso onore fu lasciato all’Armata Rossa, che vi perdette centinaia di migliaia di uomini e intese rimanerci. Così, i 18 milioni di tedeschi “liberati” dai sovietici passarono d’un tratto dalla dittatura di Hitler a quella di Stalin: il braccio teso fu sostituito dal pugno chiuso, il camerata diventò compagno, i lager si trasformarono in gulag, e la Stasi sostituì - spesso con gli stessi individui - la famigerata Gestapo. Rimase solo il passo dell'oca, che i Vopos (la Volkspolizei) continuarono a esibire con la consueta e martellante cadenza teutonica.

La Repubblica Federale Tedesca fiorì in economia, finanza e cultura, e l'artefice di questa resurrezione, il cancelliere Konrad Adenauer, può esser assimilato per integrità morale, lungimiranza politica e fede religiosa al nostro De Gasperi. Dopo trent'anni dalla disfatta, questa Germani libera era ritornata così ricca che quando l'Italia, stretta dalla crisi petrolifera del '73, dovette cercare un prestito, lo trovò solo presso il governo di Bonn, che pretese in pegno le nostre riserve auree.

Al contrario la DDR, oppressa dall'inetta burocrazia statalista, viveva in decorosa povertà. Manteneva, è vero, l'isola dei Musei di Berlino e la stupenda Gemaldegalerie di Dresda, con la Madonna Sistina di Raffaello e la Sant'Agnese di Ribera; coltivava la prestigiosa orchestra della Gewandhaus di Lipsia, sotto la geniale bacchetta di Kurt Masur; lavorava sodo nell'industria pesante, destinata alle divisioni corazzate del Patto di Varsavia, e in quella leggera che produceva le Trabant, utilitarie il cui nome evocava, ironicamente, l'immagine di un trabiccolo sgangherato. Ma per il resto condivideva con gli altri satelliti del pianeta comunista una vita di stenti. Qualche tedesco cercava di scappare da questa prigione, e talvolta ci riusciva. Ma i più vivevano rassegnati: alcuni in penitente espiazione del passato, altri in tacita invidia dei ricchi occidentali, tutti comunque terrorizzati dall'onnipotenza della polizia segreta.

Periodicamente si consolavano ai giochi olimpici, dove le loro atlete, dopate dagli ormoni e da altri veleni, assumevano caratteristiche mascoline, umiliavano le meno nerborute avversarie, e nel nuoto battevano persino le snelle sirene californiane.

L'avvento quasi simultaneo di Reagan, di Gorbaciov e di papa Woityla segnò, come è noto, la fine dell'Unione Sovietica e dei subalterni regimi fantoccio, compreso quello della DDR. Pochi oggi ricordano il profilo caprino di Walter Ulbricht e la plumbea maschera di Erich Honecker, diversi nel fisico, ma accomunati nel cupo grigiore del servilismo alla chiesa madre moscovita. Quando i tedeschi se ne liberarono, e la loro turpe figura fu sostituita dall'immagine di Rostropovich che suonava Bach tra le macerie del muro di Berlino, il mondo capì che per la Germania la ragione riprendeva a parlare e la speranza a rifiorire. La lunga divisione, artificiosa e coatta, era finita.

L'unificazione voluta dal cancelliere Helmuth Kohl fu studiata, attuata e conclusa con la stessa efficiente progettazione delle campagne di Rommel e di Guderian. La RFT accettò sacrifici immensi per accogliere i fratelli dell'Est, ed elevarli al proprio livello di prosperità. Fu un'impresa anche più difficile e costosa della ricostruzione postbellica, ma consentì la creazione di uno Stato di ottanta milioni di cittadini intelligenti, colti, laboriosi e disciplinati. Giulio Andreotti, con una delle sue uscite pungenti, disse che amava così tanto la Germania da volerne due. Aveva intuito che, rimessi insieme, i tedeschi avrebbero presto dominato l'Europa.

La profezia si è avverata, anche se è stata assecondata dall'inavvedutezza dei padri di "questa" Unione Europea. La storia, la geografia e la logica avrebbero dovuto insegnare che in una società di membri ineguali per estensione, ricchezza e tradizioni, il patto leonino, inteso come supremazia della bestia più forte, può esser evitato solo da una legislazione vincolante e omogenea. Al contrario, i componenti di questo strambo sodalizio hanno in comune soltanto la burocrazia e la moneta, senza una sottostante uniformità politica, giuridica, fiscale, e soprattutto senza una Costituzione. Così Angela Merkel può - a buon diritto - dettar legge, con affabilità vescovile ma con energia luterana a una consorteria di aggregati che le hanno affidato, di fatto, le leve del potere.

Nonostante questa nostra sovranità limitata, noi celebriamo con commozione ed entusiasmo la riunione delle due Germanie in una democrazia liberale. Sembrava impossibile che i militarismi di Moltke e di Bismark, le velleità egemoniche del Kaiser e le apocalittiche perversioni di Hitler potessero convertirsi, nell'arco di due generazioni, in un sistema tollerante, efficiente e solidale. Noi assistiamo con gioia, e con riverente stupore, ai tardivi trionfi delle menti e dei cuori tedeschi, da Lessing a Heine a Sophie Scholl, cui va riconosciuta la paternità morale di questa evoluzione. E conveniamo che per l'adozione di un inno europeo, il binomio Schiller-Beethoven è stata la scelta migliore.

Per il resto, auspichiamo che questo grande popolo ascolti sempre l'insegnamento del suo più grande scrittore: "Una cosa resta eternamente vera - scrisse Goethe - sapersi limitare. È questa la caratteristica primaria di un poeta, di un artista e di un uomo".

L'invasione dell'Iraq

Il 29 novembre 1990, il Consiglio di Sicurezza dell'Onu approvò la risoluzione 678 che legittimava l'intervento militare in Kuwait. Iniziava così un conto alla rovescia che si sarebbe concluso, ammesso che sia concluso, con la caduta di Saddam Hussein tredici anni dopo. Con il senno di poi, come sempre accade agli storici, il risultato può sembrare insoddisfacente. Ma all'epoca quella risoluzione era inevitabile, ed in effetti ebbe il consenso di quasi tutto il mondo, compreso quel che restava dell'Unione Sovietica.

I fatti. Il 2 agosto 1990 l'esercito iracheno aveva invaso il Kuwait, povero di abitanti ma ricco di petrolio. Saddam Hussein accampò i soliti pretesti dei dittatori, dietro i quali stavano l'ambizione del satrapo e l'enorme ricchezza del piccolo e inerme confinante. Il minuscolo esercito kuwaitiano si difese bene, ma dovette soccombere alle soverchianti forze dell'invasore. Per sovrapprezzo, Saddam Hussein prese in ostaggio vari civili occidentali presenti a Bagdad, proclamando che se ne sarebbe servito come scudi umani in caso di un attacco aereo.

Il mondo ne fu sgomento: nessuno aveva immaginato un'operazione così fulminea e così spietata. Riavutisi dalla sorpresa, gli Sati Uniti reagirono con determinazione. Tollerare un simile sopruso nei confronti di un paese amico avrebbe significato un irrimediabile discredito per l'intero Occidente, un intollerabile arricchimento del già bellicoso dittatore iracheno e in prospettiva una grave minaccia per l'intero Medio Oriente e un conflitto con Israele.

Il presidente Bush (senior) volle tuttavia il consenso delle Nazioni Unite, com'era avvenuto quaranta anni prima in Corea, pur sapendo che il peso maggiore, se non esclusivo, della guerra sarebbe caduto sui suoi soldati. Dopo le solite mille esitazioni, l'Onu approvò la risoluzione 678: se l'Iraq non si fosse ritirata entro il 15 gennaio, liberando gli ostaggi, sarebbe stata la guerra. Fu un gesto obbligato, perché altrimenti l'intera organizzazione si sarebbe rivelata tanto alta nei costi, quanto bassa nei risultati. Un sospetto che ancor oggi serpeggia, e con qualche buona ragione.

Alcuni Paesi arabi, timorosi delle mire di Saddam, si allearono con gli USA. La Gran Bretagna diede il suo appoggio totale. L'Italia, con la consueta prudenza, forse condizionata dal pacifismo del Vaticano, esitò. Alla fine prevalse l'interesse nazionale, e anche noi mandammo un piccolo contingente di aviatori. Come per la Crimea quasi un secolo e mezzo prima, il nostro contributo militare fu modesto, ma il significato politico importante. L'America, dal canto suo era ancora condizionata dalla sconfitta in Vietnam, costata oltre cinquantamila morti e conclusasi con una precipitosa ritirata. La presidenza Carter, dopo il disastroso tentativo di liberare gli ostaggi sequestrati a Teheran da Khomeini aveva raggiunto l'apice del discredito, ma gli otto anni di Ronald Reagan avevano ridato al Paese orgoglio e fiducia. Tuttavia la prova del fuoco doveva ancora venire.

La dottrina e la strategia militare degli USA erano state rivoluzionate, con un'efficace ammodernamento di mezzi e di tecnologie. Ma soprattutto era mutato l'umore degli americani, non più afflitti dalla sindrome di una guerra lontana, incompresa e perduta. Ora prevalevano l'indignazione per l'arroganza del satrapo e i timori di una crisi petrolifera. La solidarietà degli alleati e soprattutto del Regno Unito fu preziosa: il principe Carlo si presentò in divisa sul campo di battaglia.

A comandare la coalizione fu nominato un roccioso e capace ufficiale, dal nome significativamente tedesco, Norman Schwarzkopf, detto "the bear" (l'orso), sia per la stazza che per il carattere. Era favorito dal terreno: non più la giungla indocinese, ma una spianata desertica, l'ideale per i bombardieri e i blindati di cui ampiamente disponeva. Comunque il generale non volle correre rischi: adottò la strategia di Montgomery, ammassando una quantità enorme di truppe, la tattica di Guderian, sfondando con i corazzati, e l'astuzia di Annibale, fingendo uno sbarco che non avvenne mai. L'offensiva cominciò alla scadenza dell'ultimatum, la notte del 17 gennaio: i missili Cruise e gli aerei Stealth distrussero tutte le centrali di comando e controllo del nemico, coprendo il cielo di Bagdad con una tempesta pirotecnica che il mondo vide in diretta di TV.

Fu quello il momento degli inviati, da Peter Arnett a Christiane Amanpour, che tra un botto e l'altro commentarono l'uso delle "bombe intelligenti", ordigni guidati dai laser che effettivamente selezionavano e distruggevano i bersagli senza troppi danni collaterali.

Poi, per un mese, i giganteschi B52 - affidabili reduci degli anni '50 e ancora oggi in servizio - spianarono le linee irachene sotto un giornaliero diluvio di fuoco. Preparato così il terreno, la mattina del 24 febbraio avanzarono le truppe di terra, con uno schieramento di corazzati quale mai si era visto dalla battaglia di Kursk. Gli Abrams americani e i Challenger inglesi fecero dei T72 iracheni quello che gli Chassepots avevano fatto a Mentana contro i garibaldini: una strage. Saddam Hussein capì che stava perdendo la guerra. La sua prima reazione era già stata vile quanto l'aggressione al piccolo paese confinante. Sperando di trascinare gli altri paesi arabi in un conflitto generale, aveva attaccato Israele con i missili a suo tempo fornitigli dalla Russia. Israele fu tentata di reagire, e forse la sua azione sarebbe stata ancora più severa di quella americana, ma fu dissuasa da Bush che inviò le batterie dei Patriot, avveniristici antimissili rivelatisi efficaci. Alcuni caddero su Tel Aviv, ma la capitale continuò a vivere normalmente. Ricordiamo con commossa riverenza Isaac Stern, mentre suona il concerto per violino di Beethoven con la maschera antigas appoggiata alla mentoliera.

A quel punto, disperato, Saddam Hussein incendiò i pozzi di petrolio, distruggendo ricchezze, inquinando i cieli, e spronando ancor di più le truppe della coalizione. Schwarzkopf distrusse in tre giorni quel che restava del vanaglorioso esercito iracheno, ma fu fermato alle porte di Bagdad. Bush opportunamente aveva deciso di lasciare il dittatore al potere, con una sovranità limitata, per non provocare un dissesto della regione, dove già fermentava l'estremismo islamico, che il laico Saddam aveva sempre combattuto.

Dodici anni dopo suo figlio, George Jr. non fu altrettanto saggio. Per varie ragioni, compresi i timori che Saddam cercasse la rivincita costruendo armi di distruzione di massa, rinnovò l'attacco, entrò nella capitale, e depose il tiranno che fu successivamente impiccato dai suoi. Quel che ne seguì, è cronaca di oggi.

Il centenario del Partito Comunista Italiano

Ricorre in questi giorni il centenario della nascita del Partito Comunista Italiano, fondato il 21 gennaio 1921 a Livorno da una costola dei socialisti. Questa data coincide con la scomparsa di uno dei suoi rappresentanti più illustri: l'amico Emanuele Macaluso, con cui, malgrado la diversità di molte idee, condividevamo la fede nel garantismo e l'amore per alcuni piaceri della vita. Il suo riverente ricordo mitiga il nostro giudizio severo su questo partito, al quale peraltro riconosciamo il merito di avere, almeno nelle intenzioni, sostenuto la causa dei poveri e degli sfruttati.

Questa sensibilità non era originaria dell'ideologia marxista, cui il Pci si ispirava. Era sorta tra i filantropi e gli utopisti europei disgustati dalla miseria provocata da una disordinata rivoluzione industriale, e dalla cinica rapacità dei suoi protagonisti. Ma era stato Marx a darne una sistemazione teorica, mutuando da Hegel una dialettica trasferita dalle astratte regioni dello spirito a quelle materiali della lotta di classe. Il comunismo era presto diventato una religione, e quindi una chiesa. La rivoluzione bolscevica ne aveva fissato la sede a Mosca, cui presto tutti i partiti, compreso il nostro, prestarono ossequio fedele. L'avvento di Stalin eliminò definitivamente ogni dissenso interno ed esterno, e sull'originaria aspirazione palingenetica dell'arruffato filosofo calò la plumbea Vulgata del Cremlino. In Italia, l'avvento del fascismo spinse il Pci nella clandestinità, molti membri ne sopportarono con coraggio il carcere o l'esilio, ma molte cellule continuarono a operare. Esse costituirono l'embrione di una parte della Resistenza armata durante l'occupazione nazista. Militarmente contò poco, ma politicamente legittimò il Pci alla costruzione della Repubblica. La firma di Umberto Terracini in calce alla Costituzione testimonia il contributo determinate a un'impalcatura legislativa che ancora sussiste.

La diffidenza verso Stalin, il magistero della Chiesa, la personalità di De Gasperi e l'alleanza con l'America determinarono, nel 1947, l'allontanamento del Pci dal governo. Da allora l'Italia visse una sorta di democrazia monca, ingessata dall'impossibilità di cedere la direzione a una forza eterodiretta e comunque invisa alla maggioranza del Paese.

Tuttavia il peso che il Pci perdette in potere politico lo guadagnò in ambito scolastico e culturale, con una lungimirante e accorta politica di accaparramento, aiutata dalla miopia della nuova generazione democristiana, e avallata da una condotta individuale rigorosa. In questo il Pci si differenziava dalla nomenclatura sovietica, di cui si poteva dire quello che Clemenceau rimproverava alla Chiesa: nata come insurrezione dei poveri si era trasformata nel sindacato dei ricchi. Nell'URSS infatti l'"Apparatchik" prosperava in una vita parallela, con privilegi impensabili negli stati liberali.

Al contrario, il Pci si vantava, e a buon diritto, di una disciplina quasi penitenziale. Era ufficialmente ateo: ma poiché, come insegnava un saggio, quando si smette di credere in Dio spesso si finisce per credere a tutto, aveva sostituito la Trinità e i santi con dei surrogati caricaturali. Così i nostri gerarchi sfilavano compunti davanti alle macabre salme di

Lenin e di Stalin, il cui corpo, "fangosa veste di decadenza", era stato imbalsamato a perenne simbolo di un lugubre feticismo ideologico.

Con l'andar del tempo il senso di questa teofania, già mal fissato nel pensiero di Marx, evaporava in quello dei discepoli, e spesso si risolveva in banalità enfatiche buone per un elettorato esposto a tutte le credulità. Quando, nel 1961, l'Urss fece esplodere Tzar, la più grande bomba H mai costruita, di oltre 50 megatoni, e successivamente piazzò gli SS20 nucleari a pochi passi da casa nostra, il Pci ne esaltò la funzione pacifica.

Qui si rivelò l'influenza cogente del Partito presso i cosiddetti intellettuali. Molti di questi fecero spallucce, e ne riversarono la colpa sulle provocazioni americane, per quella medesima grossolana seduzione dell'interesse che li tratteneva dal denunciare le incarcerazioni di Soltzenitsin e di Siniaswky, le umiliazioni di Pasternak e l'esilio di Andrei Sacharov, il padre della bomba prima ricordata. È stata una pagina deplorevole per la nostra storia, e ancor più per la nostra cultura.

Alcuni si sorprendevano che la bigotteria minuziosa dei burocrati di Botteghe Oscure accettasse il sostegno e la militanza di attori, registi e scrittori noti per i loro gusti eccentrici e la loro condotta dissoluta. Ed in effetti la casa madre moscovita ripudiava inorridita quelle forme artistiche innovative che considerava espressione della degenerazione borghese. Solo Picasso, a fatica e a prezzo di alcune umilianti concessioni aveva trovato benevolenza alla corte di Stalin. E tuttavia il Pci non si fidò mai completamente di queste disordinate truppe ausiliarie: la sua non fu una recezione acritica, ma accortamente vigilata. Quando fu necessario, come nel caso di Pasolini, intervenne con la pudicizia burbera del maestro elementare.

Anche qui gli intellettuali di sinistra incassarono, se non proprio con entusiasmo, certo con docilità cortigiana. Non erano tutti in malafede: di alcuni si poteva dire, come per Mirabeau, che erano pagati per mantener fede alle proprie opinioni. Il Pci, comunque, non esagerò mai. Sapeva che il lazzaretto politico cui era confinato era provvisorio, e comunque ampiamente accessibile.

Sarebbe tuttavia ingiusto dimenticare alcuni momenti in cui il Pci contribuì alla vita della nostra democrazia. L'adesione di Togliatti al governo Badoglio e alla Monarchia, l'amnistia largamente concessa anche ai fascisti, l'appello all'ordine dopo l'attentato di Pallante furono segnali importanti di realismo pacificatore. La vergogna di cui si coprì il partito appoggiando la repressione sovietica in Ungheria nel '56 fu in parte compensata dalla pur timida dissociazione dopo l'invasione della Cecoslovacchia nel '68. E la ferma difesa della legalità e dei principi costituzionali durante gli anni di piombo, unitamente al responsabile e saggio rifiuto di trattare con i brigatisti durante il caso Moro, contribuirono a legittimare il Pci, agli occhi dei moderati, più delle stucchevoli litanie sulla pace del mondo e dei rituali celebrativi di una Resistenza di cui si era indebitamente arrogato il monopolio.

Come spesso accade l'apogeo del Pci segnò l'inizio della sua fine. Dopo aver raggiunto e quasi superato la Dc alla morte di Berlinguer, il Pci subì la sorte della chiesa madre: tutta l'impostazione teorica del marxismo, già scricchiolante, crollò assieme al muro di Berlino. Il resto è cronaca di oggi, e benché l'attuale politica sia evanescente e quasi pittoresca, possiamo sentire una certa nostalgia di quegli uomini, ma non del partito che rappresentavano.

George Orwell

Il 21 gennaio 2020 morì Eric A. Blair, meglio noto come George Orwell, scrittore, saggista e combattente indomito per la libertà. Lo onoriamo per rievocare il suo "1984": un romanzo, come si dice oggi, distopico, di incredibile preveggenza sull'invasività dei controlli sulle nostre azioni e persino sui nostri pensieri. Questo sistema occulto, chiamato "Il Grande Fratello", è stato mortificato da una nota serie televisiva: nel racconto di Orwell, al contrario, rappresenta una lugubre e ossessiva oppressione.

Orwell era nato in India il 25 giugno 1903: suo padre era civil servant, mentre la madre discendeva nientemeno che dal conte di Westmoreland, un personaggio ricorrente nei drammi shakespeariani. Non erano ricchi, e così il giovane presto avrebbe dovuto guadagnarsi da vivere. Dopo aver studiato in vari collegi religiosi inglesi, si arruolò come poliziotto in Birmania: la prima esperienza gli fece perdere la fede in Dio, la seconda in quella dell'Impero Britannico e del suo ruolo civilizzatore. Orwell vide nell'intero colonialismo europeo un'intollerabile oppressione, e cominciò a maturare idee rivoluzionarie.

Dimessosi dalla carica, si trasferì a Parigi dove frequentò

i circoli più radicali e, nel 1936, si unì alle Brigate Internazionali di ispirazione marxista nella lotta contro Francisco Franco. Lì si accorse cosa fosse il comunismo: una Chiesa egemonica che eliminava spietatamente non solo i nemici, ma soprattutto chi combatteva dalla sua stessa parte: anarchici, trotzkisti, dissidenti. Ripudiò disgustato quella ideologia sanguinaria, e abbracciò la causa del socialismo riformatore; tornato buon patriota, durante la guerra, entrò nell'esercito territoriale. Intanto la sua salute declinava, e nel marzo del '45 gli moriva la moglie. Tra una disgrazia e l'altra, e tra una serie sterminata di articoli, romanzi e saggi letterari, pubblicò in quello stesso anno il suo primo capolavoro: "La fattoria degli animali", dove tutte le bestie sono uguali, ma alcune sono più uguali delle altre. Era la prima satira contro Stalin e la sua dittatura. Fu un grande successo, che gli rese fama e benessere. Non tutti comunque capirono che dietro l'allegra cooperativa agricola si rappresentava la tragedia di un paese avvilito dal bolscevismo più ottuso.

Quattro anni dopo la stessa requisitoria fu pronunciata con maggior vigore in una ben più tenebrosa ambientazione. Orwell pubblicò "1984" rappresentando con un angosciante realismo l'inferno della Russia sovietica, dove l'opprimente controllo dei sudditi si estende fino alla radice del loro pensiero. Su tutti e tutto vigila il "Grande Fratello" l'occhio del partito che individua immediatamente non solo la manifestazione ma anche la concezione di un minimo dissenso. Il protagonista Winston Smith, che ironicamente reca il nome del più illustre statista inglese e il cognome più anodìno, è uno di questi controllori governativi, che cade comunque, anche lui, nella rete del sinistro e untuoso O'Brien, l'inquisitore onniveggente.

Accusato di deviazionismo controrivoluzionario, Smith è interrogato nella stanza 101, una delle più geniali invenzioni di Orwell. La 101 non è una comune cella di torture con ferri acuminati, fruste e tenaglie roventi, mezzi grossolani ai quali qualche coraggioso può anche resistere. È invece strutturata secondo le paure di ogni singolo indagato: se teme i topi ci sono i topi, se è claustrofobico c'è un baule, e così via. Alla fine cedono tutti, compreso il povero Smith, e il libro non ha un lieto fine. È però una consolazione constatare che quel regime crollò nel 1989, cinque anni dopo l'anno in cui Orwell ne aveva ambientato l'apice della potenza.

Il romanzo fu subito compreso per quello che era, e la reazione dei comunisti fu violenta ai limiti dell'isteria. In Italia, il segretario del Pci, Palmiro Togliatti, esercitava sul partito potere regale, ma lo esercitava, per usare un'espressione di Tacito, con l'istinto di uno schiavo. Servilmente sottomesso a Giuseppe Stalin, il nostro "migliore" piegò la sua indiscussa intelligenza al catechismo moscovita, e sibilò i suoi rancori sulla rivista "Rinascita" definendo Orwell come un "poliziotto coloniale", e una "freccia dell'arco sgangherato di una cultura borghese".

Con qualche esitante e tardiva eccezione, il nostro sinistro conformismo culturale accettò il diktat della chiesa madre e del suo nunzio alle Botteghe Oscure, ignorando o dileggiando questo capolavoro, che Le Monde inserì tra i 100 migliori romanzi mai scritti. Ma i comunisti avevano le loro buone ragioni. Benché "1984" sia una spietata requisitoria contro ogni forma di totalitarismo, compreso quello capitalista quando tende a monopolizzare l'informazione, il suo bersaglio più evidente è la tirannide sovietica, che già aveva collaudato la stanza 101 durante le purghe degli anni '30 e presto l'avrebbe estesa ai paesi satelliti dell'Europa Orientale.

In effetti i metodi dell'inquisitore O'Brien son quelli tipici delle dittature fanatiche, che non mirano solo alla repressione del nemico ma alla sua conversione forzata, facendogli accettare o addirittura invocare una sanzione purificatrice. Abbiamo sopra ricordato alcuni esempi dei famigerati processi contro gli scomodi compagni dell'Armata Rossa. Ecco l'autoaccusa di Bucharin: "Non mi difendo. Sono uno spregevole fascista, un traditore della patria". E Kamenev: "Questa è la terza volta che mi trovo di fronte a una corte proletaria. Due volte la mia vita fu risparmiata, ma vi è un limite alla magnanimità del proletariato, e questo limite è stato raggiunto". Superfluo dire che queste confessioni erano state estratte con le torture più raffinate. Orwell l'aveva capito, quando ancora in Europa nessuno ne parlava, con la lungimirante intuizione degli artisti.

Fa parte delle ironie della storia - la quale, secondo la citatissima frase di Marx, rinnova le sue tragedie sotto forma di farsa - che l'originale invenzione del "Grande Fratello" sia stata ora convertita in una sorta di voyerismo sciatto e banale. Non solo. Oggi l'invasività della rete ha riprodotto, attraverso le fake news, quella manipolazione della realtà che non necessita nemmeno dell'occhiuta vigilanza dell'oppressore, e tutti rischiamo di appiattirci sull'arida omogeneità dei luoghi comuni svincolati da ogni controllo critico.

Per questo la lezione di Orwell è più attuale che mai. Anche senza ricorrere alla violenza e alla tortura, corriamo il rischio di rinunciare al pensiero autonomo per abbandonarci a una pigra e passiva ricezione di suggestioni. Winston Smith perse la sua battaglia per una irresistibile sopraffazione fisica e mentale. Noi siamo ancora in tempo a vincerla, se ci convinciamo che il peggior nemico dell'uomo, più ancora che la cattiveria, è la rassegnazione alla stupidità.

Mikhail Gorbaciov

Mikhail Gorbaciov ha recentemente compiuto 90 anni. Ne ripercorriamo brevemente il ruolo, nella dissoluzione di quello che Reagan chiamò "L'impero del male".

Non era entrato giovanissimo nel PCUS, e il suo "cursus honorum" non era stato particolarmente rapido. Ebbe un'accelerazione quando il malaticcio Yuri Andropov, subentrato nel 1982 a Leonid Breznev, lo introdusse nell'esclusivo comitato centrale. Ad Andropov seguì dopo due anni l'arcigno Kostantin Cernienko, che morì quasi subito. Nel frattempo Gorbaciov aveva maturato una convinzione: molte cose in Urss funzionavano male, o non funzionavano affatto: l'uomo non perdeva la fede, ma sfiorava l'eresia. Nonostante questo, nel 1985, poco più che cinquantenne, fu nominato Segretario Generale. E iniziò cambiamenti radicali.

La prima avvisaglia arrivò con la sostituzione del ministro degli esteri. La carica era da sempre occupata dall'inossidabile Andrei Gromiko, vero Talleyrand nell'adattarsi al tiranno di turno. La sua faccia impenetrabile era già apparsa a Yalta, alle spalle di Molotov, e sarebbe diventata usuale alle sfilate sulla Piazza Rossa, avanzando progressivamente nell'ordine gerarchico dei satrapi benedicenti la folla. Il vecchio burocrate fu sostituito da Eduard Shevardnadze, un progressista riformatore che sarebbe poi diventato presidente della repubblica georgiana. L'evoluzione fu facilitata dal pragmatismo di Ronald Reagan, che dopo aver brandito il bastone degli antimissili e delle guerre spaziali - una sfida insopportabile per l'esausta economia sovietica - esibì la carota della collaborazione leale. I due presidenti, pur così diversi, si intesero rapidamente e nel 1987 firmarono l'accordo per la limitazione delle armi nucleari in Europa. Il ghiaccio della guerra fredda si stava sciogliendo.

La perestrojka continuò. Furono silurati molti generali e allentate le restrizioni alle cerimonie religiose. Fu anche riconosciuto un limitato diritto di proprietà privata. Ma poiché le libertà, come insegnava il filosofo, sono tutte connesse, il riformismo dilagò sfiorando l'anarchia. Chi ha visitato l'Urss verso la fine degli anni '80 ricorda il disordine degli aeroporti, la confusione nei controlli e la prostituzione negli alberghi. I vecchi comunisti cominciarono a brontolare.

L'umiliante ritirata dall'Afghanistan, la caduta del muro di Berlino e le rivolte dei paesi baltici furono il l'innesto, il detonatore e l'esplosivo della conflagrazione finale. Nel 1991 in Lituania ed Estonia scoppiarono disordini. Gorbaciov inviò le truppe speciali per reprimerle, ma fu peggio. La protesta si estese alle altre "repubbliche socialiste sovietiche". Boris Eltsin, stella emergente della burocrazia moscovita, contestò il ruolo dominate del partito, e alcuni generali reagirono con un goffo colpo di stato, arrestando Gorbaciov. Eltsin, dalla torretta di un carro armato, guidò la controrivoluzione, eliminò i miliari e liberò il prigioniero, costringendolo, come Bolinbrooke con Riccardo II, ad ammettere pubblicamente il suo fallimento. Il 25 dicembre 1991 Gorbaciov si dimise.

Ritiratosi a vita privata, l'ancora giovane statista fu colmato di riconoscimenti ed onori. L'Occidente ricorda con gratitudine la sua breve marcia per riformare l'Urss e averne provocato indirettamente la dissoluzione. In Russia, per lo stesso motivo, non gode di altrettanta popolarità: i nostalgici gli rimproverano di aver distrutto la Nazione, e i liberali di esser rimasto un criptocomunista. Naturalmente è troppo presto per darne un giudizio imparziale, ma sin d'ora è possibile concludere che, più che il giustiziere, Gorbaciov fu il becchino di un sistema fallito.

Come tutti gli imperi, anche quello sovietico era soggetto a una decadenza e a una caduta. Ma se l'organismo è autorevole e consolidato, la prima può essere lenta, come avvenne a Roma, e la seconda indolore, come nel caso britannico. Per Mosca fu repentina e cruenta perché il regime era corroso e fiaccato dalle endemiche malattie della dittatura: la corruzione dell'apparato, l'incompetenza dei funzionari, l'umiliazione del merito, la depressione economica, le spese militari, l'ingessatura della gerontocrazia e, ovviamente, la soppressione della libertà.

Negli anni Venti il comunismo si era affermato dopo una rivoluzione sanguinosa che tuttavia, pur a prezzi elevati, aveva combattuto la povertà e le intollerabili disuguaglianze sociali. Nel decennio successivo il Paese era stato oppresso dalla spietata dittatura staliniana, che attraverso le stragi e il terrore aveva eliminato ogni velleità di dissenso. Negli anni '40 l'aggressione di Hitler aveva riunito l'anima russa in nome della sacra tradizione patriottica, e la vittoria sul nazismo, schiacciante e costosa, aveva esaltato l'orgoglio polare.

La destalinizzazione di Kruscev, negli anni Cinquanta, aveva prospettato un miglioramento del tenore di vita e un allentamento della censura, ma le illusioni erano rapidamente cadute con i fallimenti dei piani quinquennali e le persecuzioni degli intellettuali dissidenti. A Pasternak fu vietato di ritirare il premio Nobel.

Il PCI e alcuni nostri intellettuali plaudirono all'iniziativa della chiesa madre moscovita: un'altra vergogna della nostra subalterna cultura sinistrese. Solgenitsin, Sinjawskij, Daniel e Sacharov furono arrestati o costretti all'esilio. E sotto sotto il regime marciva.

L'esaltazione dei primi successi spaziali era svanita davanti all'impressionante rimonta americana con la conquista della Luna, e il plumbeo grigiore del Cremlino ospitava le mummie incupite di un Politburo imbalsamato. Breznev esibì i muscoli schierando in Europa i missili SS20 ma l'elezione di Reagan e la reazione della Nato dimostrarono la forza vitale delle democrazie. L'ascesa al Soglio di Karol Wojtyla ispirò la Solidarnosc polacca, e l'umiliante ritiro dall'Afghanistan rivelò anche i limiti militari di un'Armata ritenuta invincibile. Gorbaciov raccolse i cocci di questo fallimento, e provò a incollarli con le parole: la glasnost (trasparenza) e la perestroika (ricostruzione) entrarono nel linguaggio comune.

Ma ormai era tardi. La demolizione del muro di Berlino determinò la rivolta dei satelliti, e il violoncello di Rostropovich tra le sue macerie simboleggiò la voce della speranza e il rifiorire della ragione.

Dopo meno di due anni l'Urss si sarebbe sfasciata, la Russia avrebbe cambiato bandiera, e Leningrado sarebbe ritornata San Pietroburgo. L'avventura del comunismo era finita. Restava, in modo nominale, in Cina, con un capitalismo di stato aperto alle più spregiudicate iniziative industriali e ad altrettante speculazioni finanziarie. Così, le apocalittiche profezie di Carlo Marx si erano dissolte sotto gli occhi del sopravvissuto Gorbaciov, che a modo suo ne aveva preparato la smentita.

Scientology

Centodieci anni fa, il 13 marzo 1911, nasceva a Tilden, nel Nebraska, Lafayette Ronald Hubbard, meglio noto come Ron Hubbard, il fondatore di Scientology: una dottrina che, nella progressiva scristianizzazione della civiltà occidentale, ha introdotto un surrogato di religione accattivante e tentacolare. Ha "convertito" centinaia di migliaia di adepti, ne ha ricevuto somme immense con versamenti più o meno spontanei, e si è scontrata con la Giustizia di mezzo pianeta.

Le accuse si fondavano sempre su un concetto: la subordinazione della mente del neofita alla volontà del precettore. Da qui le varie imputazioni di truffa, circonvenzione d'incapace, violenza privata, esercizio abusivo della professione, pubblicità ingannevole, ecc. ecc. Tra assoluzioni e condanne son fiorite le polemiche sul carattere religioso del movimento, soprattutto a fini fiscali, perché in molti stati le proprietà delle Chiese godono di agevolazioni tributarie. Nel frattempo Scientology non ha conquistato la terra, come auspicava il fondatore, ma non è nemmeno sparita. In Italia si calcola che abbia alcune migliaia di affiliati.

Difficile individuare, e soprattutto riassumere, i caratteri di questa filosofia. In sintesi, essa si propone di attuare un "*clearing*", cioè una pulizia dell'anima, attraverso un'educazione progressiva sotto la regia di un maestro. Peccato che queste sedute siano costosissime, e spesso orientate a ottenere dall'adepto la cessione parziale o totale dei propri beni. È stato questo depauperamento a orientare molti parenti a rivolgersi ai tribunali per bloccare l'allarmante emorragia. Ma nemmeno l'aspetto psicologico va sottovalutato. Le famiglie hanno lamentato il cambiamento, spesso convertitosi in ostilità, del congiunto assorbito da questa nuova pratica mentale, e parecchi matrimoni sono naufragati.

A queste accuse Hubbard e compagni hanno risposto, e uno scettico potrebbe concordare che questo è l'effetto di tutte le nuove fedi, più o meno ardite, più o meno escatologiche. Il Cristianesimo lacerò migliaia di famiglie, e secondo Gibbon contribuì in modo determinante alla caduta dell'Impero romano. Il marxismo, nella sua visione apocalittica, fece la stessa cosa. Quanto ai tribunali, anch'essi si sono comportati, nei secoli, in modo difforme. Plinio il Giovane, sia pur con la riluttanza ispiratagli dalla sua mitezza e con la cautela suggeritagli da Traiano, spediva gli irriducibili cristiani al patibolo per il solo rifiuto di sacrificare all'imperatore, e l'Inquisizione mandava gli eretici al rogo anche senza addebiti specifici. La tolleranza religiosa è figlia dell'Illuminismo, ma nipote dell'incredulità.

Quanto a Scientology, negli Stati Uniti, il giudice Breckenridge, al termine di un lungo processo, definì l'organizzazione "decisamente schizofrenica e paranoica, una bizzarra combinazione che sembra essere un riflesso del suo autore, un bugiardo patologico". In Italia, forse per la minore diffusione della setta, le sentenze sono state più blande, salvo i casi conclamati di abusi o raggiri. Hubbard morì il 24 gennaio 1986, in circostanze mai del tutto chiarite. I suoi affiliati proclamarono che "aveva deliberatamente lasciato il suo corpo per svolgere ricerche spirituali al più alto livello". Ma le denuncie continuarono.

A parte l'aspetto giuridico, il giudizio su Scientology riflette, come sempre, i pregiudizi di chi lo esprime. Chi si vede sottrarre l'affetto di un parente o un'allettante aspettativa ereditaria, lamenterà il plagio o magari la violenza di una callida intrusione da parte di spregiudicati accaparratori. Il convertito, oltre a invocare la libertà di scelta, vanterà il seducente privilegio di una riconquistata elevazione spirituale. L'incredulo, a sua volta, citerà le fantasie di un'immaginazione vagabonda, e trarrà dal suo bagaglio erudito gli esempi più significativi: Seneca credeva nella divinazione, Plinio il Vecchio derideva i miracoli degli dei ma raccomandava il coito contro la raucedine, la lombaggine e la vista debole, aggiungendo che in Lusitania le cavalle sono fecondate dal vento dell'Ovest, e che sotto il consolato di Acilio piovvero latte e sangue.

Una persona di buon senso non cadrà in nessuno di questi tranelli. Conoscendo i ristretti limiti della nostra ragione, e le sterminate distese della nostra emotività, tenderà piuttosto a spiegare la nascita di queste singolari teorie. In realtà ci sono sempre state. La concezione di un'anima preesistente, la cui purezza sia stata degradata dalla sua carcerazione corporea, e possa esser riconquistata con un procedimento di decantazione catartica è vecchia di millenni. Noi la conosciamo attraverso Platone, nella purezza della prosa attica, ma in realtà nasce nella torbida misteriosofia persiana e forse caldea. Essa contaminò anche il cristianesimo: nel secondo secolo il movimento gnostico fu un precursore, anche nel nome, della "Scientology" che letteralmente significa, come la gnosi, scienza della conoscenza.

I padri della Chiesa ne intuirono il pericolo, e reagirono con Ireneo, Clemente e Tertulliano alle stravaganze di Carpocrate, di Valentino e di Marcione, che predicavano teorie non molto diverse da quelle di Ron Hubbard.

Qualcuno di questi eretici esagerò e sconfinò nella licenza sessuale: anticipando Oscar Wilde, Isidoro, figlio di Basilide, sosteneva che se non riesci a pregare perché sei distratto dagli impulsi carnali devi darvi immediata soddisfazione, "per poterti poi accostare a Dio con animo lieto". Molti santoni oggi predicano le stesse cose: non c'è nulla di nuovo sotto il sole.

A quel tempo, uno dei meriti della Chiesa fu proprio quello di metter ordine in quelle sfrenate fantasie. Il culto dei santi non fu affatto, come sostennero gli illuministi, un alimento alla superstizione, ma piuttosto una forma di controllo al caotico sincretismo di mitologie grezze e di suggestioni enfatiche.

Poiché, come tutti sappiamo, ci sono più cose in cielo e in terra di quante ne conosca la nostra filosofia, ognuno di noi, soprattutto nel momento del bisogno o della disperazione è tentato di affidarsi a forze superiori.

In modo efficace, Churchill disse che in certi momenti anche gli atei pregano. E in effetti, durante l'invasione nazista, le chiese moscovite si riempirono anche di militanti leninisti.

Sfruttando queste fragilità, Scientology ha spesso superato l'incerto confine tra la soccorrevole comprensione delle nostre debolezze e il loro sfruttamento ingannevole. Dimostrando il detto attribuito a Chesterton che chi smette di credere in Dio, finisce per credere a tutto.

Il teatro

Il 27 marzo si celebra la giornata mondiale del Teatro. Lasciamo alla retorica le declamazioni sulla sua funzione etica e rigenerativa. Non ci illudiamo che abbia migliorato l'umanità, ma certo ne è stato, e ne è ancora, un potente analgesico contro la cattiveria e l'ignoranza. Per questo è giusto celebrarlo e auspicarne la rinascita.

Il teatro è una creatura della Grecia del VI secolo a.C. La tradizione ne fa risalire l'origine a Tespi e a Pratina, quest'ultimo responsabile, suo malgrado, del crollo dei palchi di legno dove molti spettatori trovarono la morte. Cosicché Atene ne costruì uno di solida pietra dedicato a Dioniso.

Da allora questi edifici contrassegnarono la civiltà ellenica dappertutto, fino a Taormina e Siracusa. Tenevano, a ventaglio, fino a quindicimila posti, e rappresentarono in palcoscenico le sofferenze degli uomini, i vizi degli dei e i capricci del destino. Eschilo fu il simbolo della lotta tra la vecchia religione e la nuova filosofia, parteggiando per il ribelle Prometeo e anticipando il titanismo di Goethe, di Byron e di Beethoven. Sofocle vi esasperò il conflitto tra la legge formale e quella morale, aggiungendo sconsolato che le creature più fortunate sono quelle mai nate; Euripide sigillò questa visione negativa squadernando i tanti vizi e le rare virtù di una generazione dove la mancanza di fede negli dei e di speranza negli uomini non era nemmeno mitigata dalla carità. Questi tre giganti, che furono il Giobbe, l'Isaia e l'Ecclesiaste del classicismo, sono rimasti insuperati fino all'avvento di Shakespeare.

Nel più pragmatico mondo romano il teatro conobbe un'involuzione meno nobile: il dramma evaporò nella commedia, e quest'ultima spesso nella farsa. Il pubblico applaudì con uguale vigore alle improbabili agnizioni di Plauto e alle gesta cruente dei gladiatori. Malgrado i tentativi di Seneca, il teatro divenne uno stadio. In seguito, la caduta dell'Impero, l'avvento del cristianesimo e la tetraggine medievale produssero una lunga e sterile parentesi. Per quasi un millennio le energie intellettuali furono dissipate nella speculazione dogmatica e metafisica, le pietre degli anfiteatri furono logorate dal tempo o sottratte per altre edificazioni, e la fantasia creatrice si limitò alle sacre rappresentazioni di devoti penitenti o alle mordaci facezie di girovaghi saltimbanchi. Amleto se ne servì per la rievocazione di un omicidio incestuoso, ma fu solo un espediente investigativo.

Come spesso accade nei corsi e ricorsi della civiltà, la rinascita fu esplosiva, e un allievo da solo superò tutti i precedenti maestri. Le tragedie, i drammi storici e le commedie di Shakespeare sono il compendio assoluto e definitivo dell'uomo com'è, come è stato e come sarà. Nessuno come lui descrisse la forza e la debolezza del nostro carattere e del nostro intelletto, scavando nell'anima con un dominio quasi sovrannaturale della parola, della sintesi e del giudizio. Le sue opere erano destinate alla rappresentazione, e si dice che il pubblico si divertisse più alle sue volgarità che ai suoi monologhi. Noi ne preferiamo la lettura, che ci stimola meglio alla riflessione. Ma vedendo nei film Laurence Olivier nei panni Riccardo III, Kenneth Branagh in quelli di Enrico V o John Gielgud in quelli di Cassio ci inchiniamo riverenti, e un po' invidiosi, davanti a chi ha avuto la fortuna di vederli sul palcoscenico.

L'eredità di Shakespeare, integrata dai vari Ben Jonson, Christopher Marlowe e John Ford, che ebbero la sola disgrazia di essere suoi contemporanei, non fu subito raccolta. L'Europa continentale era piombata, dopo il concilio di Trento, sotto la plumbea cappa della censura: attori e attrici erano scomunicati, e l'austero Bossuet proibiva la loro sepoltura in terra consacrata.

Ma per ironia della sorte furono proprio due cardinali francesi, Richelieu e Mazarino a ridare stimolo al teatro, che ripudiò i "barbarismi" di Shakespeare, e si orientò verso un classicismo aulico e formale ma non per questo meno elevato. Corneille ne enfatizzò l'onore e il patriottismo; Molière derise con la sua satira pungente, e con qualche esagerazione, la pedanteria bigotta e l'ipocrisia meschina delle donne, dei medici e degli arrivisti; Racine rappresentò nello stile il linguaggio e il costume dell'aristocrazia dominante, ma anticipò Rousseau nel privilegiare il sentimento sulla ragione, e la passione sul calcolo. Anche Voltaire si cimentò, con minor convinzione, in queste pièces drammatiche, e nel suo ritiro di Ferney edificò un teatrino dove lui, e i pochi amici, si esibivano recitando.

Da allora il teatro si diffuse nel mondo: da Cechov a Pirandello sarebbe impossibile citare i tentativi di superare, o di emulare, i grandi classici del passato.

Ma nel frattempo il palcoscenico aveva abbracciato la musica, che da accompagnamento complementare stava prevalendo come fonte autonoma di ispirazione e di gioia. Con la riforma di Gluck l'opera entrò di prepotenza nella vita quotidiana, e Mozart portò ai vertici - con l'aiuto del nostro Da Ponte - la combinazione tra il testo, gli strumenti e le voci. Beethoven non si prestò a questa sintesi, e il suo Fidelio è in parte dialogato. Ma l'indirizzo tracciato trovò da noi la pienezza della maturità, e la nostra opera lirica domina ancora oggi le scene del mondo, costringendo i cantanti del pianeta, da Samuel Ramey ad Anna Netrebko, ad imparare la nostra lingua melodiosa.

Abbiamo lasciato per ultimo il teatro dei concerti. Non perché sia il più importante, anche se la musica strumentale, in quanto astrazione pura che non transita attraverso una rappresentazione sensibile, arriva al cuore in modo più diretto di qualsiasi altra forma artistica. Ma perché esso ci evoca due immagini, apparentemente opposte, ma adatte al momento infausto che lo stesso teatro sta vivendo. La prima è quella di Isaac Stern, mentre a Tel Aviv suona il concerto per violino di Beethoven sotto la minaccia dei missili iracheni, e accanto alla mentoliera appoggia la maschera antigas. La seconda è quella dei berlinesi dell'immediato dopoguerra, che vendono le suppellettili di casa per ascoltare Furwangler mentre dirige tra le rovine di una chiesa bombardata.

Oggi il teatro non è minacciato da distruzioni belliche, ma dalla devastazione di un'epidemia che ne ha chiuso i battenti e inaridito le fonti, non solo finanziarie ma soprattutto ideali. Nella durezza dell'isolamento la vita teatrale è stata umiliata e offesa, come se fosse un servizio accessorio di cui ci si possa facilmente privare. Mentre l'arte è il "nutrimento dell'amore", di cui Orsino, nella "Dodicesima notte", invoca l'eccesso, affinché "il suo desiderio ne ammali, e muoia".

Un presagio monitorio, per il rischio che l'irruenza della pandemia e l'inadeguatezza della sua gestione non facciano piuttosto morire il teatro.

I 75 anni di un mito: la Vespa

Nel momento in cui il Paese, grazie ai vaccini, sembra riaprirsi alla normalità e avviarsi a superare la pandemia, ci piace ricordare l'anniversario di un evento di 75 anni fa che ispirò altrettanto ottimismo: il 23 aprile del 1946 fu infatti brevettata la Vespa, che costituì il primo simbolo della ripresa dalle rovine del dopoguerra, come la 500 lo sarebbe stata, più tardi, del cosiddetto miracolo economico. Sei anni dopo, tutto il mondo conobbe e invidiò questo piccolo gioiello meccanico, quando Gregory Peck lo cavalcò per le strade romane, agganciato da una impaurita - e innamorata - Audrey Hepburn. Non fu un successo effimero. La Vespa - sempre diversa ma sempre uguale, come la vita - continuò e continua ad esser prodotta e amata. L'ultimo modello, quello elettrico, è già sul mercato.

Le sue origini risalgono a un'idea di Corradino D'Ascanio, ingegnere aeronautico della Piaggio, che peraltro aveva una buona esperienza soltanto nella costruzione di aerei. Fu questa fabbrica a produrre l'unico bombardiere strategico da noi impiegato durante la seconda guerra mondiale, il P108. Era un bel quadrimotore, quasi all'altezza degli Halifax e Lancaster inglesi, e dei B17 e Liberator americani. Durante il collaudo di un prototipo perse la vita Bruno Mussolini, figlio del duce, che lo pilotava. Gli esemplari furono pochi, per carenza di materie prime, ma la nostra consueta fantasia sopperiva alle deficienze di un'industria paralizzata e obsoleta.

Fu proprio questa versatilità inventiva a ispirare a D'Ascanio, nel momento della riconversione produttiva postbellica, il progetto di una "due ruote" a costo contenuto diversa da tutte le altre. Pare che l'ingegnere detestasse due cose delle motociclette: doverci salire scavalcandole, come faticosamente si fa con la sella, e imbrattarsi i pantaloni con l'olio della catena di trasmissione. Così immaginò una scocca portante, priva di tunnel centrale, un telaio che coprisse il motore e il cambio collocato sul manubrio: con l'aiuto del disegnatore Mario D'Este creò quel modello che facilitava la guida, la rendeva possibile anche alle signorine in gonna, ed evitava ai maschietti il ridicolo risvolto sopra i calzini corti e il polpaccio nerboruto.

La semplicità della soluzione fu inversamente proporzionale a quella della formula del brevetto, che suona come "Motocicletta a complesso razionale di organi ed elementi con telaio combinato con parafanghi e cofano ricoprenti tutta la parte meccanica". Munito di questo viatico di tortuoso burocratese il mezzo entrò in commercio. Mancava il nome, che pare derivi da un'esclamazione di Enrico Piaggio che, osservando il prodotto dall'alto, lo paragonò alla silhouette del ronzante imenottero. Mai battuta fu più indovinata.

Oggi la Vespa - nome e veicolo - è conosciuta in tutto il mondo, ed esposta in mostre e musei. Anche il MoMa di New York ne esibisce un modello. Quanto alla produzione, crebbe in modo quasi esponenziale: duemilacinquecento nell'anno del lancio, quasi undicimila l'anno seguente, ventimila nel 1948 e così via. Ad oggi ne sono stati fabbricati, negli stabilimenti sparsi in decine di paesi, più o meno venti milioni di esemplari. Lo scooter è stato (ed è) protagonista di migliaia di raduni, di viaggi avventurosi e persino di giri del mondo. È apparso in numerosissimi film, guidato da attori e attrici internazionali. Nessuno ha più emulato l'allegra e sentimentale galoppata per le strade romane della coppia Peck - Hepburn; tuttavia l'immagine della Vespa è stata arricchita dalle caratteristiche delle differenti personalità che l'hanno guidata. Come quella della seducente Angie Dickinson, che colma il vuoto del telaio dell'ing. D'Ascanio con le "gambe più belle di Hollywood".

Da un punto di vista sociale, la Vespa fu una rivoluzione, simile a quella della Wolkswagen, la vettura del popolo, che per diffusione e durata può essere paragonata alla sua più economica sorellina italiana. Entrambe consentirono una maggiore libertà di movimento nel lavoro e nel tempo libero alle categorie meno abbienti, soprattutto operaie e impiegatizie, ma nello stesso tempo catturarono l'interesse, e successivamente la passione, dei giovani di tutte le classi sociali. Benché destinata, nelle intenzioni degli ideatori, ai percettori di redditi modesti, la sua eleganza, l'originalità e la praticità le conferirono un connotato universale, e talvolta persino snobistico. Come più tardi sarebbe avvenuto per la 500, la Vespa fu (ed è) usata dall'operaio per arrivare in fabbrica, dallo studente per accedere all'Università e dalla raffinata borghese nello shopping cittadino. Fu insomma uno dei primi tentativi di conciliazione interclassista.

Qualche mugugno arrivò, come al solito, dal Partito Comunista. Da un lato, la motorizzazione di una larghissima fascia di lavoratori smentiva quel progressivo impoverimento del proletariato che, secondo l'apocalittica marxista, avrebbe condotto alla rivoluzione, e dall'altro dimostrava che, nei paesi capitalisti, la classe operaia viveva meglio dei compagni protetti dalla cortina di ferro.

Dopo la morte di Stalin, e con l'avvio del disgelo, Kruscev cercò di raggiungere e di superare l'Occidente nell'economia e nella tecnologia. Ci riuscì, provvisoriamente, nell'industria aerospaziale, ma per il resto si limitò a rubare progetti e produrre imitazioni.

Così, nel settembre del '56, la stampa di regime pubblicò la trionfale notizia che una fabbrica a Kirov aveva lanciato "lo scooter leggero Vjatka 150": una scandalosa copia del nostro gioiellino, frutto probabilmente dello spionaggio industriale, quello stesso che anni dopo avrebbe portato alla costruzione del Concordsky, brutta copia del Concorde, che però non ebbe seguito.

Al contrario, l'imitazione sovietica della Vespa fu un successo, tanto che qualche inguaribile apologeta insinuò che fosse meglio dell'originale, e che fosse disponibile a bassissimo prezzo per un larghissimo consumo.

La smentita più beffarda arrivò dai Samizdat, la stampa clandestina del dissenso russo, che fece circolare una storiella che val la pena di raccontare.

Un fedele militante scrive alla Pravda: "Cari compagni, mi si dice che sulla Piazza Rossa ogni settimana regalano una Vjatka 150 agli operai più benemeriti. Mi rallegro e mi propongo".

E il direttore risponde: "Caro compagno, la notizia è sostanzialmente esatta, con alcune precisazioni marginali: non si tratta solo della Piazza Rossa, ma di tutto il Paese, e la frequenza non è settimanale, ma giornaliera; inoltre non si tratta di Vjatka, ma di biciclette; infine non è che le regalino, le rubano".

L'affaire Open Arms e il caso Salvini

Per quanto la politica sia l'arte del possibile e dell'impossibile, non abbia né cuore né viscere e, come dicono gli americani, insegni a rubare dalle tasche degli orfanelli quando ci si china a baciarli, riuscirebbe difficile spiegare a un osservatore disinteressato il copione da essa seguito nei confronti di Salvini nella sua funzione di ministro degli Interni. Del quale ognuno può pensare tutto il male che crede, ma che tuttavia per più di un anno, ha governato, come prevede l'art. 95 della Costituzione, sotto la direzione di Giuseppe Conte.

Ecco dunque il primo punto. Il governo Conte 1, a torto o a ragione ha deciso il blocco degli sbarchi clandestini, attuato concretamente dal ministro degli Interni. Per questo Salvini è stato a suo tempo indagato, avendo bloccato la nave Diciotti. Ma il Senato ha negato la procedibilità, affermando che si trattava di una insindacabile attività politica. Cambiata la maggioranza di governo, ma sempre con lo stesso premier (Conte 2), il Senato ha deciso in modo opposto sulla situazione assolutamente identica della nave Gregoretti. Le argomentazioni giuridiche di questo "*revirement*" sono una minuziosa bigotteria di sofismi. In realtà così è stato deciso, perché così faceva comodo decidere.

Infine, anche per la Open Arms, il Senato ha deciso a favore del processo. Sin qui, la politica.

Ed ora eccoci al punto secondo: la magistratura. Sul presunto reato di sequestro di persona procure e gip si sono divisi. I magistrati di Catania (Gregoretti) hanno deciso che "il fatto non sussiste", cioè un'assoluzione piena. Quelli di Palermo, (Open arms) che Salvini dev'essere processato. I fatti sono ovviamente identici; aver tenuto a bordo di una nave per alcuni giorni qualche decina di migranti. È un atteggiamento che può confliggere con la nostra solidarietà cristiana, ma che rientra nei poteri e nella responsabilità della gestione politica. Tanto è vero che Conte (2) ha segregato in casa per mesi 60 milioni di italiani, talvolta in condizioni analoghe a quelle dei migranti.

Il bello è che questa compressione di diritti di rango costituzionale, che possono esser limitati solo dalla legge, e sotto continuo controllo del Parlamento, è avvenuta attraverso semplici provvedimenti amministrativi, sollevando fondatissimi dubbi sulla loro legittimità. Abbiamo sopportato questi arresti domiciliari perché eravamo impauriti e disorientati. Ma, sia pur per necessità, il diritto è andato a farsi benedire. Ed infatti Draghi, più attento al dettato costituzionale, ha adottato il decreto legge, convertito dal Parlamento.

Punto terzo. Ogni giudizio giuridico su Salvini è stato irrimediabilmente compromesso dal dottor Palamara - per lungo tempo potentissimo distributore di cariche apicali di magistrati - che parlando con un Pm ha ammesso l'innocenza del ministro, ma ha affermato la necessità di attaccarlo, Non contento di ciò, l'ineffabile Palamara ha telefonato al Pm di Agrigento, che stava inquisendo Salvini, manifestandogli solidarietà. Certamente Palamara non ha inteso interferire nelle indagini, anche se congratularsi con un collega che secondo te perseguita un innocente puzza di sacrilegio. Comunque sia, Salvini potrà legittimamente chiedere ai suoi giudici se abbiano ricevuto qualche telefonata da Palamara, o da qualche altro come lui. Dopo l'ennesimo scandalo della diffusione dei verbali secretati a Milano, crediamo che questo diritto si possa estendere a tutti i cittadini

Punto quarto. Se Salvini a Palermo ha commesso il reato di sequestro di persona, Conte (2) ne è corresponsabile per quello che si chiama concorso per omissione. Nel dibattito parlamentare qualcuno ha sostenuto che Conte non era d'accordo, e che proprio per questo Salvini ha agito senza collegialità. È stata una difesa grama e controproducente, perché ha ammesso che Conte sapeva cosa il suo ministro stava facendo. Circostanza quest'ultima sulla quale erano stati avanzati dei dubbi.

Ebbene, in quanto garante dell'indirizzo politico del governo, il Premier aveva il dovere non di dissociarsi ma di intervenire attivamente se uno dei suoi ministri stava commettendo un reato. E poiché "non impedire l'evento che si ha il dovere giuridico di impedire equivale a cagionarlo" (art. 40 del codice penale) Conte dovrebbe coerentemente esser chiamato a risponderne. Perché il Pm di Palermo non si sia attivato in questo senso è un mistero, tanto più che il giudice di Catania, assolvendo Salvini, ha spiegato che se lo avesse mandato a giudizio avrebbe dovuto far incriminare anche Conte.

In questa ingarbugliata matassa il povero cittadino, disorientato e furibondo, si domanderà dove sia andata finire la certezza del diritto. Hegel risponderebbe che è diventata una vuota astrazione metafisica. Più volgarmente, molti oggi la chiamano una lotteria.

La strage di Capagi e l'eredità di Giovanni Falcone

Il 23 maggio 1992 una carica di tritolo comandata a distanza, piazzata sull'autostrada nei pressi di Capaci, uccideva Giovanni Falcone, la moglie Francesca Morvillo e tre uomini della scorta; altre 23 persone rimasero ferite. La mafia si era presa la rivincita nei confronti del giudice che più di tutti l'aveva capita e combattuta. Poche settimane più tardi la stessa sorte toccò a Paolo Borsellino, amico e collega fraterno di Falcone, che ne aveva raccolto l'eredità professionale e morale. L'esplosivo di cui era imbottita l'auto parcheggiata vicino all'abitazione del magistrato rischiò di far saltare un intero quartiere. I palazzi ressero, ma il morale degli italiani crollò. Sarebbe addirittura sprofondato se avessero saputo che la morte dei due magistrati era addebitabile anche a chi li aveva abbandonati.

Il merito - e quindi la colpa - di Giovanni Falcone era stata quella di studiare Cosa Nostra con la mentalità di un siciliano. Assieme a Borsellino e a Giuseppe Ayala, che anni fa ne ha ricostruito la storia in un documentatissimo libro, indagò in Europa e oltreoceano, acquisì documenti riservati e conti bancari, e soprattutto ascoltò vari pentiti distinguendo abilmente quelli veri da quelli falsi. Fu un lavoro monumentale, ma quando nel febbraio del 1986 i 460 imputati vennero portati alla sbarra le prove erano solide. Il 16 dicembre 1987 dopo decine di udienze e 36 giorni di camera di consiglio la Corte d'Assise di Palermo irrogò una serie di condanne severe. Per prima volta nella storia del Paese, Cosa Nostra era stata decapitata con la sola forza del diritto, e nel rispetto della legalità costituzionale. E Falcone diventò il simbolo di questa impresa vittoriosa.

Questo successo, come talvolta accade, fu coronato dalle lodi banali ed enfatiche che in realtà nascondono l'invidia corrosiva e il timore di una personalità emergente. In questo caso, un magistrato svincolato da ogni parrocchia ideologica, e motivato esclusivamente dal rispetto della legge. Una personalità indipendente e geniale, che minacciava di scardinare, con il suo indiscusso prestigio, quella consolidata struttura di potere correntizio del Csm, che in questi mesi è emersa con lo scandalo di Palamara e quello ancor più grave dei verbali di Milano. Falcone condivideva la battuta di Ayala che la magistratura fosse come la grappa, di cui bisogna tagliare la testa e la coda. "E la testa - convenivano - sono il Csm e i meccanismi clientelari dell'Anm". I due organismi si mossero per isolarlo: il che, in Sicilia, significava prepararne il funerale.

La prima stoccata arrivò subito. La carica di capo dell'Ufficio Istruzione era vacante, e Falcone ne era il pretendente naturale. La sua candidatura era insidiata da quella di Antonino Meli, magistrato integerrimo e di sedici anni più anziano, ma del tutto inesperto di criminalità. Il Csm si divise. Fu una divisone trasversale, che vide contrapposti anche membri della stessa corrente: quella di sinistra, in genere assai compatta, espresse due voti opposti: Giancarlo Caselli a favore di Falcone, ed Elena Paciotti contro. Alla fine, con quattordici voti contro dieci, fu prescelto Meli.

Falcone incassò con signorilità, ma capì che qualcosa stava cambiando. Paolo Borsellino fu molto più schietto e severo: "Falcone - disse - non è più il titolare delle grandi inchieste, e ci sono seri tentativi per smantellare definitivamente il pool antimafia... Cosa Nostra si è riorganizzata come prima, più di prima". L'accorata denuncia fu subito censurata a grande maggioranza dal CSM.

Il Presidente Cossiga manifestò a Falcone la sua solidarietà e cominciò a esternare i suoi dubbi sull'imparzialità della magistratura e del suo organo di autogoverno, di cui volle presiedere, come prevede la Costituzione, le sedute più importanti. Le toghe videro con sospetto e irritazione questa iniziativa che consideravano un'intrusione molesta, e corsero ai ripari. Poco dopo anche contro di lui iniziarono le bordate. Prima fu accusato di aver coperto Gladio, una struttura eretta più di quaranta anni prima, e nella più perfetta legittimità, nell'ambito della Nato. Poi gli fu dato del matto. Infine il Pci ne chiese la messa in stato di accusa. Nauseato, il brillante, colto ed esuberante presidente se ne andò sbattendo la porta. La magistratura stava scalando il potere.

Per Falcone le umiliazioni continuarono. Al momento della nomina di Alto Commissario per la lotta contro la mafia gli fu preferito Domenico Sica, magistrato attivo e "*du monde*", così esperto del settore che, appena insediatosi, esordì così: "La mafia? Sono qui per capire cos'è". Al che un ascoltatore inorridito avrebbe potuto rispondere: "Scusi, se non lo sa Lei!". Ma tutti plaudirono deliziati. Non era finita. Il 19 giugno 1989 furono scoperti cinquanta candelotti di dinamite vicino alla villa al mare affittata da Falcone: si diffuse la voce che li avesse fatti mettere lui. Poi arrivarono varie lettere anonime, scritte da mano esperta, che lo accusavano di mala gestione di alcuni pentiti. Infine, lo schiaffo più doloroso. Isolato nella professione e deluso dai colleghi, Falcone accettò un incarico ai vertici del Ministero della Giustizia, allora retto da Claudio Martelli. Alle anime belle della magistratura di sinistra questo sembrò un tradimento. Martelli era Craxi, Craxi era il socialismo riformista e anticomunista: ce n'era abbastanza per scatenare una lotta accanita. Leoluca Orlando insinuò che Falcone tenesse prove importanti nascoste nel cassetto. Altri "professionisti dell'antimafia" si unirono a questo coro indegno, accusandolo di essersi venduto l'anima.

Falcone ne soffrì, ma continuò a studiare una strategia vincente contro la criminalità organizzata. Elaborò il progetto di una struttura unica, con competenza nazionale. Fu così istituita la cosiddetta Superprocura, ma non fu lui a esserne il primo reggitore. Anche qui il Csm pose il veto, e i più accaniti avversari furono i membri laici indicati dal Pci-Pds. Poco dopo, Capaci mise fine a questa opera di demolizione morale.

Dopo la sua morte, iniziò il processo - vergognoso e ipocrita - di appropriazione indebita della sua eredità. Le stesse persone, gli stessi gruppi e partiti che ne avevano sabotato l'opera e vulnerato l'immagine, persino sospettandolo di collusioni ambigue, lo eressero a loro simbolo sacrale. Non si trattò di una purificatrice devozione tardiva, di un rimorso per le insinuazioni grette, di una penitente ammissione di colpe e di perfidie. Nella tradizione del più puro leninismo si manipolò la storia, ricostruendo il passato a propria utilità. E il peggio è che molti ci credettero, o ritennero comodo crederci.

Ma la verità risiede nelle tremende parole proprio di Paolo Borsellino: "La magistratura, che forse ha più colpe di ogni altro, cominciò a far morire Giovanni Falcone il 1 gennaio 1988". Il suo fedele e coraggioso collega non sapeva che poco dopo la stessa sorte sarebbe toccata anche a lui.

L'uccisione di Aldo Moro e la fine delle Brigate Rosse

Il 9 maggio del 1978 fu ucciso Aldo Moro. Rievocando il suo calvario, uniamo nel ricordo le centinaia di morti che le bande rosse e nere seminarono per il Paese in quegli anni di piombo. Ma quella data è importante anche perché, pur rappresentando il momento della più alta efficienza operativa delle Br, ne iniziò la crisi, la disgregazione, e la fine.

Aldo Moro era stato rapito il 16 marzo in via Fani, mentre si recava in Parlamento per la presentazione del governo di unità nazionale, l'attuazione del compromesso storico tra democristiani e comunisti. Fu questa opera di composizione a farne il bersaglio elettivo, perché i brigatisti combattevano principalmente quel riformismo che allontanava la rivoluzione proletaria. L'agguato fu concepito e condotto con una tecnica che sbalordì il mondo. Vi parteciparono una dozzina di militanti provenienti dalle varie colonne che in pochi attimi annientarono la scorta, cinque uomini della Ps e dei carabinieri, con precisione chirurgica. Lo statista, spaventato ma incolume, fu trasferito in un furgoncino e da lì in una "prigione del popolo".

La reazione del governo fu quella di un pugile rintronato. Non sapendo dove guardare e dove intervenire, menò fendenti alla cieca, valendosi di investigatori impreparati e affidandosi persino a veggenti, rabdomanti e ciarlatani. Fu organizzata una seduta spiritica, cui partecipò Romano Prodi, durante la quale emerse, si disse, il nome di Gradoli, un paesino del viterbese che risultò insignificante. Furono anche fatte perquisizioni in via Gradoli a Roma. In una di queste, dove la polizia non entrò perché nessuno rispose, c'era uno dei covi più importanti della colonna locale. Nel frattempo iniziarono ad arrivare varie lettere di Moro, indirizzate un po' a tutti: colleghi, giornalisti, famigliari, sacerdoti, amici. Più o meno apertamente, il sequestrato chiedeva di trattare con i terroristi, che avevano chiesto la scarcerazione di una serie di compagni condannati per reati gravissimi.

All'interno della coalizione si aprì un doloroso conflitto: i socialisti erano per la trattativa, i comunisti contrari, i democristiani esitanti e divisi. Prevalse, com'era ovvio e doveroso, la linea dura. Se lo Stato avesse ceduto, le Br avrebbero ottenuto un riconoscimento politico e un trionfo mediatico. Per di più, qualsiasi delinquente avrebbe potuto sequestrare un passante e chiedere la liberazione dei suoi complici. Negarla, avrebbe significato attribuire alla vita di Moro un valore più alto di quella altrui; allora le carceri si sarebbero svuotate e l'intero ordinamento si sarebbe sfasciato.

Così, dopo vari tentativi di soluzioni diverse, il 9 maggio le Br caricarono Moro in una R4 rossa, lo crivellarono di colpi, e deposero la vettura in via Caetani, tra le sedi del Pci e della Democrazia Cristiana. Un avvertimento tragico e beffardo, che molti interpretarono come l'arroganza di un'organizzazione misteriosa, capillare e invincibile. In realtà, fu l'inizio della sua fine.

Rifiutando la trattativa, il Paese aveva infatti raccolto la sfida, perché aveva dimostrato di anteporre la propria sicurezza alla vita un suo autorevole rappresentante. Le Br, dal canto loro, capirono che si erano cacciate in un vicolo cieco. La prova di forza si fece allora più aspra, e le vittime aumentarono. I magistrati - in rapporto al loro numero esiguo - furono quelli che pagarono il tributo più alto. Questo conferì loro un prestigio e un'autorità di cui non sempre successivamente fecero buon uso. Tuttavia furono loro a suggerire a un governo annichilito nel morale e incerto nel procedere la via da seguire: una legislazione che favorisse la dissociazione, concedendo in cambio ampi sconti di pena.

E l'idea funzionò. La furiosa reazione delle Br con la catena di attentati che seguì all'esecuzione di Moro mascherava in realtà la loro profonda crisi strategica, perché non avevano più alcun interlocutore. Il loro progetto sovversivo, già utopistico per ogni persona sensata, era ora manifestamente irrealizzabile. Il primo a capirlo fu Patrizio Peci, uno dei fondatori, che sotto l'abile gestione del generale Dalla Chiesa e del giudice Caselli iniziò a descrivere la struttura dell'organizzazione. Altri seguirono, nel più stretto segreto.

Quando, agli inizi del 1982, la colonna veneta rapì il generale James Lee Dozier, alcune di queste collaborazioni latenti consentirono la brillante operazione che condusse alla liberazione dell'ostaggio, nel tripudio del Paese e con le congratulazioni di Ronald Reagan. I brigatisti, sconfitti militarmente e politicamente, si sbandarono, e nel giro di due mesi l'intera impalcatura crollò, con centinaia di arresti e decine di dissociazioni. Vi furono negli anni successivi isolati e dolorosi colpi di coda, ma "l'attacco al cuore dello Stato borghese" era fallito.

Gli assassini di Moro furono individuati, catturati, processati e condannati. Non si introdussero leggi speciali: fu seguita la procedura ordinaria, con le massime garanzie che hanno onorato quella nostra pagina giudiziaria. Dai numerosi dibattimenti non emersero novità particolari: le Br avevano agito in modo autonomo, senza etero direzioni o grandi vecchi dietro le quinte. Questo sembrava troppo semplice agli opinionisti invaghiti della dietrologia, e quindi fiorirono le ipotesi più originali sui presunti mandanti delle stragi. Uno di questi sarebbe stato nientemeno che Igor Markevitch, un noto direttore d'orchestra che tutti amiamo per l'esecuzione commovente della "Creazione" di Haydn. In realtà, la forsennata ricerca di una responsabilità alternativa mascherava l'incapacità di riconoscere ai terroristi quelle caratteristiche che allo Stato erano mancate: la lucidità dei propositi, la cura nella progettazione e l'abilità esecutiva.

La spettacolare impresa di via Fani dimostrava che dietro a Moretti e compagni non era necessario che ci fosse qualcuno. Bastavano loro, perché erano infinitamente più bravi nell'attaccare di quanto fossimo noi nel difenderci.

In conclusione, il brigatismo fu il frutto di un'ideologia rivoluzionaria, sorta sul mito della Resistenza tradita e alimentata da una visione apocalittica del cosiddetto sfruttamento del proletariato. Fu gestito da giovani disposti a uccidere e a morire per una causa in cui credevano con dedizione fanatica. Fu un errore considerarlo prima un fascismo mascherato, e poi un prodotto di "belve umane", definizione enfatica e riduttiva che non considera la complessità dell'adesione acritica a un vangelo rivoluzionario. Come tutte le rivoluzioni, anche questa alla fine fallì, dimostrando la saggia definizione di Rivarol, che sono le prefazioni sanguinarie di libri mai scritti.

Il “green pass” e l’apparente violazione della privacy

Senofane di Colofone, da noi citato altre volte, sosteneva che gli africani immaginano gli dei neri e ricciuti, i traci li dipingono biondi e con gli occhi azzurri, e che se un triangolo potesse pensare affermerebbe che Dio è fatto a triangolo. Il disincantato filosofo intendeva dire che ognuno descrive la realtà attraverso la lente deformante dei propri pregiudizi e interessi. Un concetto avallato dall’attuale epidemia, che ognuno ha interpretato secondo il proprio punto di vista: i virologi hanno guardato ai contagi, i clinici ai ricoveri, i matematici alle proiezioni, gli imprenditori ai fatturati, i sindacati all’occupazione, i ristoratori al coprifuoco e i politici alle loro convenienze elettorali.

In questo groviglio si è ora inserito il Garante della privacy, che ha bacchettato il governo e il decreto sul “green pass”, accusato di numerose criticità. La più grave è quella di non essere stato interpellato. Seguono le valutazioni negative di merito, compreso il mancato rispetto della riservatezza individuale.

Un osservatore disinteressato, e magari polemico, potrebbe obiettare che in Italia la riservatezza è una vuota litania, quotidianamente deturpata anche da chi, come qualche magistrato, la dovrebbe assicurare più di ogni altro. Tanto per citare le solite intercettazioni, quelle legittime e quelle no, esse si sono intrufolate nella vita privata non solo degli indagati, ma anche di persone estranee alle inchieste, estendendosi a giornalisti, avvocati, parlamentari e persino a Presidenti della Repubblica. Al che si potrebbe rispondere che, come recita il brocardo, addurre un inconveniente non significa risolvere il problema, e che se qualcuno sgarra questo non è un buon motivo perché tutti ignorino la legge. Verissimo. Ma se il cattivo esempio viene dall'alto, e se nessuno protesta salvo quando la disgrazia tocca a lui, l'intero concetto di privacy diventa una beffarda astrazione metafisica.

A parte ciò, è proprio vero che le notizie contenute nel certificato possono vulnerare questo principio, e addirittura costituire una discriminazione? Ne dubitiamo fortemente. Questo passaporto non è infatti obbligatorio, e quindi non impegna la totalità dei cittadini esponendoli a un generalizzato controllo di immotivata e morbosa curiosità. Esso è un requisito per poter garantire la salute altrui in presenza di circostanze che la possono compromettere, come accade quando le nostre relazioni si estendono oltre la nostra ordinaria individualità.

Nessuno, ad esempio, impone al cittadino di recarsi dall'oculista se inizia a vederci male. Può anche decidere di avviarsi alla cecità per rassegnazione, come alcuni indù, oppure per comprendere meglio la realtà con gli occhi spenti del poeta, come Omero. Ma se decide di guidare l'automobile la visita è obbligatoria, perché altrimenti combinerebbe disastri. E qui è lo stesso. Se decidi di startene a casa in tranquillità anacoretica nessuno verrà a disturbare il tuo riserbo, o almeno non verrà a causa del provvedimento di Draghi. Ma se decidi di socializzare come meglio credi, allora devi dimostrare di farlo senza metter a repentaglio la salute altrui. Per questo, se il decreto ha un difetto, questo consiste semmai nella sua scarsa consequenzialità. Ci saremmo aspettati che il possessore del certificato avesse una libertà ben maggiore di quella concessagli, come quella di rientrare a casa quando vuole, o di andare tranquillamente in palestra o di cenare al riparo delle intemperie.

Ora, se l'intervento del Garante costituisse una mera critica nei confronti del provvedimento governativo, potremmo anche lamentare lo scarso coordinamento tra due organi con funzioni differenti ma con analoghe finalità di interesse collettivo. Invece questa sortita ha già provocato conseguenze concrete e funeste. Molti medici infatti esitano a rilasciare queste attestazioni per timore di violare una qualche disposizione - che nel nostro ingarbugliato sistema si può sempre recuperare tra le righe di una normativa complessa - e di dover subire conseguenze professionali, economiche o magari penali. Alcuni, pare, vi oppongono addirittura un rifiuto. Si tratta dell'ennesimo esempio di cautela difensiva che ormai contrassegna ogni attività pubblica, perché chiunque sia investito di una qualche funzione teme che questa si converta in gravosa responsabilità.

Ora, il presidente Draghi ha posto tra le priorità del suo programma la cosiddetta deburocratizzazione e la semplificazione delle procedure. Ci permettiamo di ricordargli che Italia abbiamo vigenti oltre duecentomila leggi: forse di più, perché chi ha cominciato a contarle alla fine si è perso. La "stratificazione di leggi", è stata definita in Parlamento. È una quantità dieci volte superiore alla media europea, ed è da questa confusione che nascono i nostri principali malanni: a cominciare dalla stessa corruzione, per finire con la paralisi delle attività indispensabili. Come rischia di avvenire ora, nella certificazione degli immuni e dei vaccinati.

Cambiare idea

Una delle caratteristiche del nostro Parlamento è il cosiddetto cambio di casacca di molti dei suoi componenti. In effetti, nell'arco di una legislatura, una buona percentuale di deputati e senatori emigrano da un partito, o da un gruppo a un altro. La giustificazione che ne danno gli autori si fonda, generalmente, su un detto di origine incerta: che soltanto i morti e gli stupidi non cambiano idea. Come tutti gli aforismi è in parte vero e in parte no: persone intelligentissime hanno mantenuto per tutta la vita le stesse opinioni. Altrettanti filosofi, scienziati, religiosi, hanno invece sconfessato il proprio credo, magari mutandolo più volte nel corso degli anni. Al di là delle battute derivate dalla convenienza politica, questo fenomeno ci deve ispirare alcune considerazioni. Ma prima di esporle, vediamo due esempi illustri: Albert Einstein e Julius R. (Oppie) Oppenheimer.

Di Einstein non occorre dire nulla. Fu il più grande scienziato del '900 e, con Newton e Galileo, il più rivoluzionario nella storia della scienza. Oppenheimer fu un fisico quasi altrettanto geniale, più eclettico anche se meno innovativo del suo vecchio collega. Fu un bimbo prodigio, si dice che a cinque anni leggesse Omero in greco. A trenta aveva già una fama mondiale. A trentotto Roosevelt gli affidò l'incarico di costruire la bomba atomica. Ed è proprio qui che i due uomini cambiarono idea.

Einstein era un pacifista convinto. Nondimeno nell'agosto del '39, ancor prima dello scoppio della guerra, scrisse una lettera a Roosevelt invitandolo a sviluppare gli studi sulla fissione nucleare, nel fondato timore che i nazisti stessero facendo altrettanto. In pratica, suggerì al Presidente di costruire la bomba atomica. Roosevelt non parve occuparsene e Einstein gli scrisse ancora. Poi, anche a seguito dell'attacco a Pearl Harbor, Roosevelt si decise. La direzione militare fu affidata a un roccioso generale, Leslie Groves. Quella scientifica, appunto a Oppenheimer. Le conseguenze furono le esplosioni di Alamogordo, Hiroshima e Nagasaki.

Successivamente, i due scienziati si pentirono, e non furono i soli. Leo Szilard e altri tentarono anche di scongiurare il lancio sul Giappone. Fermi, al contrario, lo suggerì. Edward Teller andò oltre: costruì la bomba all'idrogeno e patrocinò negli anni Ottanta il sistema di star wars che piacque a Ronald Reagan e che - assieme ad altre circostanze - determinò il collasso dell'URSS. Il lettore può scegliere chi, tra questi geni, fosse il più intelligente, o il più realista. Ma torniamo al diritto di cambiare idea.

L'Einstein che propose la costruzione della bomba, non era un fanciullo ingenuo. Al contrario, aveva già elaborato tutte le teorie che lo avrebbero reso così celebre. Si può anche dire che, dopo gli anni '40, non produsse nulla di paragonabile a quanto aveva prodotto prima. Lo stesso per Oppenheimer, che dopo la guerra si dedicò all'insegnamento, senza rilevanti risultati nella ricerca. Naturalmente entrambi conoscevano benissimo la potenza terrificante dell'ordigno. Allora la domanda è: chi era il vero Einstein: quello che volle la bomba, o quello che poi la rinnegò? Chi era il vero

Oppie: quello che la costruì o quello che, dopo, confessò di aver conosciuto il peccato? Proviamo a rispondere, o meglio a trarne alcune considerazioni.

La prima è l'importanza del caso. Perché soltanto il caso ha fatto dei due scienziati due pacifisti. Se fossero morti prima, li ricorderemmo come creatori del più spaventoso strumento di morte. Questo concetto, naturalmente, vale per centinaia di eroi della Storia. Se Churchill fosse morto nei primi anni Trenta, ora sarebbe citato come uno dei tanti voltagabbana emarginati e delusi. E se Mussolini fosse stato ucciso dopo la conferenza di Monaco, forse sarebbe menzionato tra i beati costruttori di pace. Così va il destino.

La seconda è la relatività dei giudizi. Einstein e Oppie, come si è detto, erano dei geni sia quando vollero sia quando ripudiarono l'arma fatale. Il che significa che si può esser favorevoli o contrari al nucleare militare pur essendo intelligentissimi. E se così è, è assurdo imbarcarsi in infinite discussioni teoriche sui pro e sui contro. Ognuno la pensa come gli pare. Lo stesso, per fare un altro esempio, si può dire della pena di morte. Pertini e Scalfaro erano contrari da Presidenti della Repubblica: ma il primo la fece eseguire nei confronti del Duce, il secondo la chiese come magistrato nel clima postbellico. E quasi nessuno protestò contro le impiccagioni di Norimberga. Si dirà che erano circostanze eccezionali. No. Nelle questioni di principio non ci sono circostanze eccezionali: altrimenti non sono più questioni di principio.

La terza è che, davanti a queste contraddizioni, possiamo veder il bicchiere mezzo vuoto o mezzo pieno. Nel primo caso, possiamo sprofondare nello scetticismo più corrosivo e sconsolato. Se tutte le idee sono ugualmente sostenibili, non solo non esiste alcuna certezza logica, ma nemmeno etica e tantomeno religiosa. Dovremmo rifugiarci nell'orticello individualistico di Antistene e di Pirrone, disprezzando il mondo o comunque evitandolo come un intruso molesto. Dubitando di tutto, anche di dubitare, non ci resterebbe che vivere alla giornata, godendo dei piaceri disponibili, come suggerisce la Bibbia, nel libro di Cohelet: non è un pensiero blasfemo, ma certo è un pensiero sgradevole.

Ma dalle stesse premesse possiamo anche trarre conclusioni opposte. Da questo conflitto di idee possiamo dedurre che non solo la nostra ragione ha delle potenzialità illimitate, ma soprattutto che il vero, forse l'unico suo grande nemico è il dogmatismo acritico e cieco. L'esempio di uomini di straordinario ingegno e di grande onestà intellettuale che hanno avuto idee opposte, e spesso le hanno cambiate, è un forte antidoto contro la tentazione di un'inerzia rassegnata, che ci renderebbe vili, e di un'ostinazione fanatica, che ci renderebbe intolleranti. E che in fondo, tra le mille contraddizioni della nostra natura imperfetta, la libertà di pensare, di sbagliare, e di correggerci è il nostro più stimolante privilegio.

Il delicato tema del suicidio assistito

La vicenda di Fabiano Antoniani, costretto a emigrare in Svizzera per poter morire con dignità, pone ovviamente molti problemi. Affronteremo i tre che ci sembrano più importanti: quello etico, quello giuridico e quello economico. Ma prima bisogna essere chiari: chi vuole mantenere le cose come stanno, si appoggia a un codice penale firmato nel 1930 da Mussolini e dal Re, che punisce con la galera fino a 15 anni l'omicidio del consenziente, e fino a 12 il cosiddetto suicido assistito. Se non si può fare in Italia quello che si può fare in Svizzera, è perché il medico finirebbe immediatamente incatenato. Ma torniamo al problema etico.

Secondo la Chiesa, la vita è un bene indisponibile, in quanto dono di Dio. In teoria si potrebbe obiettare che chi riceve un dono può farne quello che vuole, altrimenti non si tratta più di un regalo, ma al massimo di un prestito, o di un usufrutto. Ma la Chiesa in questo è sovrana, e giustamente insindacabile. Insindacabile, tuttavia, per chi vi aderisce, accettandone i precetti e le sanzioni. Per gli altri la questione è diversa: nessun argomento logico milita infatti contro il suicidio. Al contrario. I filosofi greci e romani lo hanno sempre giustificato: Socrate non se ne è sottratto; Cleante e Seneca lo hanno praticato; Shakespeare lo nobilitò con Romeo ("con un bacio io muoio") e con l'addio virile di Bruto e Cassio. Così via via fino ai tempi recenti: la Francia pullula di monumenti a Jean Moulin, che si tagliò invano la gola, e a Brossolette che ebbe più successo gettandosi dal quinto piano per sfuggire alla Gestapo. Rommel lo accettò per salvare la famiglia. Altri marescialli tedeschi per salvare l'onore. No, l'etica laica non ha mai ripudiato il suicidio.

Il problema giuridico. Il nostro codice in realtà punisce il suicidio assistito non perché vietato dalla Chiesa, ma perché in contrasto con l'ideologia fascista, che riteneva il cittadino un suddito sottomesso alle funzioni dello Stato cui doveva servire. Paradossalmente, questa espropriazione del diritto all'autodeterminazione si è saldata con le due dottrine ispiratrici della Costituzione: quella marxista, secondo la quale la vita appartiene al popolo, e quella appunto cattolica che ne attribuisce il destino a Dio.

Questo vincolo che unisce tre ideologie per il resto configgenti si è rivelato indissolubile: ed infatti il codice, come si è detto, resiste ancora dopo settant'anni di Repubblica. Con la conseguenza bizzarra che a rigor di logica, se i medici svizzeri venissero in Italia, rischierebbero l'arresto, perché autori di un grave delitto a carico di un nostro cittadino. Questo dimostra non solo il pasticcio di una normativa europea frammentaria e disomogenea, ma la stessa ipocrisia del nostro legislatore che, pur davanti ad analoghi esempi sempre più numerosi, finge di non vederne le contraddizioni, e allo stesso tempo continua a indugiare sulle varie proposte di riforma da tempo giacenti in parlamento.

Da ultimo, e ancor più paradossale, l'aspetto economico. Tra le sue inumane sofferenze, il povero Antoniani ha anche dovuto trovarsi i soldi per il viaggio, l'accompagnamento e, ovviamente il ricovero. E qui la tragedia diventa addirittura scandalosa e grottesca. È possibile, è logico, che una persona mantenuta in vita contro la sua volontà, e con forti spese di assistenza e cura da parte dei familiari e della stessa collettività, debba anche faticare per trovare le risorse per porvi fine? Un tempo si diceva che, almeno davanti alla morte, tutti fossero uguali. Purtroppo ora vediamo che, per chi non ha denari, è difficile persino andarsene in pace.

Indice

Questo libro
Appunti di storia e di costume
di Carlo Nordio
è stato stampato nel mese di giugno del 2021
per conto di Piazza Editore